Uma noite com Grace Kelly

Da mesma autora de

Uma noite com Audrey Hepburn

Uma noite com Grace Kelly

LUCY HOLLIDAY

Tradução de
Thalita Uba

HarperCollins

Título original: A night in with Grace Kelly

Publicado primeiramente no Reino Unido pela HarperCollinsPublishers 2015

Contatos:
Rua da Quitanda, 218 sala 601A — Centro — 20091-005
Rio de Janeiro — RJ — Brasil
Tel.: (21) 3175-1030

CIP-BRASIL. CATALOGAÇÃO NA PUBLICAÇÃO
SINDICATO NACIONAL DOS EDITORES DE LIVROS, RJ

H685n

Holliday, Lucy
Uma noite com Grace Kelly / Lucy Holliday; tradução Thalita Uba. - 1. ed. - Rio de Janeiro: Casa dos Livros, 2017.
304 p. (Uma noite com... ; 3)

Tradução de: A night in with Grace Kelly
ISBN: 978.85.9508.016-4

1. Ficção inglesa. I. Uba, Thalita. II. Título III. Série.

17-39415 CDD: 823
CDU: 821.111-3

Agradecimentos

Um “muito obrigada” colossal a Kate Bradley, Charlotte Ledger, Charlotte Brabbin, toda a maravilhosa equipe da HarperFiction. Um “obrigada” também a Clare Alexander, ao meu incrível marido, Josh, e à minha ainda mais incrível filha, Lara.

1

Minimalismo. Vou ter que dizer que era esse o visual que eu queria. Linhas simples, uma sensação de espaço, a ausência total de bagunça.

Todas são maneiras perfeitamente sensatas de organizar a sua residência, especialmente se você, como eu, é designer de profissão. É que, no meu caso, a sensação de espaço e a total ausência de bagunça neste meu apartamento novinho em folha têm menos a ver com qualquer sensatez criativa e mais com o fato de que meu último apartamento tinha praticamente o tamanho de um armário de vassouras. Então, quase não tenho móveis. Os poucos que tenho, que faziam o apartamento antigo parecer entulhado e um pouco claustrofóbico, mal aparecem no novo.

E, para ser sincera, não é a pior coisa do mundo fingir que todo esse espaço vazio é um conceito de design, em vez de uma necessidade mundana. Em meia hora, meu investidor, Ben, que acabou de chegar em Londres de avião para passar alguns dias, vai vir aqui para uma reunião. Trazendo sua melhor amiga Elvira junto.

Elvira, no caso, é Elvira Roberts-Hoare: ex-modelo, aristocrata boêmia, principal caçadora de talentos de Ben e também, desde ondem, a proprietária do meu novo apartamento.

Quer dizer, o apartamento dela, bem pertinho daqui, em South Kensington, é quase um museu da coleção de moda *vintage* incrível que ela tem, com sapatos Ferragamo expostos em um aparador de acrílico feito sob medida e echarpes Alexander McQueen jogadas artisticamente sobre os sofás. Não sei disso porque fui convidada para visitar, é claro, mas porque vi o lugar em toda sua glória em uma edição recente da revista *Elle Decor*. Minhas tentativas de transformar esse apartamento maravilhoso em algo digno da *Elle Decor* são seriamente prejudicadas pelo fato de que não tenho uma coleção de moda *vintage* incrível para exibir como obras de arte. E, mesmo se tivesse, ela seria depreciada pelos meus móveis toscos e (como eu já disse) insignificantes: um futon, um guarda-roupa da IKEA, uma mesinha de centro de vidro e (por último, mas não menos importante) um sofá Chesterfield enorme e antigo com um tecido rosa-pêssego e cheiro de cachorro molhado.

Na verdade, agora que estou olhando para ele, sua mera presença, em toda sua glória brega e exagerada, é meio que uma afronta às minhas alegações de que estou decorando o apartamento com um estilo minimalista de propósito.

Apesar de eu também ser prejudicada pelo fato de a minha irmã Cass ter aparecido aqui dez minutos atrás e estar, com seu jeito inimitável, de alguma forma bagunçando a casa toda. Bolsa jogada no chão, chá respingando da caneca e, no geral, meio que preenchendo o apartamento com *ela mesma*.

— Ah, *puta que pariu*! — ela está xingando, olhando para o celular e derramando ainda mais chá no chão ao seu redor. — A ex do Zoltan deu entrevista para o *Mirror*. Está no site deles.

Esse, por sinal, é o último de uma série de longa data de dramas gigantescos que fazem parte da vida de Cass. Uma semana atrás, o caso de três meses que minha irmãzinha teve com um jogador de futebol da Liga Inglesa foi revelado. Um jogador de futebol *casado*, para ser mais precisa. E, apesar de *eu* estar exaustivamente acostumada com esse hábito horroroso dela de se envolver com homens casados, a esposa dele não estava. Para falar a verdade, a coisa toda causou um baque tão grande na pobre mulher que ela expulsou o traste do marido de casa e desabafou em uma bravata em uma rede social voltada para mães, a Mumsnet — uma bravata que foi captada pelo *Daily Mail*... O resto, como dizem, é história.

A fofoca trilhou seu caminho sórdido até a edição dessa semana da revista *OK!*, que Cass brandiu para mim com uma expressão perturbadoramente próxima do triunfo quando apareceu na minha porta. Pensando bem, tenho certeza de que brandir de forma triunfante uma cópia da *OK!* foi o motivo pelo qual ela apareceu na minha porta, para início de conversa. Ela com certeza não veio me ajudar a arrumar o apartamento para as visitas que estavam prestes a chegar.

— Não sei se é muito justo, Cass — digo —, que você seja a pessoa falando sobre falta de vergonha na cara.

Por outro lado, não sei por que ainda me dou ao trabalho de expressar minha desaprovação quanto às safadezas extraconjugais de Cass. Ela não prestou um tiquinho de atenção nas outras vezes que fiz isso nos últimos três anos. O relacionamento dela com Zoltan — um zagueiro da Charlton Athletic e membro da Seleção da Bulgária — aconteceu logo depois do término com seu último namorado casado, o Detestável Dave. (Eu o chamei de "Detestável Dave", por sinal, na minha cabeça; não é como se esse fosse o nome verdadeiro dele ou algo assim.)

E, como eu esperava, ela me ignora.

— Não tem ninguém para quem eu possa reclamar? — pergunta ela, dramática. — Alguma espécie de... sei lá... sindicato, ou algo assim?

— Um sindicato de mulheres que dormem com os maridos de outras mulheres?

— Não! — responde ela. — Quis dizer alguém para reclamar sobre a constante intrusão da mídia! — Ela pensa nisso por um instante. — Mas *existe* um sindicato de mulheres que dormem com os maridos de outras mulheres? Porque, mesmo que minha situação seja um *pouquinho* incomum, por eu ser uma celebridade e tudo mais... Se houvesse algum lugar onde eu possa ter um aconselhamento especializado...?

Minha irmã (meia-irmã, se formos específicas, e, em ocasiões assim, preciso dizer que me pego enfatizando a parte "meia") tem o próprio *reality show*, *Nos bastidores com Cassidy.* Daí o status de "celebridade". Daí, suponho, o motivo pelo qual ela conseguiu aparecer em uma nota de um quarto de página na *OK!* que agora está na minha mesinha de centro, com o príncipe Albert de Mônaco e sua adorável esposa loira Charlene sorrindo um tanto fixamente para mim na capa.

— Para ser sincera, não acho que exista um sindicato disso, Cass — digo com firmeza. — Agora, olha, se você não se importar, por mais gentil que tenha sido da sua parte dar um pulinho para conhecer meu apartamento novo...

— Ah, muito *bem*, Libby — replica ela, fazendo bico, jogando o cabelo e respingando mais chá por todos os lados. — Bela maneira de meter o seu novo e requintado apê em Notting Hill na conversa.

— Eu não estava fazendo isso! E não é o *meu novo e requintado apê em Notting Hill.* — Sinto a necessidade de salientar isso para Cass, em parte porque tudo ainda é um pouco surreal para mim também. — Só estou morando aqui porque aluguei a sala no andar de baixo.

E porque, apesar do desconto *extremamente* alto que Elvira Roberts-Hoare está me dando no aluguel da sala no térreo, onde Ben queria que eu começasse a trabalhar (o endereço chique e a vizinhança sofisticada faziam com que o espaço fosse ideal para usar como *showroom*), ainda não consigo bancar isso *e* o aluguel de algum outro lugar onde eu também possa morar.

Mas, mesmo assim, Cass tem razão sobre uma coisa. Essa ruazinha lateral, um pouquinho ao norte de Notting Hill, é bem mais requintada do que qualquer outro lugar onde eu já tenha morado. E esse apartamento também é bem mais requintado: um pouquinho amontoado, com a cozinha, o banheiro e o quarto aglomerados no andar de cima, e a sala de estar aqui no meio, mas nunca vou reclamar. Estou morando aqui, em uma região particularmente maravilhosa bem no centro da cidade, praticamente de graça. É claro que não tenho segurança alguma e Elvira pode me despachar amanhã mesmo se decidir encontrar um locatário novo que esteja disposto a pagar, mas vale a pena pela simples alegria de morar em um lugar — qualquer lugar — que não trema cada vez que o metrô passa e não tenha os odores pungentes de fazer os olhos lacrimejarem subindo dos restaurantes no térreo.

Pela simples alegria de morar e trabalhar em um lugar tão... *fabuloso*.

— Sabe, tive um *personal trainer* que trabalhava em uma academia particular nessa mesma rua uns dois anos atrás, quando eu estava me preparando para ficar em forma para aquele programa de TV, o *Strictly Come Dancing*. Ou melhor — acrescenta Cass, asperamente —, quando a mamãe *me fez acreditar* que eu estava a um passo de participar do *Strictly*. — Ela empoleirou seu traseiro perfeitamente arredondado no braço do Chesterfield. — Eu deveria começar a treinar lá de novo para ficar em forma, se vou acabar na capa dos tabloides a cada cinco minutos.

— Tenho certeza que eles vão perder o interesse logo — garanto.

— Ai, espero que sim — concorda ela, de forma nem um pouco convincente. — Quero dizer, antigamente, eu nunca me importava com a intrusão da mídia. Mas isso é diferente. Minhas prioridades são diferentes agora. Sou uma *mãe*.

— Cass. Você não é mãe.

— Sou, sim! Quero dizer, Zoltan tem *duas crianças*, sabia? Filhas! E se eu acabar casando com ele...

— Você está com ele há três meses!

— ... vou ser a nova madrasta delas. O que, obviamente, vai ser *incrível*. Quero dizer, quero ser mãe há, tipo, taaaaanto tempo...

Paro de tentar arrumar as flores pecaminosamente caras que comprei de uma floricultura chique na rua e fico olhando para minha irmã.

— Mesmo?

— ... mas, desse jeito, fico com a parte divertida sem ter que passar por toda aquela parte péssima também. Você sabe, ficar gorda e tudo o mais.

— Grávida, Cass. Não gorda. Grávida.

— Ah, *você* diz isso, Libby, mas quando vi aquelas fotos do batizado da filha da Nora, ela estava absolutamente enorme! E isso foi, tipo, pelo menos dois meses depois que ela teve o bebê, não foi?

— Quatro meses — respondo, de modo defensivo, porque a Nora de quem Cass está falando é minha melhor amiga há quase vinte anos. Eu fui madrinha do casamento dela no verão passado. Sou madrinha da filhinha dela, Clara, que tem oito meses, pelo amor de Deus. — E ela não estava gorda, estava maravilhosa.

— Ah, bem, de qualquer forma, não vou arriscar. Enfim, não é só a questão de ficar gorda. Crianças pequenas *choram* e fazem a *maior bagunça* e você fica supercansada à noite e aí só consegue fazer sexo, tipo, três vezes por semana e tal... Mas quando elas têm, tipo, seis ou nove ou... Bem, a idade das meninas do Zoltan... Aí já é superfácil! Você só passa um tempo com elas e faz coisas fofinhas de mãe e filha... Conversa sobre as *boy bands* que elas curtem e... — A inspiração claramente se esvai por um momento. — Sei lá... Passa o dia no spa?

— Não acho que meninas de nove anos gostem muito de ir ao spa, para ser sincera.

— Bom, *eu* gostava. Tive um fim de semana ótimo no spa com a mãe no meu nono aniversário!

— Quando eu tinha treze anos...? Não me lembro de termos ido ao spa com a mãe quando éramos tão novas.

— Ah, deve ter sido um fim de semana que você passou com o seu pai, ou algo assim... Ei, me lembro agora! Acho que dissemos a você que ela ia me levar para uma audição do *Doctor Who*.

— Eu me lembro disso!

Eu já não era mais uma visita regular nos fins de semana à casa do meu pai, o que não o impediu de me deixar lá sozinha com um boxe de filmes do Humphrey Bogart para que ele pudesse sair com sua nova namorada a tarde toda no sábado e boa parte do domingo. Fiz sanduíches de queijo (em parte porque era só o que eu sabia fazer e em parte porque só tinha queijo e pão no apartamento) e dormi no chão na frente da TV porque havia um closet velho no quarto de visitas e eu tinha medo demais para dormir lá caso alguém estivesse se escondendo e me atacasse no meio da noite.

— Enfim, olha, Cass, podemos conversar sobre tudo isso, o seu, hum, novo papel como madrasta, outra hora, por favor?

— Por quê? Você não está ocupada, está?

— Estou! — Será que ela não percebeu tudo que eu estava fazendo enquanto ela estava tagarelando? — Eu te contei! Ben e Elvira vão chegar aqui para uma reunião a qualquer minuto!

— Ah, sim, certo. Mas você sabe, né, que não tem nada que possa fazer agora para deixar esse lugar decente o suficiente para impressionar a Elvira Alguma Coisa Doodah? — Cass dá uma olhada depreciativa em torno da sala e franze o nariz quando olha para o sofá. — Céus, Libby, você ainda está tão apertada de dinheiro que não consegue comprar algo um pouquinho melhor do que essa coisa? Dá para comprar um por 150 pilas na IKEA!

— Eu sei. Eu gosto desse sofá.

Cass faz uma careta.

— Então, não posso te ajudar. Enfim, é você quem precisa convencer essa tal Elvira de que não vai infestar o apartamento dela com percevejos ou o que quer que seja que esteja espreitando ali dentro.

— Não tem nada *espreitando* ali dentro — alego. — Nem percevejos e nem... ninguém.

— Ninguém, não. *Nada*.

— Certo. Sim. É claro. Mas, falando sério, Cass, preciso mesmo me arrumar...

— Está bem. Vou embora. — Ela se levanta, vacilando um pouco nos saltos de 12 centímetros que ela considera obrigatórios para o dia a dia. — Preciso ir ao hospital ver a mamãe.

De manhã cedo, nossa mãe tirou algumas pedras da vesícula em um hospital particular perto da rua Harley. Não, esquece: ela fez um *pequeno procedimento estético*. Ou melhor, é isso que ela insiste em contar às pessoas, porque pedras na vesícula são um problema comum demais para a minha mãe. Ela prefere que todos pensem que ela fez um *lifting* facial ou uma plástica no nariz, óbvio, a contar que tinha umas pedras feias e nojentas revirando dentro de seu corpo.

Até onde eu sabia, ela tinha nos proibido de visitá-la até amanhã, quando estaria se sentindo recuperada o suficiente para jogar um casaquinho nos ombros e fazer sala. Mas, aparentemente, Cass está dispensada dessa exigência.

— Você vai visitá-la *hoje*?

— Sim, ela me pediu para dar uma passada lá, se eu estivesse livre. Por quê? Você não vai poder ir lá hoje de jeito nenhum?

— Não! Achei que ela não quisesse que a gente fosse.

— Ah. Bem, talvez ela só não queira *você* lá. Ou — continua Cass, generosamente encontrando uma maneira de fazer isso soar menos rude — talvez ela me *queira* lá, em vez de *não* querer ver você, se é que me entende.

— Bom, diga a ela que vou passar lá amanhã, conforme o combinado — aviso, sendo direta. — Se ela conseguir encontrar um tempinho em sua agenda lotada para me encaixar, é claro.

Mas Cass não está prestando muita atenção. Ela está se olhando no espelho ao lado da porta e tirando a nécessaire da bolsa para dar uma ajeitada na maquiagem (uma montanha de blush, um oceano de brilho labial e um pequeno maremoto de rímel), para o caso de ser perseguida pelos paparazzi a caminho do hospital, suponho. E então ela vai embora, dando um aceno super-rápido na minha direção e me deixando um total de dez minutos para me maquiar, colocar a roupa que escolhi e descer até o estúdio/*showroom* para reunir as peças que quero mostrar a Ben e Elvira na nossa reunião.

Quer dizer, as coisas precisam correr bem hoje. *Precisam.*

A questão é que, quando Ben apareceu, nessa mesma época no ano passado, e colocou quarenta mil libras do capital de investimento de sua empresa na minha joalheria, a Libby Goes To Hollywood, eu não conseguia acreditar na sorte que estava tendo. O dinheiro dele, sem contar sua agenda recheada de contatos e seu *expertise* empresarial, transformou a LGTH de um empreendimento pequenininho, limitado financeiramente e com alguns poucos clientes, em uma pequena empresa de verdade, com um site refinado, todos os tipos de divulgação mais incríveis e (desculpe, mas isso talvez ainda seja o que me deixa mais eufórica) embalagens sofisticadas maravilhosas, com caixas verde-pastel e cinza-claro com letras prateadas estampadas e recheadas com papel prateado. Hoje em dia, não consigo dar conta da demanda das peças mais baratas que vendo no site, então, terceirizei a fabricação para uma pequena fábrica artesanal croata que é fantástica, enquanto tento me concentrar na parte do design e na fabricação de algumas das peças mais intrincadas. Seis meses atrás, cheguei a fechar uma parceria breve com o departamento de bijuterias da Liberty (a glamorosa loja de departamentos na qual tenho certeza de que minha mãe, apesar de dizer o contrário, se inspirou para dar o meu nome) como parte do mostruário de novos designers. Recentemente, saiu uma matéria inteirinha sobre mim na revista *Brides*, focada nas tiaras personalizadas *vintage* que fiz para algumas clientes. Quero dizer, ainda sou pequena mas estou crescendo, e nada disso jamais teria acontecido sem Ben.

Entretanto, o lado negativo disso tudo é que, ocasionalmente, pode se tornar... Bem, pode se tornar uma batalha deter cem por cento do que podemos chamar de "controle criativo". Ou, para ser mais específica, a direção que o negócio está tomando. Um ano atrás, eu talvez não tivesse um plano claro para tudo isso. Só queria fazer bijuterias excêntricas, inspiradas em Hollywood, por um preço acessível — e gostaria de continuar nessa direção, pelo menos. Ben, estou começando a perceber, tem ideias um pouco diferentes e, em todas as conversas que tivemos nos últimos dois meses, ficou me estimulando a diminuir a produção das peças mais baratas e me focar nos pedidos caros e personalizados. Sim, a margem de lucro dessas peças é maior, mas suspeito de que essa intenção dele seja motivada pelo fato de que ele tem outros designers fazendo mais bijuterias e acessórios voltados para a massa em seu pequeno "estábulo" de empresas e (em sua maior parte) pelo fato de que Elvira Roberts-Hoare, sua conselheira íntima, o está orientando a se ater à porção luxuosa do mercado no que se refere a mim. Não tenho tanto contato assim com ela, mas sei que ela não é muito fã dessa inspiração hollywoodiana, para começar — "no fim das contas, minha querida, são apenas celebridades mortas. É tudo meio *Crepúsculo dos deuses* demais" —, e, indo mais direto ao ponto, gosta menos ainda da história de "preço acessível". A visão *dela* da Libby Goes To Hollywood é, até onde sei, que eu crie peças exclusivas ridiculamente caras para uma clientela de renome de noivas, que em sua maior parte figura nas páginas sociais da revista *Tatler*.

Só posso supor que seja isso porque essas coisas — clientes de renome e as páginas sociais da *Tatler* — são sua área de especialidade. E também suponho, para ir mais direto ao ponto, que ela tenha ficado brava com o fato de ter sido Ben quem me "descobriu", e não ela, como costuma ser o acordo usual deles. E que ela queira deixar marcadas sua autoridade e suas opiniões sobre a Libby Goes To Hollywood como uma forma de demarcar território.

Mas não posso reclamar. E falo isso com toda sinceridade. Não posso reclamar. Ben detém sessenta e cinco por cento da empresa e investiu dezenas de milhares de libras nela. E Elvira é o braço direito dele, então, ele sempre vai privilegiar a opinião dela, em vez da minha.

Só estou torcendo para que talvez, quem sabe, a reunião de hoje penda as coisas um pouquinho mais para o meu lado. Tenho trabalhado duro nos designs para uma nova coleção de pulseiras extravagantes de bronze, incrustadas de pedras semipreciosas — vou mostrar algumas para eles hoje. Também estou armada com números de vendas promissores da última coleção que a fábrica da Croácia fez para mim e...

Ouço a porta da frente se abrindo e percebo que Ben e Elvira estão entrando. Isso significa que Elvira deve ter usado a própria chave, então, vou ter que ter uma conversinha com ela sobre privacidade assim que... Na verdade, vamos ser honestos, eu não vou falar com ela sobre privacidade. Esse apartamento é dela (bem, do pai dela, mas quem vai se ater a esses detalhes?) e estou morando aqui praticamente de graça. Elvira podia entrar sapateando sem aviso prévio, no meio da noite, com uma fanfarra tocando bem alto logo atrás dela e eu, ainda assim, teria que ficar de bico calado.

— Libby? Você está aí?

— Estou aqui, Ben! — respondo, saindo da saleta dos fundos e entrando no *showroom* ainda vazio. — Oi! É ótimo ver vocês dois.

Ben, que vou cumprimentar com dois beijinhos no rosto, está imaculado como sempre: terno bem-cortado, camisa com colarinho aberto e um lenço de seda rosa-shocking, só para passar o recado de que ele é o tipo de investidor multimilionário capitalista que investe em empreendimentos de moda, em vez de qualquer outra coisa mundana, como produção de aço ou microchips. Já Elvira... Bem, a aparência dela é certamente extraordinária. Ela está incrível em um kaftan estampado minúsculo que cobre apenas sua bunda praticamente inexistente, sandálias gladiadoras cujas tiras sobem até suas coxas igualmente esquálidas, e uma bolsa Hermès Birkin pendurada na dobra de seu braço esquelético; seus cabelos platinados, presos em tranças de camponesa, estão afastados do rosto por um par colossal de óculos escuros.

— Elvira! — Considero dar um beijo nela também, mas sua aura hostil de arrogância me desencoraja. — Muito obrigada mais uma vez por tudo isso. — Indico o *showroom* em volta. — Obviamente, ainda não tive a chance de pensar em como vou organizar, mas o espaço é maravilhoso, tenho certeza que vai ser...

— Preciso de água — interrompe ela, subindo as escadas sem esperar por um convite. — Você tem água mineral sem gás na cozinha?

— Água mineral? Hum... Não, só da torneira. Posso dar um pulo no mercadinho, se você...

— Não temos tempo para isso — interrompe ela mais uma vez, por cima do ombro, claramente uma mulher em meio a uma emergência de desidratação. — Vai ter que ser da torneira mesmo.

— Então, Libby, bom ver que você está acomodada — comenta Ben. Seu tom, como sempre, é brusco, mas já estou acostumada com isso e sei que ele (na maioria das vezes) pretende ser gentil. — É um pouco mais sofisticado do que... Desculpe, como é mesmo o nome do lugar onde você morava antes?

— Colliers Wood.

— Um pouquinho mais sofisticado que Colliers Wood, hein?

— Sim, é ótimo. — Pego minha pilha de pulseiras de cobre e a papelada com os números das vendas e começo a segui-lo escada acima na direção da sala de estar. — Obrigada, Ben, por pedir para Elvira me deixar ficar com o lugar.

— Não foi nada. Além do quê, El vem falando da ideia de você montar um *showroom* há meses, certo?

— Vem, sim. Na verdade, essa era uma das coisas que eu esperava discutir com vocês hoje, Ben. — Chegamos à sala de estar; Elvira já subiu até o andar de cima para pegar sua tão necessária água. — Digo, adoro ter o *showroom* também, obviamente, e vai ser fantástico para encontrar meus clientes exclusivos e tudo mais... Mas acho que, na verdade, ainda espero, um dia, abrir a minha própria loja. E que eu só gostaria de ter certeza de que isso é algo que você apoiaria, assim como toda a questão do *showroom*, quando chegar a hora...

— Achei que você já tivesse se mudado.

— Como?

— Achei que você já tivesse se mudado. — Ben aponta para a sala. — Onde estão todas as suas coisas?

— Ah, certo! Essas são todas as minhas coisas!

— Você só pode estar brincando.

— Não, não, gosto de viver com um... Hum... Um estilo bem minimalista...

— Você só pode estar brincando — repete Ben. Ele aponta para o Chesterfield com a cabeça. — *Aquela* coisa velha faz parte do seu estilo minimalista?

— Bem, não, mas gosto de misturar o minimalismo com… uma excentricidade *vintage*.

— Isso é uma excentricidade *vintage*, com toda certeza. — Ben vai até o sofá e o analisa com atenção. — Não tem ratos nem nada assim, tem?

Fico ofendida, em nome do Chesterfield, depois de ser insultado pela segunda vez no dia com alguém dando a entender que coisas vivem nele.

Ou, mais precisamente, fico ofendida por essa ser a segunda vez que alguém insinua que coisas rastejantes, nojentas e roedoras vivem nele.

Em vez de coisas *reais* vivendo nele. Que são — e vou ser breve com relação a isso, porque me faz parecer maluca, não importa como eu aborde a questão — lendas do cinema hollywoodiano.

E, para ser sincera, não acho que elas *vivam no* sofá em si. É mais que *surgem dele*. Porque o sofá em si é… mágico? Quer dizer, essa é a melhor explicação — na verdade, praticamente a única — que consegui encontrar.

Eu disse que parecia maluco, está bem? Mas, para ser sincera, não há outra maneira de explicar.

— Não, não tem ratos! Enfim, Ben, como eu estava dizendo, estou mesmo muito feliz por termos essa oportunidade de conversar um pouquinho sobre as coisas, porque…

— Como estão as coisas aí embaixo? — pergunta Elvira, ressurgindo na base da escada, após ter descido da cozinha. — Do que vocês dois estão falando?

— Bom, eu estava dizendo…

— Eu estava perguntando a Libby se tem ratos nesse sofá velho — responde Ben. — Você já viu algo assim antes?

— Não. — Elvira estuda o Chesterfield. — Minha nossa, eu amei!

Fico perplexa com isso.

— Sério? Todas as outras pessoas que conheço detestam.

— Ah, bem, ninguém entende nada de móveis *vintage*, querida. A não ser que tenha o olho bom para esse tipo de coisa.

O tom dela sugere que ela própria *tem* esse olho, o que, para ser sincera, ela tem mesmo, se aquela matéria extraordinária na *Elle Decor* serve de base para alguma coisa.

— É um móvel antigo de cenários de cinema, na verdade — conto, aliviada por ter encontrado algo em que eu e Elvira concordamos, após meses de uma aliança desagradável. — Dos estúdios Pinewood.

— *Não*. — As sobrancelhas dela se erguem. — Como você conseguiu um negócio desses?

— Eu já fui atriz — confesso, antes de continuar rapidamente. — Bem, eu era só figurante, na verdade. Mas eu estava trabalhando em um programa uns anos atrás nos estúdios Pinewood quando me mudei para meu antigo apartamento e um... hum... amigo meu que trabalhava lá também tinha um acordo com o cara que cuidava do depósito de móveis. Qualquer coisa que eles não quisessem mais estava à disposição para ser levado.

— E ninguém mais quis isso? — Elvira larga a Birkin em um dos assentos do sofá e passa a mão pelo tecido rosado. — Céus, as pessoas são tão *idiotas*. Essa é uma peça deslumbrante!

— El, querida, você não pode estar falando sério. — Ben solta uma risada curta. — Esse monte de lixo velho?

— Não seja tão filistino. Esse sofá deve ter tanta *história*, tenho certeza, se ficou nos estúdios Pinewood por tanto tempo.

Consigo sentir meu rosto corar. Pode ser que estejamos nos dando melhor do que nunca, eu e a Elvira (quase melhores amigas no momento, em comparação com nosso relacionamento geralmente contido), mas não acho que estejamos sequer perto de uma situação em que eu possa confidenciar a ela toda a "história" do meu Chesterfield.

— Bom — digo —, sei lá.

— Olha, querida, se quiser reformá-lo, tenho alguns restauradores de móveis fantásticos na minha agenda...

— Céus, não! — eu praticamente grito.

Porque (e estou longe de ser uma especialista aqui, acredite em mim), apesar de talvez eu não ter visto nenhuma outra lenda do cinema desde Marilyn Monroe, quase exatamente um ano atrás, em junho passado, tenho a sensação de que só vai funcionar de novo se o sofá permanecer do jeitinho que está. Então sim, está um pouco sujo e sim, aquele cheiro de cachorro molhado nunca some, não importa quantas vezes eu abra a janela e lance ar fresco na direção dele com um pano de prato. Mas, até onde sei, até mesmo uma borrifadinha de eliminador de odores vai sumir com os poderes dele de vez. Não vou arriscar.

— Muito obrigada pela oferta, Elvira — continuo —, mas meio que gosto dele assim mesmo.

— Ah! Bom, acho que essa decisão cabe a você. — Mas ela está olhando para mim com mais respeito do que de costume. — Entendo que não queira eliminar a alma original da peça.

— É exatamente isso. — Sorrio para ela. — E, aliás — continuo, torcendo para usar esse momento inesperado de positividade entre nós como um trampolim para assuntos mais importantes —, por falar em alma, eu adoraria conversar sobre a próxima fase de planos para a Libby Goes To Hollywood.

— É exatamente por isso que estamos aqui — diz Elvira. — Agora que você tem o novo estúdio, obviamente é hora de começar a seguir adiante.

— Ótimo.

Sinto uma onda de alívio por como as coisas estão correndo bem, para variar. Nossas reuniões anteriores foram todas extremamente constrangedoras e truncadas. Fiquei intimidada pela beleza esquisita de Elvira, seu estilo indescritível e sua elegância gritante, e ela provavelmente ficou... Bem, não intimidada por absolutamente nada em mim. Visivelmente irritada, é mais provável, por minha perceptível *falta* de elegância gritante. E cá estamos nós, a conversa fluindo (comparativamente).

Respiro fundo e começo o breve discurso que estive praticando na minha cabeça.

— Bom, estive olhando para os números das vendas do site e eles decolaram nos últimos três meses. Então, estive pensando que gostaria de...

— Ah, sim, era sobre isso que queríamos conversar com você. — Ben se senta no Chesterfield, ou esquecendo ou ignorando sua preocupação quanto a possíveis roedores. — Eu e El estávamos conversando no táxi no caminho para cá e achamos que está mesmo na hora de dar um fim a essa faceta do negócio e focar suas energias mais nas comissões das peças personalizadas.

— Sim — concorda Elvira, falando essa única palavra do jeito mais elegante que já vi. — Especialmente os pedidos de noivas. Afinal de contas, acho que todos podemos concordar que é nesse nicho que reside seus maiores talentos, Libby.

— O quê? Não. Digo... Não acho que *podemos* concordar que é aí que residem meus maiores talentos. — Encaro os dois. — Pode ser que minhas maiores margens de lucro tenham, sim, vindo desses pedidos nos últimos meses, mas se derem uma olhada nas vendas do site, as pulseiras com pingentes e os anéis de opala têm se saído muito, muito bem. E — continuo, lembrando que ainda estou segurando duas das minhas novas pulseiras de bronze — estou torcendo para que esse tipo de produto também seja um sucesso de vendas, quando lançar no site.

Elvira dá uma olhada para a pulseira que estou oferecendo para ela inspecionar.

— Bonita — comenta ela, dando de ombros, sem sequer se dar ao trabalho de olhar a peça direito. — Mas essa não é bem a direção que vemos o negócio tomando, é, Ben, querido?

— Não, não exatamente — concorda Ben. Ele pegou o celular e está digitando na tela. — Ouça o que El está dizendo, Libby. Ela sabe do que está falando.

— Sim, tenho certeza que sabe, mas também sei do que estou falando. Não consigo acreditar direito que estou dizendo isso para eles (o proprietário oficial do meu negócio e alguém tão assustador quanto Elvira), mas as coisas precisam ser ditas. Além disso, depois do nosso momento de entrosamento sobre o sofá, acho que ela vai me respeitar mais se eu me mantiver firme.

— Olha, não é que eu não goste das comissões para noivas...

— Ora, fico feliz em saber. — Elvira me presenteia com um sorriso raro. — Aquela peça que saiu na *Brides* trouxe centenas de contatos, não foi? E, até agora, dezenas e dezenas de pedidos.

— Claro, e é como eu disse, não é que eu não goste. — Respiro fundo mais uma vez. — É só que... Bem, as noivas que me procuraram depois daquela matéria queriam exatamente a mesma coisa.

— Está falando daquela tiara de estilo vintage que saiu na matéria da revista que Elvira conseguiu para você? — Ben ergue os olhos de seu celular. — Aquela — acrescenta ele, de um jeito expressivo — com a margem de lucro de *trezentos por cento*?

— Sim, tudo bem, entendo que o lucro seja bom. — Fico olhando, um tanto desesperada, na direção de Elvira, querendo apelar para o senso de criatividade dela. — Eu só queria ter um pouco mais de voz no processo de criação. Em vez de só ficar replicando a mesma coisa sem parar.

Ela olha para mim também.

— Bem, eu entendo isso — diz ela.

— Eu sabia que você entenderia! — Consigo enxergar um feixe pequenininho de luz ali, eu realmente consigo. — Olha, Elvira, talvez, se desse uma olhada em algumas das peças em que estou trabalhando agora, não apenas as pulseiras, mas também... MEU DEUS DO CÉU, É UM RATO!

Eu não estava planejando terminar a frase desse jeito, mas também não estava esperando ver um roedor *de verdade*, exatamente do tipo que Ben desconfiava que fosse encontrar, correndo pelos assentos molengas do Chesterfield.

Ajo, penso eu, com uma rapidez louvável, dadas as circunstâncias — afinal de contas, é o meu sofá e, portanto, o meu rato, e quero me certificar de assumir toda a responsabilidade por aquele horror —, jogando o braço direito para trás e arremessando as pulseiras de bronze na direção da cabeça do rato.

Eu gosto dos animais, então, não estou de fato tentando matar o bicho, só assustá-lo ou, sei lá, apagá-lo.

Mas Elvira, no momento em que solto as pulseiras, grita como se eu estivesse prestes a acidentalmente machucar um bebê recém-nascido.

— Não machuque meu bebê! — grita ela, colocando-se na trajetória das pulseiras, só que tarde demais.

Uma delas entrou em contato com o rato (com o final do rabo, acho, e não a cabeça) e ele soltou um gritinho.

Fico confusa, por um instante, quanto a por que um rato faria um barulho daqueles e — o que é muito mais importante — por que diabos Elvira está dizendo que aquele é "seu bebê".

Mas logo Ben também está em pé, correndo para ajudar Elvira a cuidar do bicho.

— Ele está bem? — pergunta ele. — Ela o atingiu?

— Acho que sim! Ah, tadinho do meu bebê. — Elvira está *pegando o rato*, colocando-o em seus braços e estalando beijos na cabeça dele. — Acho que bateu na perna dele. No mínimo — acrescenta, virando-se para mim com uma expressão de fúria assassina em seus olhos —, ele está totalmente *traumatizado*!

— Eu não... Desculpe, mas não acho que ratos podem ficar traumatizados, podem?

— Ele não é um rato! É um cachorro! *O meu cachorro!*

Meu queixo cai.

— Ah, céus, Elvira, eu não...

— É um Xoloitzcuintle — explica Ben, asperamente.

Pisco os olhos para ele.

— É um mini cão pelado mexicano! — grita Elvira. — Os astecas o consideravam *sagrado*!

Tudo que consigo pensar, para ser honesta, é: *azar dos astecas*. Porque, francamente, esse cachorro é um monstrinho de aparência peculiar. Bem, isso é óbvio, visto que eu acabo de confundi-lo com um rato grande.

— Ele só tem oito semanas — continua Elvira, ainda examinando e beijando o cachorro/rato na mesma proporção. — É só um filhote! Como você pôde *atacá-lo* desse jeito, Libby?

— Elvira, me desculpe de novo. Eu não o ataquei... Bem, certo, joguei as pulseiras, mas só porque achei que ele fosse um... Hum... Bom, você sabe... E Ben estava falando que achava que podia ter ratos ou alguma coisa assim no sofá...

— Ele estava na minha bolsa! — Elvira aponta com o dedo trêmulo para a Birkin, que ainda está no Chesterfield e da qual o cachorro deve ter escapulido. — E para que você *achava* que eu queria água quando nós chegamos aqui, Libby?

— Me desculpe, pensei... Ele está bem? — pergunto, dando um passo adiante, apesar de com um pouco de receio, mas Elvira dá um pulo para trás, como se eu estivesse brandindo um arsenal inteiro de armamentos anticachorro.

— Você já fez o suficiente — ralha ela. — Ben, querido, pode chamar um táxi? Quero levar Tino ao veterinário imediatamente.

— É claro, meu bem. — Ben dá uma olhada exasperada para mim enquanto volta ao sofá para pegar o celular. — Caramba, Libby — diz ele. — Qual o seu problema com os cachorros das outras pessoas?

Essa é uma referência bastante injusta à primeira vez que nos vimos (e que, até agora, nós dois tínhamos escolhido não relembrar), quando eu acidentalmente fiquei presa no portão de segurança de um cachorro só de lingerie.

— É sério — alego, quando Elvira me dá outra olhada cruel que põe no chinelo todas as olhadas cruéis. — Eu adoro os animais! Só achei...

— Sim, nós sabemos. Achou que ele fosse um rato — completa Elvira. — Você já deixou isso perfeitamente claro, obrigada, Libby.

— Mas, sinceramente, ele parece bem — arrisco, olhando para Tino de um jeito que espero que pareça preocupado, em vez de (preciso ser honesta) um pouquinho indignada. E isso é verdade, porque a carinha roedora dele parece bastante relaxada e não há nenhuma lesão visível em seu corpinho também roedor. Na verdade, ele está parecendo ávido para escapar dos braços apertados de Elvira e pular no... Bem, ele está olhando com uma expressão extremamente desejosa para o sofá, para falar a verdade. Deve estar sentindo todos aqueles adoráveis cheiros caninos do passado que emanam dele.

— Ah, e como é que você saberia? Você não é veterinária!

— O táxi estará aqui em três minutos, El — avisa Ben, colocando o celular de volta no bolso. — Vamos ter que continuar essa conversa outra hora, Libby, está bem?

— O quê? Não! Quer dizer... — continuo, tentando parecer mais calma e controlada do que me sinto — ... eu estava muito ansiosa para essa reunião. Há muitas coisas para discutir e não temos oportunidades frequentes de...

— Por favor. Isso não é hora.

— Certamente que não.

Elvira está indo até o Chesterfield para pegar a bolsa, pronta para colocar Tino com delicadeza dentro dela. Mas ele, evidentemente, tem outras intenções, visto que escapa dos braços dela e se atira na direção do sofá, onde começa a meio que... Bem, não sei qual seria o termo técnico, mas parece muito que ele está tentando dar prazer a si mesmo no tecido rosado cafona.

— Hum — observa Ben enquanto todos ficam olhando para Tino em um silêncio um tanto chocado por um momento. — Acho que deve ser o cheiro de alguns velhos vira-latas que tem nessa coisa, certo?

Mas não acho que seja isso. Acho que não tem nada a ver com isso. Sim, o Chesterfield tem um certo aroma canino (sempre teve), mas pela expressão transfixada no rosto de Tino, acho que ele está sentindo que tem alguma coisa mais do que o futum de um labrador há muito falecido ou de um velho poodle.

Quero dizer, animais têm sexto sentido, não têm? Ainda mais se são o tipo de animal que os astecas consideravam sagrados.

— Ah, pelo amor de Deus.

Elvira, com o rosto agora roxo tanto de vergonha quanto de raiva, pega Tino no meio do ato e o segura com firmeza debaixo do braço enquanto se dirige às escadas.

— Vamos discutir esse *incidente* outra hora, Libby — afirma ela. — Mas basta dizer que não estou feliz. Não estou *nada* feliz.

O que, para ser sincera, é a impressão que tive dela todas as outras vezes que a vi. Que ela não está feliz com nada que tenho para oferecer. Só houve mesmo aqueles poucos minutos em que parecemos ter uma afinidade, mesmo que leve, sobre o sofá *vintage*. E agora tudo voltou à estaca zero. Para falar a verdade, pior que a estaca zero, porque, mesmo que ela nunca tivesse ficado muito impressionada comigo antes, ao menos eu nunca tinha tentado, na visão dela, assassinar seu precioso cão pelado mexicano.

— É — diz Ben, já de volta ao telefone, enquanto segue Elvira escada abaixo até o táxi. — Vamos entrar em contato, Libby. Vou tentar marcar alguma coisa na próxima vez que estiver por aqui.

— Mas, Ben, eu realmente…

— Tchau, Libby — fala ele, acenando, sem sequer olhar para mim. — Ah, e tente continuar com os pedidos daquela tiara vintage, sim? Aquilo é o seu ganha-pão. Suas finanças nunca vão decolar sem isso.

A porta da frente se fecha com um estrondo alguns instantes depois, deixando a mim e ao Chesterfield sozinhos, juntos, em nosso apartamento acidentalmente minimalista.

2

São ótimas notícias, do ponto de vista da minha moral, eu ter marcado de jantar com meu velho amigo Olly. Depois de uma reunião de negócios desastrosa com Ben e Elvira (para falar a verdade, chamar aquilo de "reunião de negócios" é um tanto generoso, dado o tempo que passamos discutindo qualquer assunto relacionado ao negócio em si), talvez eu ficasse tentada a colocar o pijama e comer todos os biscoitos que tenho em casa por autopiedade. Mas prometi a Olly que o encontraria no restaurante e nós nos vemos tão pouco hoje em dia que não quero voltar atrás.

O restaurante, por sinal, é o do próprio Olly, lá em Clapham.

Nibbles.

Esse é o nome do restaurante.

É meio lamentável.

Não o nome do restaurante em si (apesar de eu ainda achar que é um nome mais adequado para uma casa de chás requintada na costa do que para um restaurante de petiscos bem-sucedido o suficiente para ter sido indicado a todos os últimos prêmios de Melhor Novato), e sim pelo que a escolha do nome representa. Quero dizer, esse nome foi uma decisão de última hora e…

Por falar em decisões de última hora, uma mensagem de Olly acaba de apitar no meu celular, literalmente quando me aproximo da porta do restaurante, perguntando se posso encontrá-lo a poucos metros dali, em um pequeno bistrô francês. *Acabamos precisando de todas as mesas agora à noite*, a mensagem me informa, *e, de qualquer forma, foi um dia terrível e só quero ficar longe daquele lugar!!! Vou pedir uma garrafa de vinho tinto. Te vejo lá. Bjo O.*

O que, para falar a verdade, também é ótimo para mim, porque o probleminha em jantar com Olly no Nibbles, não importa o quanto ele tente evitar, são as interrupções constantes. Até mesmo em noites em que ele não está trabalhando oficialmente, ele sempre está trabalhando: tem um problema que precisa ser resolvido na cozinha, ou dois funcionários que estão ameaçando se matar, ou um cliente que não pode viver mais um minuto sem saber a origem da receita dele de arancino de ervilha com menta.

Paz, silêncio e privacidade acompanhados por um vinho tinto no bistrô me parecem perfeitos agora. Ainda mais por eu não conseguir nem me lembrar da última vez em que tive uma noite tranquila e uma conversa com Olly. Dois meses atrás? Quase três? Apesar do fato de sermos amigos próximos desde que eu tinha treze anos, quando ele era o irmão sabichão de quinze anos de Nora, e de nos encontrarmos para botar ordem no mundo enquanto comíamos alguma coisa e tomávamos mais do que uns goles pelo menos duas vezes por semana, nos afastamos um pouco nos últimos tempos. Deve ter a ver com a questão de ele andar ocupado administrando o restaurante e eu, o meu negócio.

Ah, e deve ter muito a ver também com o fato de que sou um pouquinho apaixonada por ele.

Na verdade, vou reformular isso, porque *um pouquinho apaixonada* parece que tenho uma quedinha infantil, ou algo assim.

Não é uma quedinha. Sou enlouquecidamente, desesperadamente, fervorosamente e, pior de tudo, *secretamente* apaixonada por Olly. Que (ainda pior que isso) por acaso também era secretamente apaixonado por mim, durante quase todo o período da nossa amizade, até que, um ano atrás (não sem razão, para ser sincera), desistiu de mim e começou a sair com Tash, sua atual namorada, que trabalha com Nora no hospital Glasgow Royal.

Ele planejava dar o meu nome para o restaurante e tudo. Era para ser Libby's, e não Nibbles. Essa foi a decisão de última hora que acabei de mencionar. Acho que ele sempre teve essa ideia de abrir um restaurante com o meu nome um dia e que essa seria a grande declaração de amor que ele não conseguia dizer em voz alta e que me faria perceber como ele se sentia sobre mim. Mas aí eu estava toda confusa achando que estava apaixonada pelo meu ex, Dillon O'Hara, e Olly se cansou de esperar.

Foi o maior erro que cometi na minha vida. O maior, que cometi sem sequer saber que estava cometendo.

É por isso que o evito tanto hoje em dia. (Apesar de — ilogicamente —, ao mesmo tempo, querer tanto encontrar maneiras de passar mais tempo com ele.) Primeiro porque costuma ser doloroso demais ficar sentada ali olhando para a imagem do que poderia ter sido. E segundo porque tenho medo de não conseguir disfarçar meus sentimentos. Poderia acabar (Deus me livre e guarde) pulando por cima da mesa e fazendo basicamente a mesma coisa que Tino, o cão pelado mexicano, fez com o meu Chesterfield essa tarde.

É só olhar para mim agora, ficando com as pernas bambas assim que entro no bistrô e o avisto em uma mesa no canto. Ele é tão incrível e deslumbrantemente maravilhoso, com o cabelo todo bagunçado do hábito de passar as mãos por ele quando está estressado, e seus grandes olhos castanhos, tão abertos e honestos, e...

— Lib!

Aqueles grandes olhos castanhos brilharam ao me ver e ele está se levantando, um sorriso enorme surgindo em seu belo rosto.

— Você é um colírio para os olhos — diz ele, vindo até mim para me envolver em um enorme abraço de urso. (Inspiro, o mais discretamente que consigo, o cheiro dele: o aroma familiar, caloroso, de cozinheiro que conheço de cor e salteado há décadas, misturado com algo mais picante e mais masculino que eu nunca costumava notar, mas que provavelmente sempre esteve ali.) — Venha sentar e tomar um vinho comigo. Bem, na verdade, decidi pedir um champanhe. O seu preferido. Afinal, estamos celebrando a sua mudança para o novo apartamento, certo?

— Ah, Olly. Isso é... tão legal da sua parte.

— Não seja boba. É uma ocasião e tanto. Você merece comemorar!

— Bem, não tenho certeza disso. Quero dizer, sinto como se eu já tivesse estragado tudo com minha nova locadora.

— Está falando da fashionista assustadora que vive tentando dizer o que você deve fazer com o seu próprio negócio?

— Estou falando da fashionista assustadora que vive tentando dizer o que devo fazer com meu próprio negócio. — Sorrio para ele. — Caramba. Bem lembrado, Ol. Eu falei um pouco dela para você na última vez que nos vimos.

— Sempre me lembro das coisas importantes. — Ele me acompanha até a mesa. — Bom, já pedi salsichas aperitivas e um prato de queijos para nós, mas se tiver outra coisa que você prefira, posso pedir o cardápio para eles...

— Não, não, estou bem. Quero dizer, parece perfeito. — Me acomodo na cadeira de frente para ele e me esforço ao máximo para acalmar meu coração disparado. — Oi — digo, dando uma risada nervosa que tento imediatamente transformar em uma tosse. — Céus, Olly, já faz tempo.

— Tempo demais. Aqui.

Ele coloca champanhe na minha taça. Bastante champanhe. E depois serve a mesma quantia para si mesmo. Sua mão está um pouco trêmula — exaustão, presumo, dado os horários de trabalho dele —, o que provavelmente é o motivo pelo qual respinga um pouco e pelo qual ele serviu duas taças tão cheias.

— Parece que você está precisando disso — acrescenta ele. — O que aconteceu com a fashionista assustadora?

— Ah, você sabe, o de sempre... Confundi o amado filhote de cachorro dela com um rato e joguei um grande pedaço de metal maciço na cabeça do bicho...

— Ah. Claro. O de sempre. — Ele sorri para mim e ergue a taça. — Saúde, Lib. E parabéns. Isto é, pela nova e animadora mudança. Não pelo ataque ao filhote. Preciso deixar claro que, apesar de nossa longa e feliz amizade, não posso, de maneira alguma, concordar com isso.

— E eu jamais esperaria que você concordasse.

Toco minha taça na dele e sorrio de volta.

Após um instante, parece ser um sorriso um tanto abobalhado e, para ser sincera, ele também parece meio congelado (talvez se perguntando por que é que eu estou sorrindo), então, tomo um gole longo.

Ele faz o mesmo.

— Então! — digo, alegre, quando largamos as taças. — Sinceramente, já falamos o bastante sobre mim...

— Ah, Lib, fala sério. Quero saber tudo sobre o novo apartamento!

— Bem, então, precisa vir me visitar um dia desses. Com Tash! — acrescento, só para o caso de ele achar que estou sugerindo uma espécie de sarau aconchegante, só para nós dois. — Mas, até lá, não tem mesmo muito o que contar, Olly, de verdade.

Antigamente, eu o teria entediado até o coitado dormir, tagarelando sobre minhas esperanças e meus medos quanto ao negócio, fazendo-o analisar comigo cada palavra dita por Elvira e Ben. Mas agora que gosto tanto dele (agora que consigo pensar em outras coisas, bem menos nobres, que eu gostaria de fazer para dormir *com* ele, para ser bem sincera), fico menos entusiasmada para entediá-lo. Sem contar o fato de que há um obstáculo permanente chamada Tash entre nós. Parece errado buscar esse tipo de apoio de um homem que é — e muito bem — comprometido.

— Enfim — continuo —, parece que você também teve um dia longo.

— Parece?

— Bem, você parece cansado — digo, depois de estudá-lo por um momento sem realmente olhá-lo nos olhos.

— Ah, essa é a vida no negócio dos restaurantes — afirma ele. Ele parece ainda mais cansado por um momento. — As coisas são sempre tão corridas e pareço nunca ter *tempo* suficiente. Quero fizer, quando foi a última vez que nós dois conseguimos fazer isso, Lib?

— Isso?

— É, sentar com uma garrafa de vinho e botar o papo em dia. Parece que faz uma eternidade.

— Bem, não, digo, faz mesmo bastante tempo — respondo, sem querer lembrá-lo de que cancelei dois dos nossos últimos planos de nos encontrarmos em cima da hora (só porque não conseguia suportar vê-lo) e que ele próprio cancelou três vezes (emergências de última hora no restaurante). — Mas você tem razão, a vida anda corrida. E, é claro, você tem Tash para priorizar também. — Tomo outro longo gole de champanhe. — Aliás, como ela está?

— Tash? Ah, está ótima. Ela está sempre ótima. — Ele pega a taça. — Quero dizer, obviamente, tem sempre a questão do...

Ele para porque, quase como se estivesse nos espiando ou algo assim (quero dizer, não pode ter sido isso, pode?), o celular dele começa a tocar.

— Ah! — diz Olly. — É ela! Desculpe, Lib, você se importa se eu...?

— Nem um pouco!

— É que eu geralmente ligo para ela a essa hora, quando ela sai do turno dela no hospital...

— Olly, não me importo! Mesmo! Atenda.

— Obrigado, Lib. — Ele pega o celular. — Oi — murmura ele. — Tudo bem?

Aquele murmúrio — baixo, íntimo, o tom de voz que só se usa com a pessoa amada — me faz querer chorar.

Mas, graças a Deus, é bem nesse momento que um garçom aparece com dois pratos grandes de comida, que coloca na mesa à minha frente. Digo, bem na minha frente, para falar a verdade, com um sorriso um tanto lascivo e a garantia de que se houver alguma coisa, *qualquer* coisa, que eu precise e quiser a ajuda dele, só preciso...

— Sim, obrigado, Didier — diz Olly, tirando o celular da orelha por um instante para falar, um tanto grosseiro, com o garçom. — Tenho certeza que ela vai conseguir se achar no prato de queijo… Desculpe, Tash — ele volta a falar ao telefone —, só estou dispensando um francês caloroso… Não, não, não comigo! Estou fazendo um lanche com Libby… — Há uma pausa curta. — Tash mandou "oi".

É claro que mandou, porque Tash — irritantemente — é legal e simpática de tão perfeita.

— Oi, Tash! — cumprimento de volta, acenando com a mão, inutilmente, porque eles não estão no FaceTime.

Então, faço um gesto para Olly, para indicar que ele deveria continuar a ligação, que estou bem (supercontente, na verdade) por estar sentada ali degustando esses pratos deliciosos de carne e queijo e que tudo está tão bem e belo no mundo que estou a poucos segundos de pular em cima da mesa e puxar um coro inflamado de "Oh Happy Day".

Talvez eu precise exagerar um pouco só para evitar qualquer sinal de que, na verdade, preferiria me enfiar *debaixo* da mesa e soluçar miseravelmente enquanto canto "Where Do Broken Hearts Go?".

É por isso que não deveria ter vindo para esse encontro; por isso que deveria ter inventado uma desculpa qualquer e cancelado de novo.

A questão é que não é como se eu não estivesse acostumada a ficar sentada à mesa de frente para alguém que não me ama também. Dillon O'Hara, por exemplo, por quem continuo convencida de que estava apaixonada, apesar do fato do nosso relacionamento ter começado com um acidente de carro, com ele no banco no motorista. E não só com Dillon — como uma romântica incurável, por ter passado boa parte da minha vida convencida de que eu era uma frangalhona nada atraente em comparação com minha irmã deslumbrante, desfrutei de uma longa e infrutífera história de amor com homens que nunca reparariam em mim mesmo que eu estivesse parada nua na frente deles com uma placa pendurada no meu pescoço dizendo *Disponível e desesperada: Favor candidatar-se aqui.*

A diferença, colossal e de partir o coração, dessa vez, com Olly, é saber que não é assim que deveria ter sido. Que graças à combinação cruel do destino com minha própria estupidez, eu e ele passamos batidos um pelo outro como navios à noite.

Na verdade, dói tanto pensar, mesmo que só por um momento, sobre o papel desempenhado pela minha própria estupidez que preciso repassar o máximo de culpa possível para a parte do destino cruel. Porque, caso contrário, é doloroso demais suportar. Seria como Julieta se sentiria se tivesse acordado ao lado de um Romeu já sem vida no túmulo e percebesse que tinha, sem querer, colocado o frasco de veneno ao lado do suco de laranja na geladeira. Se já é ruim o suficiente perder sua alma gêmea para sempre, confrontar o fato de que você deveria ter prestado mais atenção é de matar.

— Não, é claro — Olly ainda está ao telefone. — E eu pretendia... Bem, que horas você vai estar em casa? Não, acho que vou voltar assim que tiver terminado aqui... Certo, falo com você por Skype, então... Não, é claro... É claro... É claro... Está certo, tchau — conclui ele, finalizando com um breve e aparentemente um pouquinho culpado "Te amo", antes de largar o telefone. O olhar dele se fixa na mesa por um instante, quase como se ele estivesse evitando o contato visual.

Engulo em seco, com força.

— Está tudo bem?

— Não, é claro — responde ele, repetindo exatamente a mesma coisa que tinha dito para Tash. (Pensando bem, é uma frase esquisita, para falar a verdade. Quero dizer, *sim* é o acompanhante mais comum de um *é claro*, certo? De qualquer forma, não cabe a mim analisar. É coisa deles.) — Tash só está... Bem, ela está um tanto farta de nunca nos vermos, só isso.

— Ah, Olly, sinto muito. Mesmo. Olha, é melhor você ir para casa já e conversar com ela pelo Skype...

— Não seja ridícula — interrompe ele, um tanto brusco. Então, inspira, como que para "autorresetar", e pega a taça de champanhe, segurando-a pela base. — Desculpe, Lib. Só quis dizer que ir para casa agora para falar com ela por Skype não vai resolver o problema. Tem muito mais a ver com o fato de morarmos a 560 quilômetros um do outro e trabalharmos nesses horários malditos.

— Não — respondo. — É claro.

— Quer dizer, ela trabalhou nos últimos três fins de semana seguidos e eu também sempre estou ocupado.

— Sinto muito, Ol. Namorar à distância é difícil, eu sei.

— É, sim. Mas não deveria parecer tão... — Ele pensa por um instante, a tristeza passando por seu rosto. — Impossível.

Ele parece tão arrasado que, apesar de o motivo ser a saudade que ele sente de Tash, eu deixo minha própria dor de lado por um momento.

— Acho que você só precisa encontrar uma maneira de *ter* mais tempo, Ol, para ser sincera. Quero dizer, sei como você é ocupado, mas será que não tem um jeito de conseguir tirar uma noite de sábado de folga para ir até Glasgow? Se saísse logo depois do almoço, só perderia o jantar, e vocês não abrem mesmo na segunda à noite e nem na terça para o almoço, então, não precisaria sequer voltar até o começo da tarde de terça...

— Opa, opa. — Olly ergue a mão, parecendo um pouco surpreso. — Você já estava pensando nisso antes, ou algo assim?

— Não, só me parece um tanto óbvio, não acha?

— Não muito. É que eu não preciso estar no restaurante só durante os horários das refeições, Lib. Tem muito mais coisas do que isso! Preciso ficar de olho nas contas e em toda a papelada dos funcionários e você sabe que sempre preferi supervisionar a limpeza pesada depois dos jantares de sábado e tenho todas as reuniões com os fornecedores e as visitas dos vendedores de vinho... E isso sem contar o fato de que eu, de vez em quando, também gosto de pensar em itens novos para acrescentar ao cardápio!

— Certo, bom, então vai ter que persuadir Tash a vir para cá com mais frequência.

— Ela é médica residente no hospital, Libby. Não é tão simples assim.

— Então, vocês dois vão ter que tornar as coisas mais simples.

Me sinto como uma escavadora a pleno vapor, mas agora que me meti nessa, parece que não consigo parar. A única boa notícia, acho, é que talvez o esforço que tenho aplicado em disfarçar meu desejo de cobrir o corpo inteirinho de Olly de beijos está, afinal, surtindo efeito. Eu fingi e agora, aparentemente, consegui. E com sorte ele não vai perceber o quanto estou me esforçando para esconder algo que ele não sabe.

— Bom — continuo, acaloradamente —, você a ama e ela ama você, certo?

Olly pegou a garrafa de champanhe e está enchendo as duas taças, então, demora um instante para responder.

— Não, é claro.

Aquela frase bizarra (e bizarramente contagiante) de novo.

— Então, dê um jeito. Diga a ela o quanto você quer vê-la. Pergunte se ela não consegue alguns dias de folga do trabalho. Ou, sei lá, se encontrem no meio do caminho. Isso, na verdade, pode ser bem romântico. Vocês poderiam reservar um hotel fofo em algum lugar onde possam tomar uns drinques no bar ao lado de uma lareira e com serviço de quarto ótimo para que não precisem nem se vestir para ir jantar e…

— Libby.

Olly, graças a Deus, me impede de continuar tagarelando sobre essa fantasia hoteleira detalhada que, na verdade, já imaginei na minha cabeça para nós dois, durante as longas noites desse último ano em que, se não fizesse isso, a alternativa seria chorar no travesseiro.

— Desculpe, desculpe, isso pode ter sido específico demais…

— Esse é o Queijo Misterioso?

Foi por isso que ele me parou. Ele está olhando para o prato de queijo que está entre nós na mesa há alguns minutos.

— Aquele, bem ali — continua ele, apontando para o prato. — Acho que é. Eu acho que é.

Se esse parece ser um tom um tanto intenso demais para falar sobre um queijo, eu deveria explicar exatamente o porquê disso.

Anos atrás — eu tinha 18 anos e Olly estava fazendo 21 —, fizemos uma viagem para Paris de trem para um dia hedonístico comendo, bebendo e (por ser Olly, um apreciador da gastronomia como nenhum outro) percorrendo vários destinos em busca de tipos altamente específicos de geleia Mirabelle, ou salsichas temperadas, ou chocolates *premier cru*. E queijo. Tanto queijo, para falar a verdade, que acabamos tendo que comer no trem de volta para casa, quando descobrimos que um queijo em particular — um queijo de cabra cremoso, encoberto por cinzas, e com sabor azedo e com um toque de limão — era, na verdade, a definição exata de "ambrosia". (Talvez isso tenha tido algo a ver com a quantidade de *vin* que consumimos durante a jornada do dia; e também, possivelmente, com o fato de que tentávamos desviar a atenção de um beijo inesperado que acabamos trocando em um bar ao sul do rio Sena em algum momento da tarde, e ficar falando maravilhas sobre um queijo pareceu, na hora, uma ótima maneira de fazer isso.) Não sabíamos o nome específico e, apesar de muitos anos de busca — ou, mais especificamente, de ficar atento sempre —, nenhum de nós conseguiu encontrar o tal Queijo Misterioso de novo.

— Ora, então, você tem que experimentar — respondo, em um tom igualmente intenso. — Não vamos saber até você provar.

— *Nós* temos que provar — corrige ele, pegando a faca e dividindo a porção de queijo branco envolto em cinzas em dois com um único movimento ágil de chef. — Vamos lá, Libby. Feche os olhos. Este pode ser o momento.

Nós dois ficamos em um silêncio reverente enquanto pegamos nossas metades de queijo, fechamos os olhos e o colocamos na boca.

— O que você acha? — sussurra Olly, após um instante.

— Não sei...

— Primeiras impressões?

— A primeira impressão foi de que, definitivamente, *não* é esse... Mas a segunda impressão... Não tenho certeza. Talvez seja?

— A textura não parece ser *exatamente* a mesma.

— Concordo. Mas o gosto é quase o mesmo.

— Você acha? Acho que o Queijo Misterioso tinha um pouco mais de pimenta.

— Não eram cinzas?

— Não, não, não estou falando de pimenta *no* queijo em si, estou falando de um *sabor* apimentado.

— Ah. Certo. Não, acho que você tem razão. Digo, você é o especialista.

— Não sou o especialista! — Ele parece um pouco irritado. — Nós dois estávamos lá!

— Sim, tudo bem, mas é você quem leva esse tipo de coisa a sério.

Ele parece, por um instante, magoado até a alma.

— Eu achava que *você* também levava o Queijo Misterioso a sério.

— Eu levo!

— Quer dizer, sei que é só uma coisa boba, obviamente. Não sou tão idiota assim. É que sempre foi uma coisa... nossa. Não foi?

— Sim. — Minha voz ficou presa na garganta. Pego minha taça de champanhe. — Não estou dizendo que nunca levei a sério, Ol — digo, depois de tomar um longo gole. — Estou dizendo que o chef, o expert, o apreciador de comida é você. É você quem se lembra do gosto preciso de um vinho Sangiovese que tomou na Itália há três anos em comparação com um Sangiovese que tomou na casa dos seus pais três semanas atrás. Eu mal poderia dizer a você, na maioria dos dias, se estou comendo um sanduíche de atum com maionese ou de frango com maionese.

— Então, você precisa começar a comprar seus sanduíches em outro lugar — retruca Olly, levemente irritado. — Não há desculpa nenhuma para que atum tenha um gosto remotamente parecido com o de frango.

— Não é nada demais. É só um sanduíche.

— E o Queijo Misterioso era só um queijo. Eu entendo. Não importa.

— Olly, não, é claro que importa! Por favor.

Estico o braço sobre a mesa, surpreendendo a mim mesma ao fazer isso, e coloco minha mão na dele.

Estou torcendo para que ele não consiga sentir a palpitação suave no meu pulso, que acelera quando minha pele toca na dele.

Mas não acho que ele consegue, porque, se sentisse, ele reagiria de alguma forma, certo? Afastaria a mão ou me olharia com uma cara estranha ou perguntaria se eu perdi o juízo ou algo assim, né? E ele não faz nada disso. Só mantém a mão exatamente onde está, debaixo da minha, e não fala nada por um momento.

Então, ele diz:

— Não acho que seja mesmo o queijo.

— Não. Nem eu. — Trago minha mão de volta para meu lado da mesa. — Mas acho que isso é uma coisa boa. Porque podemos continuar procurando.

— Sim. Isso é verdade. Bem, sempre foi uma fonte de conforto, para mim — acrescenta ele, me olhando nos olhos e dando um sorriso insolente —, saber que ele está por aí, em algum lugar.

Estamos fazendo piadinhas de novo. Isso é bom.

— Apenas esperando que a gente o encontre — complemento.

— Respeitando seu próprio tempo.

— Escondendo seus talentos.

— Esperando nos bastidores.

— E ainda não tenho certeza — concluo — se gostei desse aqui tanto assim, de qualquer forma.

— Nem eu. — Olly olha para o prato de queijo, seu belo rosto mais nobre do que nunca sob a luz das velas do bistrô. — Já aquele Comté parece bom. Prove um pedaço desse que eu vou provar o Camembert.

Ficamos em um silêncio amigável enquanto experimentamos todo o prato de queijos nos minutos seguintes.

Bem, um silêncio tão amigável quanto é possível para nós agora, visto que eu sequer consigo olhar para ele sem sentir o desejo e a tristeza me assolarem na mesma medida.

Então, quebrando o silêncio, ele diz:

— Você deve ter razão sobre Tash, Lib. Precisamos nos esforçar mais para passar mais tempo juntos. Quer dizer, é a isso que se resumem os relacionamentos adultos, certo? Comprometimento. Ir além.

Quase digo que eu não saberia, já que nunca tive um relacionamento adulto.

Mas, de alguma forma, meu coração não está a fim.

Então, só concordo com a cabeça, com o máximo de entusiasmo que consigo, e estendo a mão para cortar um pedaço de Roquefort para mim mesma.

É quase meia-noite quando chego em casa.

Vamos chamar de "casa".

Porque, por mais desagradável e minúsculo que meu apartamento em Colliers Wood fosse, aquele era meu lar. Esse novo lugar, nesse bairro mais-chique-do-que-os-já-chiques de Notting Hill, ainda não parece um lar para mim. E se meu relacionamento com Elvira Roberts-Hoare ficar ainda mais gélido, não acho que eu vá começar a relaxar aqui tão cedo.

Mas talvez seja só o champanhe que esteja me deixando um tanto piegas e com pena de mim mesma. Todo aquele champanhe na companhia da minha alma gêmea perdida. Acabamos tomando duas garrafas antes de cada um seguir seu rumo: Olly para casa, para falar com Tash pelo Skype, e eu para cá, para...

Certo, qual é *meu* plano atual? Tomar um copão de água, tirar a maquiagem e ir para a cama para uma noite reparadora de sono?

Ou, em vez disso, que tal abrir a garrafa de vinho branco que sei que está na geladeira lá em cima e combiná-lo com o saco grande de salgadinhos que está escondido em um dos armários da pequena cozinha, desabar no Chesterfield com o controle remoto e assistir às besteiras que passam de madrugada na tevê para me distrair de ficar ruminando a noite com Olly?

Sim. Acho que vou ficar com a segunda opção. Usar um analgésico temporário que só vai fazer eu me sentir ainda pior pela manhã. Uma decisão sensata, como sempre.

Arrasto meu corpo exausto pelas escadas até a cozinha, pego o vinho e o pacote de salgadinhos e volto para baixo para procurar o controle remoto.

— *Excusez-moi*? — diz uma voz no meu sofá Chesterfield.

Meu pai do céu.

É Grace Kelly.

E não apenas qualquer Grace Kelly: é Grace Kelly com o *traje completo de seu casamento*. O vestido icônico, com seu corpete de renda de 125 anos de idade e sua saia toda de tafetá. O véu, com o que devem ser uns noventa metros de tule, deve estar ocupando a maior parte disponível do chão da minha nova sala de estar. O arranjo de seu cabelo emoldurando com perfeição seu rosto sereno.

Só que ela não está parecendo tão serena assim no momento, preciso dizer. Não que eu possa julgar alguma coisa, porque devo estar olhando para ela boquiaberta, totalmente estupefata. Mas ela parece, se é que isso é possível, ainda mais perplexa do que eu estou ao vê-la.

Há um momento de silêncio.

— *Je suis desolée* — continua ela, em uma voz ainda mais oscilante do que estou acostumada a ver nos filmes, apesar de sua dicção refinada permanecer basicamente a mesma.

Ela se levanta. É mais alta do que eu imaginava, ou talvez isso se dê apenas porque ela se porta de uma maneira tão distinta, seus ombros largos projetados para trás e seu pescoço exatamente como o de um cisne.

— *Mais je suis un peu... Je ne sais pas le mot em français...* Hum... *Parlez-vous anglais*?

— Eu SOU *anglaise* — respondo.

— Ah! — As sobrancelhas elegantes dela se erguem. — Desculpe. Eu não fazia ideia de que houvesse *algum* inglês trabalhando aqui.

— Aqui?

— No palácio. Espero que você me perdoe — fala ela, sua voz mais perfeitamente distinta agora que ela se recuperou — se eu não fizer a menor ideia de quem você seja ou do que faz. Esses últimos dias têm sido os mais impossivelmente caóticos desde que cheguei e com o casamento amanhã de manhã...

— Certo — digo, sem forças. — O casamento.

É de se pensar que eu já estaria, a essa altura, meio acostumada com esse tipo de coisa. É de se pensar que, quem sabe, eu até ficasse um pouco blasé com o que está — francamente — começando a parecer uma *infestação* de lendas de Hollywood surgindo do meu sofá mágico.

Mas esta é *Grace Kelly*. Realeza hollywoodiana, literalmente.

Digo, se fosse... Sei lá, Ava Gardner, ou Betty Grable, ou até mesmo Lauren Bacall, acho que conseguiria lidar melhor com isso.

Sim, Audrey Hepburn era maravilhosa e sim, Marilyn Monroe era deslumbrante. Mas Gracy Kelly, se é que isso é possível, bota as duas no chinelo fácil, fácil.

Sua beleza serena, parada ali, a um metro e meio de mim, com seu vestido de casamento, é extraordinária. É possível que ela tenha literalmente o rosto mais perfeito que eu já vi. O que, é claro, eu já sabia (não é como se não tivesse assistido e reassistido aos filmes dela durante toda minha vida), mas vê-la aqui, em (mais ou menos) carne e osso, é... impressionante. Não que pareça que ela é *feita* de carne e osso, para ser sincera. Sua pele clara de pêssego é tão perfeita que parece que poderia, na verdade, ser feita de nácar de pérolas e lascas dos diamantes mais puros. É o mesmo brilho que tanto Audrey quanto Marilyn pareciam ter, para falar a verdade, e que deve ser resultado mais do fato de elas serem manifestações mágicas das profundezas do meu Chesterfield encantado do que algo cem por cento real. O cabelo dela, jogado para trás e com aquele delicado bico de viúva na testa, é loiro clarinho, e seus olhos são tão intensamente azuis quanto eram quando eu os via na tela. E, assim como Audrey e Marilyn, ela exala um perfume muito real — algo suntuosamente floral, no caso dela, que cheira a violetas, rosas e íris. Fleurissimo, de Creed, me lembro de repente, daquele jeito que fatos aleatórios aparecem do nada, brotando na sua mente quando você sequer sabia que eles estavam lá. A fragrância criada especialmente para Grace Kelly usar no dia de seu casamento.

— Você é uma das meninas que eles mandaram para desfazer as minhas malas?

— Ahn?

— Você é uma das meninas — repete ela, com aquele sotaque inconfundível de New England, com vogais superenfatizadas e consoantes oclusivas — que eles mandaram para desfazer as minhas malas? — Seu tratamento comigo, agora que ela superou a surpresa de me ver, é educado, mas visivelmente distante. — Não sei se vocês são todas criadas, ou secretárias... Para ser sincera, há *tantos* empregados aqui que é um pouco avassalador no momento.

— Eu não... Não sou... Uma empregada.

— Enfim, eu gostaria de saber se, por acaso, você desempacotou algum livro de orações. — Ela ignorou o que acabei de dizer e lança seu olhar penetrante por todo o apartamento, antes de parar nas minhas caixas ainda fechadas. Ela desfila na direção delas, a cauda de seu vestido deslizando pelo chão de madeira, para dar uma olhada. — É particularmente importante para mim, sabe? E... Bem, obviamente, a cerimônia religiosa é de manhã. Esse é o meu teste do vestido, por sinal. Nunca faço nada sem fazer um bom teste do vestido antes!

— Não. Tenho certeza disso.

Ela ergue os olhos, dessa vez fixando aquele olhar penetrante em mim.

— Talvez seja melhor que você procure, em vez de mim? Não quero arriscar estragar o vestido.

— Céus, não... Quer dizer, é inestimável. Icônico.

— O que quer dizer com isso?

— Só que — engulo em seco, com força — gerações de mulheres usam o seu vestido como espécie de Santo Graal dos vestidos de noiva. Um acme. Um zênite. Um... É...

— Ora, mas eu nem o usei em público ainda! — Ela dá uma risada enérgica, mas um tanto nervosa. — Sei que já houve tudo quanto é tipo de especulação, mas acho, na verdade, que todas essas gerações de mulheres deveriam aguardar para fazer seus julgamentos depois de verem o vestido. Não acha?

— Sim, mas...

— Minha nossa — continua ela, estremecendo de leve —, está frio aqui em cima! Eu nem deveria ter subido aqui, na verdade, mas só queria saber como é me movimentar com o vestido, e o palácio é tão enorme, peguei pelo menos dois corredores errados... Eu não planejava parar aqui, no depósito do sótão, posso garantir a você. Mas já que estou aqui, eu gostaria muito de encontrar aquele livro de orações.

— Mas aqui não é... Não é um depósito em um sotão. E nem é... hum... o palácio de Mônaco.

Uma sobrancelha perfeita se curva. Ela não parece nada impressionada.

— Como é?

— Isto aqui não é um depósito — repito com firmeza. — Você não está em Mônaco.

Porque foi isso que jurei fazer na próxima vez que acontecesse: ir direto ao assunto e descobrir que diabos *tem* nesse sofá. Nunca tive uma chance com Audrey (e, para ser sincera, passei a maior parte do tempo em que a vi convencida de que estava conversando com um tumor no meu próprio cérebro) e quando toquei no assunto com Marilyn, ela achou que eu estava dizendo que sou algum tipo de vidente... Mas agora que Grace Kelly está aqui à minha frente, chegou minha oportunidade de explorar esse mistério mais a fundo. Ela é tranquila, calma e equilibrada — enquanto Marilyn era desmiolada, esbaforida e, em sua maior parte, um pouco alcoólatra. Reconhecidamente, Grace parece um *pouquinho* nervosa por baixo de sua aura de princesa do gelo, talvez devido ao fato de que, ao menos no mundo dela, ela está prestes a se tornar uma princesa *de verdade* amanhã e se casar com um homem que ela sequer conhece direito, diante de bilhões de pessoas. Mas, mesmo assim, ela é *Grace Kelly*. É esperta, astuta e forte como uma rocha. Se eu não aproveitar a chance, sei que vou me arrepender.

Ela pisca.

— Desculpe... Você disse que é inglesa?

— Por que você pergunta?

— Ora, porque você não está falando coisa com coisa. Mas não pode ser a barreira da linguagem... Vou lhe propor o seguinte: vou tentar encontrar o caminho de volta para o meu quarto sozinha e chamar alguém da criadagem do príncipe. Eles podem me ajudar a encontrar meu livro de orações e eu posso deixar você fazendo... Bem, seja lá o que faz por aqui. — Ela dá um passo na direção da porta, como se fosse conseguir sair por ali. — Foi um prazer passar esse tempo com você, senhorita... Qual é mesmo o seu nome?

— Lomax. Libby Lomax. Olha, Gra... — Me interrompo bem a tempo. — Srta. Kelly. Há uma coisa que você precisa entender. Ou, para ser mais específica, acho, tem uma coisa que *eu* preciso entender... — Aponto na direção do Chesterfield. — Certo, está vendo aquele sofá? Ele é mágico, está bem? Sei que isso não faz muito sentido, mas pessoas, estrelas de Hollywood, para ser mais precisa, surgem dele. Audrey Hepburn. Marilyn Monroe. E, agora, você.

Os olhos azuis de Grace, da cor do céu em um dia ensolarado de inverno, me encaram. Ela não pisca.

Há outro momento um tanto longo de silêncio.

— Não sei se compreendi perfeitamente. — As consoantes oclusivas dela estão mais oclusivas do que nunca. — Você tem noção do que acaba de dizer?

— Sei que parece... Bem, impossível. Loucura. Mas não é. Juro. Bem, não é impossível. *É* bastante louco. Mas o sofá *é* encantado. Eu o peguei lá nos estúdios Pinewood e...

— Pinewood? — O olhar dela suaviza, apenas por um momento. — Isso é… Algum tipo de brincadeira do Hitch?

— Hitch?

— Alfred Hitchcock. Você está conduzindo alguma brincadeira dele? Pensando bem, é a cara dele fazer algum tipo de piadinha bizarra pré-casamento…

— Não, não! Nada desse tipo.

— … e, além disso, sei que ele é contra o casamento desde o começo. Acha que nunca vou voltar a Hollywood, quando for uma princesa da realeza. No que ele está bastante enganado — ela cruza os braços em frente ao corpo esguio — por sinal. Pode dizer a ele, na próxima vez que o vir…

— Não vou vê-lo. Eu não o conheço. Mesmo. Isso não é uma piada. Tudo que estou dizendo é verdade.

Grace Kelly franze a testa para mim, seu rosto liso se enrugando.

— Você espera que eu acredite em um sofá encantado no sótão?

— Vou repetir, isso aqui não é um sótão. Eu moro aqui.

— Você mora *em um sótão*? — Ela parece um tanto alarmada, sua compostura de ferro momentaneamente abalada. — Desculpe ser tão franca, mas… Você não é… Algum tipo de lunática do palácio, é?

— Não! É claro que não!

— É só que… Bom, para falar a verdade, ainda não conheço o príncipe tão bem assim… Quer dizer, estamos, obviamente, muito apaixonados. Com certeza, eu não concordaria em casar com ele se não estivéssemos, nem mesmo para agradar meus pais… — Ela limpa a garganta antes de continuar. — Mas até começar a de fato viver com alguém, nunca se sabe que tipo de esqueletos essa pessoa esconde no armário. Ou, nesse caso, que tipo de lunáticos tem no sótão, suponho. — Algum outro pensamento parece ocorrer a ela, e seus olhos azuis brilhantes se estreitam. — Se você está inventando tudo isso para me despistar porque é *amante* do Rainier…

— Jesus, não!

— Ora, não há necessidade de ficar tão indignada, minha querida. — Grace Kelly parece, de repente, mais humana do que eu tinha visto até agora. Por um breve instante, seus ombros deixam de ficar eretos como uma vareta e ela franze ainda mais a testa. — Ele é um homem extremamente atraente! E um príncipe, é claro. Eu não me casaria se ele não fosse… — Ela para. — Não que eu esteja dizendo… Não vou me casar com ele *porque* ele é um príncipe, é claro. Vou me casar com ele porque o amo.

— Claro, claro...

— É que é tão fácil se apaixonar por um príncipe — continua ela, um tanto na defensiva — quanto amar um homem comum. Sem contar o fato de que... Bem, é ótimo que todo mundo pense que tenho homens caindo aos meus pés, mas de que adianta se todos os que prestam já são casados?

— Sim, está tudo bem, você não precisa me explicar nada. Bem, eu nunca estive apaixonada por um príncipe e o cara que eu amo *é* um homem comum... Mas estamos nos desviando da questão. — Respiro fundo e dou um passo na direção dela, que está um pouco menos majestosa do que antes, com seu vestido perfeito de princesa. — Olha, posso provar a você, ok? Posso provar que o que estou dizendo é verdade. Você acha que está em um palácio em Mônaco, certo? O palácio cor-de-rosa, no alto do morro, com vista para as águas cristalinas do mar Mediterrâneo...

— Com vista para a marina, na verdade — corrige ela, bruscamente. — E não entendo o que a vista tem que a ver com...

Me aproximo da janela e abro a cortina.

— Dê uma olhada lá fora — peço. — Olhe pela janela e me diga o que você vê.

Ela abre a boca para (e eu sei que essa é a intenção) contestar a minha sugestão.

— Só uma olhadinha — suplico. — Olhe lá para fora e me diga se você consegue ver uma marina, cheia de iates boiando, a luz do luar bailando na água. Ou... — Eu mesma dou uma espiada pela janela por um momento. — Se o que você consegue ver é uma rua qualquer, um monte de carros estacionados, as latas de lixo todas colocadas para fora para a coleta amanhã de manhã e... Ah, acho que aquilo é uma raposa remexendo uma das latas de lixo. — A luz do poste é forte o suficiente para que eu consiga ver o bicho magricelo, com seu rabo peludo, lutando com o que parece ser, ao menos dessa distância, uma caixa de pizza da Domino's e uma caixa de suco Tropicana. — Por favor, srta. Kelly. Só dê uma olhada.

Por um instante, acho que ela não vai se mexer.

Então, com um ar de curiosidade bem disfarçado, ela dá um passo na direção da janela para dar uma espiada.

Suas sobrancelhas se erguem no mesmo instante, e ela está perplexa.

— Eu não entendo! — Ela olha para mim por cima do ombro. — Onde a marina foi parar?

— Exatamente! É isso que estou dizendo!

Sento no peitoril da janela e olho bem nos olhos dela. Tão perto assim, o aroma do perfume dela é mais forte do que nunca, e consigo ver umas ruguinhas bem leves ao redor de seus olhos, que a fazem parecer, de alguma forma estranha, mais real. Bom, se não mais real, ao menos mais terrena. Mais vulnerável, talvez.

— Você é mágica! — continuo. — Não apenas daquela magia hollywoodiana, mas magia *de verdade*. Você surge do sofá no meu mundo e então... Bem, para falar a verdade, não faço a menor ideia de para onde você vai quando volta para o sofá. — Penso nisso por um instante. — Quero dizer, não sei se você volta para o seu próprio mundo ou se deixa de existir por um tempo... A única coisa de que tenho *certeza*, ao menos acho que tenho, é que não é uma via de mão dupla. Não posso ir para o *seu* mundo, até onde sei. É meio que como... *Alice no País das Maravilhas*, eu acho...

— Entendo, entendo. — A voz dela é baixa e ela está falando mais para si mesma do que para mim. — Eu... Eu acho que entendo.

— Ah, graças a Deus! Certo, então, até onde sei, pelo que aconteceu antes...

— É um sonho. Isso explica. Não é uma piada. É um sonho. Um sonho muito vívido, mas apenas um sonho.

— O quê? Não, não, não é nada disso!

— Não seja absurda, minha cara. — Ela me encara com superioridade, com um retorno eufórico à sua frieza real. — Além do fato de que o que você estar dizendo jamais *poder* ser verdade, afinal, um *sofá mágico*?, simplesmente não seria o caso de *eu* aparecer na *sua* vida real. — Ela ergue seu queixo icônico. — Sou Grace Kelly. A magia pode acontecer *ao meu redor*, o estrelado nos filmes, um Oscar, o casamento com um príncipe, fazendo de mim uma princesa, mas *eu* sou real.

— Sim, tudo bem, entendo por que pense assim, mas...

— Não *penso assim*. *Sei* que é assim. Não sou uma coadjuvante na sua vida! Algum ser mágico em um mundo em que você é que é real? Não. Não é possível. As coisas acontecem comigo, afinal de contas. *Eu não aconteço para outras pessoas.*

Pisco para ela.

— Então... Você está me dizendo que *eu* é que sou mágica?

Ela solta um tinido satisfeito e animado de risada. Parecem notas musicais em uma escala e seriam encantadoras, se ela não estivesse tentando me dizer que eu não existo.

— Ah, não, não. Não estou dizendo que você é mágica! Não é óbvio? Você está no meu sonho!

— Não, eu...

— Está claro para mim agora. — Grace caminha, de uma maneira muito dinâmica para alguém que está usando metros e mais metros de renda, até o Chesterfield e se senta. Ela parece estar pensando em voz alta. — Ando muito estressada, os últimos dias foram exaustivos... Estou dormindo em um lugar estranho e eu *não* deveria ter provado aquele queijo francês fétido no jantar dessa noite... Então, apesar de eu admitir que tudo isso pareça impressionantemente vívido, é, claro, um sonho. Agora, se eu estivesse fazendo psicanálise, como todo mundo que eu conheço está... para falar a verdade, eu *deveria* ter feito psicanálise, quando estava lá em casa, mas meus pais sempre deixaram claro que acham não passar de conversa mole... bem, então, eu poderia coletar tudo quanto é tipo de informação desse sonho que pudesse me ajudar na vida real. — Ela olha para mim, me encarando com aquele olhar azul penetrante por um momento. — Talvez você represente uma outra versão de mim? Oh! — suspira ela, de repente. — Você é meu alter ego? A pessoa que eu seria se não tivesse essa aparência? Se eu *não* tivesse entrado na indústria do cinema e conhecido o príncipe? Afinal de contas, você parece terrivelmente acabada e, bem, comum.

— Ei! Eu só tive uma noite ruim, só isso! — Também a fito com um olhar penetrante. — Experimente não ficar acabada quando o homem que você ama não a ama também.

— Ahá! — Ela parece tirar partido disso, unindo as mãos em uma palma como que para capturar aquele pensamento antes que ele ouse escapar. — Essa é a *segunda vez* que você menciona esse homem por quem está apaixonada! Que mensagem está tentando transmitir? Qual verdade interior está tentando arrancar do meu subconsciente?

— Mensagem nenhuma! Não tem verdade interior nenhuma!

— Porque, é claro, já tive uma série de casos... — Bem repentinamente, ela abaixa sua voz articulada com sotaque de New England, com medo de que alguém no "palácio" possa ouvi-la, suponho. — O que quis dizer é que talvez eu tenha, no passado, me apaixonado por um homem que não sentia o mesmo por mim. E, naturalmente, na noite anterior ao casamento, nossos pensamentos começam a se voltar para esse tipo de coisa... Não vou dizer que eu estava *deliberadamente* pensando em Clark hoje, quando estava me arrumando para a cerimônia civil, mas ele surgiu na minha cabeça...

— Clark Gable? — pergunto, sem conseguir me conter. — Você se apaixonou por Clark Gable?

A pele perolada dela ruboriza, mesmo que de leve.

— Ora! Se você é uma manifestação do meu subconsciente, acho que deveria saber esse tipo de coisa!

— Mas eu *não* sou uma manifestação do...

— Enfim, não sei se eu estive *mais* apaixonada por ele do que por qualquer outro homem. Ele apenas era o único que ficava surgindo na minha mente hoje. E acho que Rainier se parece um *pouquinho* com ele, afinal, com aquele bigode... Diga: esse homem de quem você está falando, esse por quem você diz que está apaixonada, ele tem bigode? Porque faria muito sentido se ele tivesse.

— Não. Ele não tem bigode. — Me sinto zonza de frustração, apesar de que, para ser sincera, isso pode ser resultado apenas da combinação do adiantado da hora com a quantidade de champanhe que tomei essa noite. — Olha — tento mais uma vez, um tanto desesperada —, não sei se você já conheceu Audrey Hepburn ou Marilyn Monroe...

— Ora, é claro que conheci. São meninas adoráveis... Oh! — arfa Grace. — Isso é *outra* mensagem? Porque dizem que o príncipe tinha interesse em conhecer Marilyn Monroe, como uma possível noiva, antes de me conhecer. Não que algo nesse sentido teria qualquer sucesso, é claro. Nada contra Marilyn, mas não acho que o povo de Mônaco teria aceitado.

E então, de repente, Grace para de falar.

Ela está olhando para a minha mesinha de centro.

Mais precisamente, para a revista *OK!* que Cass largou ali quando esteve aqui mais cedo. Aquela com o príncipe Albert de Mônaco, sua esposa Charlene e seus filhos na capa.

— Quem é essa mulher? — pergunta Grace, apontando um dedo trêmulo para a capa da revista. — E por que ela está usando meus brincos?

Uma sensação terrível de pavor pulsa pelo meu corpo.

Não posso contar a Grace Kelly — mesmo que seja uma Grace Kelly mágica — que aquele é seu filho adulto, um filho que, até então, ainda não foi concebido. *Posso?* Mesmo que ela acredite que sou um sonho, algum prenúncio do futuro, aquilo está próximo demais da realidade trágica dela, é desagradável demais para pôr em palavras...

— E quem é esse homem com ela? — pergunta ela, com uma voz bem mais amuada, todos os traços de suntuosidade real desaparecidos.

Abro a boca para dizer a ela… o quê?

Dizer, sério, o quê? Porque a chamada de capa diz, bem claramente, que aquele é *ALBERT DE MÔNACO E SUA LINDA FAMÍLIA NA NOITE DA PUBLICAÇÃO DA NOVA BIOGRAFIA OFICIAL DE SUA AMADA MÃE, A PRINCESA GRACE.*

— Srta. Kelly — começo, respirando bem fundo. — Grace…

Mas ela se foi. Desapareceu. Sumiu.

Onde ela estava sentada, apenas alguns segundos atrás, não há nada além de ar.

Ar permeado, é claro, pelo cheiro de rosas e violetas do perfume Fleurissimo dela.

3

Com ou sem ressaca, arrumei o apartamento inteiro esta manhã (e escondi o exemplar da *OK!* debaixo de uma pilha de revistas) e estou pronta para a chegada de Bogdan, às dez horas.

Bogdan (Filho de Bogdan) é, como o nome talvez sugira, o filho do meu ex-locador, Bogdan Sênior e, hoje, um dos meus melhores amigos. Ele trabalha em meio período como faz-tudo e no outro meio período como cabeleireiro (em segredo, porque seu pai, um chefe do crime organizado moldavo, teria um treco se soubesse), e essas duas habilidades já se mostraram muito úteis desde que eu o conheço. Ele vai dar um pulo aqui agora de manhã para me ajudar a montar uma mesa de escritório da IKEA no *showroom*, para eu poder trabalhar direito nela até decidir o que vou fazer com todo aquele espaço.

E também, apesar de ele ainda não saber, discutir a aparição mística de ontem à noite no sofá. Porque Bogdan é a única pessoa da minha vida que já vivenciou a experiência mágica completa do Chesterfield. Para falar a verdade, minha memória está para sempre marcada com a imagem dele sentado no sofá, papeando animadamente com Marilyn Monroe e, como todo bom cabeleireiro, tentando convencê-la a deixar de lado sua marca registrada, os cabelos platinados ("é clichê demais, srta. Marilyn"), e ficar morena. A tranquilidade de Bogdan diante de algo desvairado foi impressionante e, apesar de termos falado pouquíssimas vezes sobre isso desde então, é um alívio enorme saber que ele está envolvido nessa situação bizarra também.

Eu tinha acabado de colocar a chaleira no fogo para fazer uma xícara do chá preto forte que Bogdan toma quando ouço uma batida na porta lá embaixo e desço para abrir para ele.

Quando abro a porta da frente, ele está parado na calçada, com seu ar costumeiro de iminente tragédia leve-a-moderada, usando uma (supercorajosa) calça listrada com as cores do arco-íris e uma camiseta que me informa que *Harry Styles é fofo... Mas o namorado dele é mais.*

Ainda *não* consigo acreditar que o pai dele não tenha reparado. Contudo, suponho, que seja possível que Bogdan saia da casa da família pela manhã usando seu traje moldavo típico, ou qualquer outra coisa que seu pai assustador aprovaria, e troque por esse figurino temático de arco-íris, apreciador de Harry Styles, quando já está a uma distância segura.

— Bom dia — cumprimenta Bogdan, com seu jeito lúgubre de costume. — Esta é ocasião muito animadora.

— É?

— Novo apartamento — ele me lembra. Ele usa sua mão enorme para acenar para a rua. — Em bairro chique. Já está encontrando vizinhos celebridades?

— Acho que não *tenho* nenhum vizinho que seja uma celebridade.

Bogdan emite um *tsc* antes de passar pela porta e fechá-la.

— É claro que você está tendo vizinhos celebridades. É Notting Hill, Libby. Acho que você vai estar cruzando com Claudia Schiffer quando for ao Whole Foods para comprar *smoothies* de guaraná e castanhas-de-caju. Acho que vai estar acenando com cabeça para Elle Macpherson quando sair para corrida matinal. Acho que...

— Espere aí — digo, subindo as escadas. — O que faz você achar que, agora que moro em Notting Hill, vou automaticamente me transformar em uma pessoa obcecada por uma vida saudável?

— Mas é exatamente o que você deve estar fazendo! — Ele parece perplexo por eu não ter considerado isso. — Você é menina muito bonita, Libby, mas não posso estar pegando suave com você.

— Quer dizer que não pode pegar leve comigo?

— Sim. Estou dizendo que se você é designer de joias de sucesso morando em Notting Hill está precisando se adaptar. — Ele dá à minha roupa (jeans e moletom cinza com capuz, que, para ser sincera, só coloquei porque estava arrumando a casa mais cedo) uma olhada desaprovadora. — Pensando bem, *smoothie* de guaraná e castanhas-de-caju podem ser avançados demais por enquanto. Talvez seja preciso se focar em dar jeito no básico antes de estar se preocupando com isso.

— Obrigada, Bogdan, mas, na real, não preciso de sua ajuda para dar um jeito no básico...

— Estou tendo de discordar. Você está precisando urgentemente de ajuda com cabelo, para começar, Libby. — Ele fica olhando de um jeito desolado para meu rabo de cavalo castanho-claro desgrenhado. — Não estou conseguindo ficar de bico rachado…

— Bico fechado — corrijo, e então, porque não tenho cabeça para lidar com as confusões linguísticas de Bogdan nesta amanhã, emendo: — Olha, podemos discutir o meu cabelo depois. Agora, preciso conversar com você sobre um negócio mais importante.

— Mais importante que cabelo?

— Mais importante que cabelo, Bogdan, sim. — Vou até o sofá e coloco a mão no encosto excessivamente estofado. — Aconteceu de novo.

— O que está acontecendo de novo?

— O sofá. Você sabe. Aquela… *coisa* que ele faz.

O rosto impassível de Bogdan mal registra o que acabo de dizer, mas também, para ele, um sofá mágico não é nada surpreendente. Ele lida com essas coisas com a maior tranquilidade.

— Alguém novo está aparecendo?

— Sim.

Ele olha para o sofá.

— Elizabeth Taylor?

— Não.

— Jean Harlow?

— Não.

— Ava Gardner?

— Não. — Abaixo a voz, apesar de não saber bem por quê. — Foi… Grace Kelly.

Por um breve instante, Bogdan parece impressionando.

— Estou adorando ela.

— Certo, bem…

— É sério. Estou apaixonado por ela. Ela é minha… Como vocês estão dizendo? Mulher ideal.

Olho para a camiseta *Harry Styles é fofo*.

— Hum… Você tem certeza de que *tem* um padrão de mulher ideal?

— Não precisa estar sendo maldosa. Nunca estou fazendo perguntas a você sobre a *sua* orientação sexual, estou?

— Bom, tudo bem, não, você nunca me faz perguntas sobre minha orientação sexual, é verdade, Bogdan. Mas também nunca se acanhou em fuçar detalhes da minha vida sexual com Dillon.

Meu ex-namorado, Dillon, é (e Harry Styles, e o namorado de Harry Styles e agora, aparentemente, Grace Kelly), outra pessoa por quem Bogdan tem uma queda enorme.

— Estou me apaixonando por ela — continua ele, liricamente — desde o momento em que vi *Mogambo*. Estava até tentando deixar bigode como Clark Gable, mas é difícil porque tinha só onze anos na época.

— Eu não acharia que ter um bigode como o do Clark Gable fosse *difícil* para um menino de onze anos. Acharia *impossível*.

— Não, não. Para mim, é perfeitamente possível. É só que o mundo não está preparado para menino de onze anos com bigode de Clark Gable. Estive sendo alvo de zombaria terrível nas ruas de Chişinău. Talvez fosse diferente em Londres.

— Eu duvido muito, para ser sincera.

— Mas Grace Kelly… — Bogdan dá um suspiro. — Já existiu outra beleza tão clássica? E tanto estilo! Quando estou pensando nela com aquele vestido de noiva, estou me sentindo…

— Sim, bom, foi com esse vestido que ela apareceu aqui ontem à noite — conto, rapidamente, antes que Bogdan possa continuar sua frase sobre como ver Grace Kelly vestida da noiva o faz se sentir. — Bem aqui no Chesterfield.

— Bem *aqui*? — murmura Bogdan, sentando-se no sofá e passando uma de suas mãos enormes no assento ao seu lado. — Isso é notícia muito animadora, Libby. Sim, muito animadora.

— Sim, acho que é mais ou menos animador… Quer dizer, ela foi um pouquinho mandona, para ser sincera. E tem plena certeza de que é real e que só estou aparecendo em um sonho dela. Como uma manifestação de seu subconsciente.

— É, realmente, uma honra — diz Bogdan — ser subconsciente de Grace Kelly.

— Bogdan! Não sou o subconsciente dela!

— É claro. Estou esquecendo.

— *E nem sequer* sei se ela vai voltar, porque ela viu acidentalmente a capa de uma revista com o filho dela e… Bem, não sei por quê, mas isso a fez desaparecer em uma nuvem de poeira.

— Ah — diz Bogdan, com perspicácia. — Isso é informação realmente muito interessante.

— Então, você concorda comigo que devemos tentar descobrir um pouco mais? Eu queria perguntar sobre aquela tia de quem você me falou na última vez.

— Tia?

— Você me contou uma vez sobre uma tia que é uma espécie de... Sei lá... Mística, ou algo assim. — Me sinto estúpida, para ser sincera, só de falar essa palavra. — E que ela já viu esse tipo de coisa antes.

— Encantamentos de estofados?

Certo, agora me sinto ainda mais estúpida.

— É, Bogdan, o encantamento dos estofados — concordo, feliz por estarmos só eu e ele (e, possivelmente, os resquícios ínfimos de Grace Kelly) na sala agora.

— Ah, você está falando de tia Vanya. Irmã da segunda esposa do primo do meu pai.

Isso não configura exatamente um título de "tia" para mim, mas não vou entrar em uma discussão sobre as práticas culturais moldavas com Bogdan.

— Achei que você poderia ligar para ela, essa tia Vanya, e perguntar se ela se importaria em bater um papo comigo sobre isso. Através de você, é claro, para que você possa... hum... traduzir.

— Não tem necessidade de estar fazendo ligação.

— Ah, certo, bem, podemos falar com ela por Skype ou algo assim, então. Bem, o que for mais fácil, considerando que ela está em Moldova.

— Mas tia Vanya não está morando em Moldova. Está morando em Londres. É casada com líder do conselho do distrito de Haringey.

— Ah! Isso é... Eu não esperava por isso. — Estou curiosa agora. — E o marido dela, esse cara do conselho de Haringey, ele não se importa com o fato de ela ser uma... uma mística? Com conhecimentos especializados em móveis encantados?

Bogdan dá de ombros.

— Ele é homem do mundo. Além disso, ele mesmo está vivendo coisas bastante estranhas em mundo selvagem da política de Haringey.

— Certo. Bem, eu ficaria muito grata, Bogdan, se você pudesse arranjar para eu conhecê-la em breve...

— Vou estar entrando em contato com ela — garante ele, em um tom misterioso que me faz pensar se ele está planejando contatá-la por sinais de fumaça, ou através de um tabuleiro ouija, ou algo assim. Então, ele me surpreende ao pegar o celular. — Mensagem de texto deve ser jeito mais seguro. Na última vez que estive falando com ela, ela acreditava que seu celular estava sendo monitorado por grande rival do marido, diretor da North London Waste Authority.

— Ah, bem, vou dar um pulinho no mercado para comprar leite para o nosso chá, e você pode começar a dar uma olhada na mesa enquanto eu estiver fora?

— Sim, posso estar fazendo isso. E depois podemos estar analisando seriamente seu cabelo.

— Estou feliz com meu cabelo, Bogdan.

— É isso que está me preocupando — comenta ele, suspirando. — Estou entendendo, Libby, que você perdeu alma gêmea. Mas não é motivo para esquecer de si mesma.

— Eu não esqueci de mim mesma!

— É importante ficar bonita para si mesma, Libby, não só para homem.

— Não tenho homem nenhum!

Ele arqueia uma sobrancelha.

— E nunca esteve se perguntando por quê?

Certo, não sei ao certo como acabei encurralada desse jeito, mas esse é um talento único de Bogdan: conseguir, de alguma forma, nos fazer conversar sobre o assunto "homens". Mais especificamente, sobre por que eu não tenho um. Mais especificamente ainda, sobre por que, na falta de qualquer outra pessoa na minha vida, não estou mandando ver com meu ex, Dillon O'Hara.

— Sinto muito por você — continua Bogdan — estar sendo condenada a nunca ficar com seu amor verdadeiro...

— Certo, acho que *condenada* é uma maneira bastante forte de dizer. São só... coisas da vida.

— ... mas isso não é motivo para evitar ter vida amorosa para todo o sempre.

— Não estou *evitando ter uma vida amorosa*, Bogdan. E se está pensando em insinuar que estou fazendo algo assim só porque não pego o telefone para ligar para Dillon para "darmos umazinha" toda noite...

— Não estou insinuando isso. Bom, também não estou dizendo que é *má ideia*... — Ele parece sério, mais sério do que nunca, na verdade, por um instante. — Mas está na hora de você assumir controle de seu próprio destino. E não estou dizendo que tem que ser Dillon. Mas você é jovem demais, Libby, para ficar se escondendo de homens para sempre. Jovem demais e bonita demais. E legal demais.

— Oh, Bogdan. — Sinto um nó na garganta. — Essa é a coisa mais gentil que você já me disse.

— Não é nada. — Os olhos dele se estreitam por um momento. — Não fique pensando que isso significa que estou esquecendo de catástrofe do cabelo.

— Longe de mim. — Pego minha bolsa. — E prometo a você, Bogdan, só por você ter dito tudo isso, que, na próxima vez que eu encontrar um estranho alto e bonito, porque esses caras vivem surgindo por aí, é claro, vou permitir que ele me leve às nuvens e me dê o final feliz de conto de fadas que tanto mereço, está bem? Só por você.

— Isso — diz Bogdan, evidentemente sem captar minha tentativa de ironia — é o que estou querendo ouvir.

Ele volta a digitar a mensagem para tia Vanya enquanto desço as escadas, saio pela porta da frente e sigo na direção da rua principal para comprar o leite.

Tiro o celular do bolso enquanto caminho para poder conversar com Nora por FaceTime. Ela virá para Londres ainda esta semana (uma ocasião rara, infelizmente) para deixar a filha, Clara, com os pais para que ela e Mark possam passar um fim de semana sozinhos e comemorar um ano de casamento. Precisamos conversar, mesmo que rapidamente (como nossas ligações sempre são, afinal, sobre o trabalho dela e a amamentação e o que parecem ser horas *intermináveis* tentando convencer Clara de que ela quer, sim, ir para a cama), para combinar como e quando vamos nos encontrar nas poucas horas que ela vai passar aqui. Um café rápido, uma tacinha de vinho...

— Nora! — exclamo, já me sentindo umas seis mil vezes mais alegre quando o rosto dela aparece na minha tela. — Consegui achar você!

— Oi! — diz ela, ou melhor, articula ela com a boca. Seus olhos estão um tanto arregalados e ela está parecendo um pouco apavorada. — Espere um segundo... — acrescenta, ainda sem emitir nenhum som, antes de sumir da dela por um momento.

Tudo fica meio trêmulo e, então, preto, antes de ela reaparecer, alguns instantes depois, ainda um pouco apavorada, mas conversando normalmente. Bom, em um sussurro mais alto.

— Desculpe! Eu literalmente acabei de colocar Clara para dormir! Daqui a cinco minutos, uma bomba pode explodir no quarto e não a acordaria, mas agora pode cair um mísero alfinete lá fora, na rua, que ela vai acordar. Estou subindo até o banheiro do último piso. É do outro lado da casa, então, se eu escapulir pela claraboia, ela não vai me ouvir falando.

— Escapulir pela claraboia? — Estou alarmada. Só estive na nova casa de Nora, em Glasgow, uma vez, mas é um sobrado de quatro pavimentos com uma calçada de laje no lugar do jardim. — Você vai tomar cuidado, não vai?

— Ah, sim, sim, faço isso o tempo todo! E, para ser honesta, Lib, prefiro arriscar despencar no pátio e morrer do que acordá-la! — acrescenta ela com alegria na voz. — Como está tudo por aí? Fiquei sabendo que você saiu com Olly ontem à noite, certo?

— Sim. Hum, foi ele que te contou isso ou foi...

E, de repente, estou decolando.

De verdade: estou subindo pelos ares. Meus pés saem do chão e eu levanto voo, para cima e para o lado... Até aterrissar (*ai*) de costas em outra parte da calçada, a um metro e meio dali.

Fico esparramada por um instante, atordoada demais para entender o que aconteceu, até ver o rosto de um homem pairando sobre mim.

— Meu Deus! Você está bem?

— Ahn?

— Consegue se mexer? Consegue falar? Acha que quebrou alguma coisa? Bateu a cabeça?

Não sei como responder a nenhuma dessas perguntas. Então, só repito, como uma boba:

— Ahn?

— Ah, céus, você *não* consegue falar... Vou chamar uma ambulância... Esti, chame uma ambulância! — ordena ele, por cima do ombro, para quem quer que esteja com ele.

— Não, não, não faça isso!

Me sento de supetão e só por causa da reação rápida dele que não batemos nossas cabeças.

Ele é, reparo no momento em que me sento, incrivelmente bonito.

Bonito, mesmo.

Ele tem cabelo escuro, olhos azuis e cílios longos, com uma pele da cor de doce de leite. É uma combinação muito deslumbrante.

Contudo, meu devaneio é interrompido pelo surgimento repentino da tal Esti que ele acabou de chamar.

— Está tudo bem? — pergunta ela, enfiando a cabeça por cima do ombro do homem. — O que posso fazer?

— Não chame a ambulância. Consigo falar! Bem eu estou. Quer dizer... — digo, corrigindo-me depois de falar que nem Yoda ou um dos personagens de um livro do Dr. Seuss. — É sério, estou bem.

— Mas você caiu com tudo.

O sotaque dele, assim como aquela cor de pele maravilhosa, também é difícil de distinguir. É meio americano, meio inglês, meio... Holandês? Escandinavo? Enquanto ele me ajuda a levantar, consigo sentir alguns músculos impressionantes nos braços e nas costas dele. O que faz sentido, porque ele está usando roupa de corrida e uma jaqueta que diz *FitRox Training*. Ele deve ser um dos *personal trainer* da academia aqui na rua, aquela que Cass disse que tinha frequentado. E essa tal de Esti é, presumo, uma de suas clientes — ou, mais provavelmente, outra instrutora, porque ela também está em forma, com braços de Madonna e um abdômen de Tartaruga Ninja sob a barra de seu top *cropped*.

— E você parece um pouco... pálida. — O *personal trainer* parece preocupado. — Acho que deveria beber alguma coisa quente, algo com açúcar...

— Ah, está tudo bem, eu estava, na verdade, indo mesmo comprar leite para o chá.

— Vou pegar esse chá para você.

— Não precisa, é sério.

— Não seja boba. Vou comprar um chá para você. É o mínimo que posso fazer. — Ele se vira e aponta para a rua principal. — Pode ser do Starbucks?

— Sim, claro, mas é sério...

— Esti, será que você pode ir até lá comprar um chá? — sugere ele para a supermalhada Esti, que ainda está correndo sem sair do lugar, levemente irritada. — Eu espero aqui com... Desculpe, nem perguntei o seu nome antes de atropelar você.

— Libby.

— Vou esperar aqui com Libby — acrescenta ele —, para ela poder sentar um pouquinho. Aqui — sugere ele, me guiando até uma mureta baixa de uma das casas da rua. — Vamos sentar aqui por um tempinho enquanto a minha muito querida... hum... amiga Esti vai buscar alguma coisa para você beber.

— Com certeza — diz Esti.

Pensando bem, acho que o que ela falou mesmo foi "Tem certeza?", porque o *personal trainer* confirma com a cabeça e só então ela sai correndo na direção do Starbucks.

Ainda estou um tanto atordoada enquanto fico observando a bunda torneada dela, envolta pela calça de Lycra, dobrar a esquina e desaparecer.

— Podemos conversar um pouquinho? — pergunta o *personal trainer*. — Só para ter certeza que você não sofreu uma concussão terrível, nem nada alarmante.

— Ah, sim, claro. — Olho para ele. *Caramba.* Ele é ainda mais bonito, agora que não estou deitada na rua e um pouco mais consciente, do que eu tinha achado. Depois que se consegue enxergar além daqueles olhos azuis incrivelmente claros e daquela pele de doce de leite, dá para ver que ele também tem um maxilar lindo e lábios cheios e macios e... Meu pai do céu, até as *orelhas* dele são bonitas. — Você vai me perguntar quem é o primeiro ministro e essas coisas?

— É, esse tipo de coisa. Pode ser os dias da semana também.

— Ah. O problema é que nunca fui muito boa com dias da semana mesmo em circunstâncias normais. Tive uma lesão na cabeça mais ou menos um ano atrás e nem na época eu tinha certeza se conseguia dizer qual era o dia da semana por causa da concussão, ou porque, por tudo que é mais sagrado, nunca consigo me lembrar se é terça ou quinta.

— Oh, céus, você teve uma lesão recente na cabeça? — Ele parece perplexo. — Tem certeza que não deveríamos pegar um táxi para o hospital?

— Estou bem, mesmo. Além disso, foi há um ano. E hoje é quarta-feira. Viu?

— Impressionante.

Ele sorri para mim, parecendo um pouco menos estressado.

Sorrio de volta.

— Então, você trabalha aqui na rua, certo?

— Como?

— Sua jaqueta. Você, obviamente, é *personal trainer*. Na FitRox.

Ele olha para a própria jaqueta e toca na logo por um instante.

— Isso foi... muito bem-observado.

— Minha irmã treinava lá um tempo atrás, quando achava que podia conseguir uma vaga no *Strictly Come Dancing*.

— Que... hum... fantástico.

— Que ela achasse que podia conseguir uma vaga do *Strictly Come Dancing*? Bom, por um lado, sim, porque na verdade ela não dança nada. Mas ela é razoavelmente conhecida, então não foi um tiro no escuro, eu acho. Quero dizer, ela não era apenas uma fã aleatória do programa, pensando que podia ter uma chance de participar, ou algo assim... — Estou tagarelando, eu sei. É o efeito que homens lindos têm sobre mim. — Então, qual o seu nome? — pergunto, porque se eu o fizer falar, talvez isso me pare.

— Joel. Meu nome é Joel. Eu... — Ele para. Está me encarando. — Sabe, Libby — diz ele após um instante. — Eu adoraria se você fizesse uma coisinha para mim.

— Claro. Qualquer coisa.

Apesar de eu não ter cem por cento de certeza de que prometer a um homem estranho, mesmo que ele pareça tão bacana como esse, que você vai fazer *qualquer coisa* seja a ideia mais sensata que eu já tive.

— Quer dizer, dentro do razoável, é claro — acrescento rapidamente.

— Céus, sim, sim, é claro. — Ele fixa seus olhos azuis em mim; eles são incrivelmente sinceros e parecem estar olhando fundo dentro de mim. — A questão é: você acha razoável jantar comigo hoje à noite?

Isso não era o que eu estava esperando.

— Bom, pode ser que você não esteja disponível... — acrescenta ele. — Na verdade, pode ser que nem esteja solteira...

— Ah, estou solteira. E estou disponível — garanto. — Esta noite. Mas... Olha, não precisa me levar para jantar só para se desculpar de novo.

— Então, não vou me desculpar de novo. Durante todo o nosso jantar, nem uma única palavra de arrependimento ou remorso sairá dos meus lábios.

Sorrio.

— Vou cobrar isso de você.

— Ótimo. Então, está marcado. Como fica melhor para você? Posso vir pegá-la no... Desculpe, você mora por aqui ou algo assim?

— Sim, moro nessa rua. Acabei de me mudar. Bom, estou morando no andar de cima do meu novo estúdio, na verdade, sou designer de joias, e não sou a proprietária nem nada, é só... — Me detenho, parando de tagarelar de novo. — Sim, você pode me pegar aqui. Acho que vai ser conveniente para você também, depois que sair do trabalho, certo?

— Sim, vai. Então... Oito e meia?

— Sim. Seria ótimo.

— Maravilha. Vamos tomar alguma coisa antes e depois decidimos o que queremos. Comer, digo — acrescenta ele rapidamente. — Está bom assim?

— Está ótimo.

— Ótimo. Ah, aí vem Esti com o chá…

E aí, ao mesmo tempo, também vem Bogdan, que deve ter olhado pela janela e me visto sentada na mureta.

E que, aposto, também deve ter visto o homem incrivelmente lindo sentado ao meu lado.

— Libby? — Ele dá uma corridinha para atravessar a rua. — O que está acontecendo?

— Nada. Só um pequeno acidente. Este é um amigo meu — explico bem rápido para Joel, só para o caso de ele não ter reparado na calça de arco-íris e na camiseta de Harry Styles e achar que Bogdan é meu namorado, ou algo assim. — Eu deveria deixar você voltar para a sua corrida.

— Peguei um chá preto para você — fala Esti, com um sotaque igualmente indefinível, quando chega até nós. — Tudo bem?

— Está ótimo, muito obrigada, foi muito gentil da sua parte.

— Certo, bom, se você tem certeza de que está bem — comenta Joel, levantando-se —, vamos deixá-la nas hábeis mãos do… hum…

— Bogdan — entoa Bogdan, olhando para Joel com uma expressão parecida com a que vi em seu rosto quando ele estava sonhando com Grace Kelly antes. — Estou extremamente encantando por estar conhecendo você.

— Por favor — digo, um tanto desesperada —, continuem a corrida de vocês. Vejo você hoje à noite.

— Oito e meia — confirma Joel. — Vou aguardar ansioso. Até depois, Libby.

Bogdan e eu ficamos parados assistindo enquanto Joel e Esti saem correndo na direção do parque.

— Nunca estarei sabendo como você está fazendo — comenta Bogdan em um sussurro maravilhado.

— Como estou fazendo o quê?

— Fazendo homens maravilhosos caírem de quatro por você como mariposas rondando lâmpada.

— Ele não está de quatro por mim. Ele me convidou para sair porque se sentiu mal por ter me derrubado.

Bogdan bufa.

— Esse é seu maior problema, Libby. Você ser ingênua. Não estar vendo o que está debaixo do seu nariz.

— Espere aí, eu achava que meu maior problema era não deixar você fazer uma franja em mim.

— Você está tendo muitos problemas — esclarece ele. — Mas maior problema de todos é que nunca está prestando atenção em destino. Você não estava dizendo agorinha mesmo que está esperando um estranho alto e bonito para levar você às nuvens?

Oh.

Acho que falei mesmo isso.

Mas... você sabe. De brincadeira.

Eu não estava esperando que um estranho alto e bonito... Bem, aparecesse do nada na minha vida.

Antes que eu possa pensar demais sobre isso, meu celular começa a tocar. Está tocando, na verdade, de algum lugar perto da valeta, onde deve ter caído quando saí voando.

— É Nora — aviso a Bogdan. — É melhor eu atender. Ela deve estar se perguntando por que sumi tão de repente.

— Está bem. Mas não esteja falando tempo demais. Vou estar terminando de montar mesa em meia hora e depois podemos decidir cabelo antes de encontro quente de hoje à noite.

Atendo a chamada, vejo a cara preocupada de Nora e começo a explicar por que desapareci de repente enquanto sigo Bogdan na direção da porta do estúdio, me sentindo dolorida.

4

Sendo uma filha zelosa, eu ainda planejo cumprir o acordo de visitar minha mãe no hospital esta noite, apesar de (como Bogdan muito prestativamente destacou) ser muito, *muito* bom poder usar esse tempo para me arrumar para a saída com Joel, o *personal trainer*.

Porque, apesar de Bogdan ter ficado me rondando com a tesoura e uma expressão esperançosa durante a maior parte da tarde, acabei não concordando em fazer uma transformação completa (mais o corte da franja). Em meio a toda essa loucura (Grace Kelly aparecendo, estranhos bonitos surgindo do nada), ainda tenho um negócio para tocar. Passei duas horas inteirinhas dessa tarde respondendo a e-mails (a maioria de noivas) antes de ir ao Starbucks encontrar pessoalmente uma nova cliente (noiva) para discutir os oito pingentes iguais que ela quer dar ao seu pequeno exército de madrinhas para usar no dia do casamento e, é claro, a tiara de estilo *vintage* que ela espera que eu consiga fazer a tempo de seu casamento no mês que vem.

Ah, e aí, quando eu estava torcendo para quem sabe ter uma chance de tomar um banho e depilar todas as partes importantes que prefiro depilar antes de sair com um homem tão maravilhoso quanto Joel, para depois escolher algo que caísse maravilhosamente bem em mim e fazer uma maquiagem sutil e natural, Elvira ligou.

Então, tive que atender.

Não foi nada bom, por sinal. Qualquer progresso que eu achava que tivesse feito no quesito "cordialidade" ontem foi, obviamente, destroçado. Ouvi um relato detalhado sobre a consulta de Tino no veterinário (nenhum osso quebrado ou lesões internas, aparentemente, mas isso não impediu o veterinário de cobrar duzentas libras dela pela consulta, e nem a impediu de me avisar que vai mandar a conta para mim), e então ela encerrou a ligação com o que chamou de "advertência oficial". Devo estar me sentindo encorajada por alguma coisa, ou incutida por um pouco daquela pele casca grossa de Grace Kelly, quem sabe, porque acabei perguntando se ela achava justo me dar uma "advertência oficial" sendo que ainda estou (nominalmente, ao menos) trabalhando por conta própria, administrando minha empresa. O que não pegou muito bem com Elvira e levou a mais dez minutos de uma bravata sobre como eu precisava tomar cuidado ao morder a mão que me alimenta, e "a importância da confiança e assumir a responsabilidade" pelos meus erros.

Então, apesar de eu ter, sim, tomado banho, graças a Deus, foi uma coisa super-rápida e não tive tempo para me demorar na frente do guarda-roupa e escolher algo de parar o trânsito e não deu para passar tanta maquiagem quanto eu queria. Mesmo não tendo me arriscado muito, colocando um jeans *skinny*, uma regata e um blazer, e ter acabado fazendo boa parte da minha maquiagem no fundo do ônibus no caminho para a rua Harley para visitar minha mãe, sinto que dou para o gasto (é possível eu estar errada).

Não porque estou esperando que esta noite dê em alguma coisa. Mas, de qualquer forma, é uma saída com um homem bonito, então, não quero aparecer lá como algo que um gato trouxe para dentro de casa.

Contudo, por falar em coisas que gatos trazem para dentro de casa... Acabo de chegar no quarto da minha mãe, no terceiro piso do hospital, e uma visão surpreendente cumprimenta meus olhos.

Não é minha mãe, deitada de bruços por causa da cirurgia. Minha mãe, na verdade, não está por ali. Digo, a cama dela está vazia.

É Cass.

Ao menos *acho* que é Cass.

Ela (a possível Cass) está sentada ao lado de uma janela aberta, fumando um cigarro e soprando a fumaça para a rua lá embaixo. Seu cabelo está preso em um rabo de cavalo desgrenhado e ela não está usando (minha nossa!) nem uma gota de maquiagem. Quer dizer, nem mesmo corretivo. Nem mesmo *lápis de sobrancelha*. Ela está usando uma calça legging e um moletom grande, e aqueles chinelos descartáveis que às vezes a gente ganha quando vai a uma pedicure chique.

Ela é tão diferente da Cass de sempre (da Cass dos saltos de 12 centímetros, das saias justas e do cabelo esvoaçante secado com secador; da Cass que eu vi anteontem, para falar a verdade) que meu coração acelera.

— Meu Deus, Cass… É a mãe? Aconteceu alguma coisa com ela?

— O quê? — pergunta ela, irritada. — Não! Ela está no banheiro — ela aponta para a porta fechada na parede oposta, onde agora consigo ouvir um chuveiro ligado — tomando banho.

— Então, o que… Cass, o que houve com *você*?

— Vou te dizer o que houve! As malditas *filhas* do Zoltan, é isso que houve!

Ah.

Então, toda aquela coisa de se tornar madrasta não está indo tão bem quanto ela imaginava.

— Cass. — Vou até a janela, tiro o cigarro da mão dela e o apago em uma caneca de chá ao lado da cama da nossa mãe antes que os alarmes de incêndio disparem e expulsem a gente do hospital. — O que aconteceu?

— Elas vieram *morar* com a gente, aquelas vadias!

— Ok… não se pode chamar meninas de seis e nove anos de *vadias*…

— Pode, sim — retruca ela, furiosa —, se elas *forem* umas vadias.

— …mas o que é que quer dizer com isso, que elas foram morar com vocês?

— É ela. A ex-mulher. A vingança dela contra mim. Ela levou as meninas lá em casa ontem à noite, bem quando eu e Zoltan estávamos nos preparando para ir para a cama com uma garrafa de champanhe. Largou as duas na porta e avisou que estava indo ficar com uma amiga em Nova York por algumas semanas e que elas podiam ficar com o pai. Graças a isso, não tive um único minuto para mim mesma o dia todo! Nem consegui tomar banho, ou fazer a maquiagem, ou o cabelo… E elas entraram no meu quarto, sem pedir, e começaram a brincar de loja de sapatos com todos os meus sapatos! Dedos grudentos nos *meus Louboutins*! E catarro, catarro de verdade, Libby, nas minhas novas sandálias Kurt Geiger! Bom, elas *disseram* que foi um acidente, mas não acredito nem por um minuto, aquelas vândalas horríveis…

— Certo, Cass, acalme-se. São só crianças. E, ora, elas só estão com você há um dia!

— Sim e já foi tempo demais, vou te contar… Enfim, o que é que você saberia? Srta. Desapego e Indiferença. — Ela franze a testa para mim. — Por que está toda arrumada desse jeito?

— Vou sair.

— Hum. Deve ser legal.

— Bom, você sabe, Cass — digo. — Se você não tivesse se envolvido com um homem casado com filhos…

Ela fica amuada, mas não diz nada.

— Escute, você e Zoltan não podem ter uma conversa séria? Ver se existe alguma saída digna para essa bagunça?

Cass franze seu nariz bonito e sem maquiagem por um instante, enquanto pensa no assunto.

— Quer dizer, falar para ele que precisamos de uma babá em tempo integral?

— Não!

— *Duas* babás em tempo integral?

— Cass…

— Ou você está pensando em um internato?

Fico olhando para ela.

— Para uma menina de seis anos e outra de nove?

— É. Dá para colocar crianças dessa idade em internatos, não dá?

— Tenho certeza que sim. Mas por que você não manda as duas para uma casa de correção e pronto?

— Aaaah, nunca tinha ouvido falar nisso — responde Cass, inclinando-se para frente, animada. — Fica longe? Eles deixam as crianças ficarem só meio período?

Minha resposta a isso (que contém bem mais palavrões do que eu acharia apropriado) vai ter que esperar, porque a porta do banheiro se abre e minha mãe está saindo.

Ela não está mal para uma mulher com sessenta e poucos anos que acabou de tirar pedras da vesícula (desculpe, desculpe, que acabou de *fazer um pequeno procedimento estético*). Na verdade, com seu quimono de seda e pantufas que parecem ser de caxemira, ela está incrivelmente glamorosa. Por um instante, me sinto muito orgulhosa dela — e isso é uma ocasião rara. Há uma certa espécie de audácia, um certo tipo de coragem perversa por trás da capacidade de ter uma aparência fabulosa apenas 48 horas depois de uma cirurgia invasiva, e minha mãe está tirando de letra.

— Ah — diz ela, arruinando o momento com toda a insatisfação que ela consegue transmitir em uma única sílaba. — Libby. Você está aqui.

Não é que minha mãe *não goste* de mim, nem nada assim (apesar de, ocasionalmente, parecer isso). Nós duas só não temos nada em comum.

E minha mãe não é muito boa em fingir interesse por pessoas com quem ela não tem nada em comum. Não é muito boa nem em fingir interesse por pessoas com quem ela *tem* coisas em comum. Existem duas coisas que importam para ela: ela mesma e Cass. Certo, talvez eu esteja sendo injusta: três coisas. Ela mesma, Cass e a performance de Michael Ball como Marius na produção original de *Os Miseráveis* em 1985.

Aí tem umas duzentas coisas que importam bem pouquinho para ela intermitentemente (dependendo do que mais está acontecendo com as outras três coisas realmente significativas em sua vida) antes que você possa raspar o barril até quase o fundo e encontrar sua filha mais velha. Eu.

— Como você está se sentindo, mãe?

— Ah, bem, você sabe, sou uma guerreira — responde ela, com sua melhor voz de bravura diante da adversidade. — É necessário mais do que ser aberta com um bisturi na maca para me derrubar!

— Ah, que ótimo, então. Você parece muito bem — acrescento, em *minha* melhor voz "não se pode ter tudo". — Superglamorosa e cheia de vida para alguém que acabou de ser operada.

Ela me encara.

— Estou tentando me manter forte por causa da sua irmã, para falar a verdade. Você faz ideia da fase terrível que ela está passando? Perseguida por paparazzi. Acossada por uma ex-mulher terrível. E, agora, aterrorizada por essas pestinhas!

— Na verdade, Libby deu uma ótima sugestão — comenta Cass, pegando os cigarros contrabandeados no peitoril da janela. — Você já ouviu falar em um lugar chamado casa de correção, mãe?

— Não era isso que eu estava sugerindo, Cass — digo, quando as sobrancelhas da minha mãe se erguem. — O que tentei dizer é que talvez fosse melhor você terminar com Zoltan. É tudo muito complicado e não parece muito justo...

— Ah, bem, não sei se isso seria muito sensato — replica minha mãe, com aquele tom desaprovador que a maioria das mães reserva para coisas como sair na rua durante o inverno com o cabelo molhado, ou esquecer de tomar um bom multivitamínico durante a temporada de tosses e resfriados. — Você sabe, Libby, que ele é um *jogador de futebol*?

— Sei, sim, mãe. Isso significa que existe algum tipo de lei que diz que ela não pode terminar com ele?

— É claro que não. Mas seria estúpido desistir dele tão rápido assim!

— Ah, por favor. Então, Cass deveria ficar com esse cara, com todos os problemas óbvios, só porque ele é jogador de futebol?

Cass meneia a cabeça, seu rabo de cavalo desgrenhado balançando.

— Não tem nada a ver com o fato de ele ser jogador de futebol!

— Exatamente — concorda minha mãe. — Falou bem, Cassidy, querida!

— Quer dizer — continua Cass —, por que é que eu iria querer ficar com alguém só porque ele é bom em ficar chutando uma bola em um campo? A questão *principal* é que, *por* ele ser bom em ficar chutando uma bola em um campo, ele está *sentado na nota*.

Até mesmo minha mãe tem a dignidade de parecer um pouco encabulada.

— *E* — continua Cass — estar com Zoltan faz de mim uma *WAG*, vocês sabem, uma namorada oficial de um jogador da Liga Inglesa! O que é tudo que eu sempre quis ser — ela suspira — desde que tinha, tipo, *treze anos*. Nunca me esqueci da imagem das *WAG*s originais caminhando por Boden-Boden...

— Acho que você quer dizer Baden-Baden — corrijo.

— ...as roupas delas, os sapatos, os *cabelos*... — Cass coloca a mão no peito. — Esse é o tipo de coisa que *marca a gente*.

— A questão principal é que Zoltan parecer ser um jovem maravilhoso — interrompe minha mãe rapidamente.

— Você nunca o conheceu — pondero.

— Posso *dizer* que ele parece ser um jovem maravilhoso. — Minha mãe fica me encarando. — Tenho lido muito sobre ele nos últimos dois dias, nas revistas. Ele faz tudo quanto é tipo de trabalhos maravilhosos de caridade, visita crianças doentes em hospitais, esse tipo de coisa...

— Uau — ironizo. — Isso é ótimo. Apesar de talvez não ser uma má ideia ele pensar nas *próprias* filhas, quando tiver um tempinho...

— ...e ele é um ótimo homem de família, porque tem uma casa deslumbrante em Surrey — continua minha mãe. — Não tem, querida? Eu li na *Hello!*.

— Tem — resmunga Cass. — Mas a ex-mulher vai ficar com ela no divórcio.

— Não se ele lutar com unhas e dentes. Afinal, se vocês vão ficar com as crianças morando com vocês, mesmo que *parte* da semana, querida, vão ter que se mudar para uma casa maior e melhor. E em Surrey, obviamente, porque as pobrezinhas não podem ser afastadas da escola e dos amigos.

Nem três minutos atrás, elas eram pestinhas. Mas isso era antes de elas se transformarem em peças bastante úteis para minha mãe justificar por que Cass precisa de uma mansão digna de *WAG* em Surrey.

— Na verdade, enquanto eu estava descansando hoje, dei uma olhada no site Rightmove, querida — continua minha mãe, indo até a mesa de cabeceira e pegando o iPad. — Tem alguns lugares *lindos* à venda na região de Cobham no momento... Veja — diz ela, pegando o aparelho. — Este aqui tem até estábulos!

— Ooooh, eu sempre quis voltar a cavalgar — afirma Cass, suspirando, dando uma olhada no iPad de nossa mãe com uma pitada de sua atitude meta-a-cara-e-vá-em-frente. — Esta aqui é maravilhosa. Fica perto daquela casa de correção de que Libby estava falando?

Acho que essa é minha deixa para ir embora.

— Certo, então, se você está bem, mãe, e se está bem acomodada para passar a noite, vou embora.

— Libby tem um *encontro* — conta Cass, suspirando com amargura.

— Ah! Com Dillon?

Isso anima minha mãe um pouco; aos olhos dela, o fato de eu ter namorado com Dillon O'Hara foi a melhor coisa que já fiz e ela não consegue me perdoar por eu não parecer ter intenção alguma de repetir a dose.

— Não, mãe. Não é com Dillon.

— Com quem, então?

— Ninguém. Só um cara que encontrei na rua.

— Oh, Libby, sei que você tem quase 35 anos...

— Tenho trinta!

— ...mas ainda acho que você deveria procurar algo um pouquinho melhor que um homem aleatório que vive nas ruas.

— Ele não *vive nas ruas*! Eu o *encontrei na rua*, pertinho do meu apartamento. Ele é *personal trainer*, na verdade, e é absolutamente maravilhoso.

— Ooooh, ele é um dos instrutores da FitRox? — pergunta Cass, suspirando. — Sua vaca de sorte! Eles são todos lindos. É Nathan? Ou Kyan? Ou Sabrina?

— "Sabrina" é um nome de mulher.

— Sim, mas ela era tão gata que eu pegaria também. *Céus*. Por que Libby consegue sair com um *personal trainer* maravilhoso enquanto fico em casa presa bancando a mãe das filhas idiotas do meu namorado?

— Sei. Sei. Foi muito insensível da parte dela falar disso — observa minha mãe, acalmando-a. — Mas olhe, querida: se você conversar com Zoltan sobre *este* lugar, perto de Walton-on-Thames, pode até considerar colocar as meninas no...

Deixo as duas olhando para o iPad e saio do quarto, conseguindo, de alguma forma, me conter e não bater a porta ao sair.

Chego ao apartamento exatamente às 20h27, abro a porta da frente e só tenho tempo de correr lá para cima para dar uma ajeitada no cabelo e passar batom antes de, às oito e meia em ponto, baterem à porta.

Joel está esperando na calçada quando atendo e segurando um ramalhete de rosas cor-de-rosa pálido lindíssimas.

— Se essas flores forem um pedido de desculpas... — começo.

— Nada disso — garante ele, dando um sorriso. — Para pedir desculpas, você precisa de um jacinto, de uma íris ou de um copo de leite. Estas são flores do tipo "estou ansioso por uma ótima noite". Achei que isso fosse óbvio.

— Você tem toda razão. Não sei o que eu estava pensando. — Sorrio para ele. — São maravilhosas, Joel, obrigada. Ah! — acrescento, quando pego as flores e reparo no logotipo impresso no papel no qual estão embrulhadas, dentro de uma camada de celofane. — E você as comprou naquela floricultura perto do ponto do metrô! Meu Deus, devem ter custado uma fortuna! Você não precisava.

— Valeu a pena. Além do quê, eu nunca conseguiria ter inserido as palavras "jacinto", "íris" ou "copo de leite" na conversa se não fosse pela mulher que me vendeu essas rosas. Você ficou impressionada?

— Completamente. Vou só dar um pulo rápido lá em cima para colocar as flores na água e aí podemos ir.

Eu deveria (no mínimo, por delicadeza) convidá-lo para subir enquanto coloco as rosas em um vaso cheio de água, mas ainda não chegamos a esse nível de intimidade, acho. Além disso, depois de Marilyn Monroe, virei gato escaldado. Apesar de Grace Kelly não ter mais aparecido desde ontem à noite, fico receosa de que a pior das situações aconteça, ou seja, ela ter se materializado ali de novo e estar esparramada no sofá com seu traje de noiva completo, ainda falando sobre eu ser seu alter ego, ou o que for que ela ache que eu seja.

Olho rápido assim que chego no andar de cima e vejo que ela não está lá. Mas mesmo assim. Melhor prevenir do que remediar. Já não tenho muita experiência nesse negócio de encontros mesmo quando as condições são as mais favoráveis possíveis; não há necessidade alguma de aumentar meu constrangimento apresentando a ele meu sofá mágico antes mesmo de termos aberto a primeira garrafa de Pinot Grigio.

— Que tal começarmos a noite naquele barzinho legal na próxima esquina? — sugere Joel assim que volto e fecho a porta. — Aí podemos negociar o que estamos a fim de comer.

— Perfeito.

Tento não deixar óbvio, enquanto caminhamos, que estou olhando para ele. Mas ele é mesmo *lindo*. Está usando apenas uma calça jeans, uma camisa branca simples e *desert boots* marrom-escuro, mas essa combinação, aliada ao corpo maravilhosamente sarado dele e àquele rosto bonito bem delineado… Bom, vamos dizer que é perfeito.

— Então, do que você gosta? — pergunta ele, olhando para mim.

— Como?

— De comer. Só para podermos começar a levantar as possibilidades, em termos de comida.

— Ah, certo… Sou fácil. Digo, com relação à comida!

— Isso é bom. Então, você não é uma daquelas intolerantes a glúten, que só comem alimentos crus, que vivem obcecadas com a saúde?

— Não. Mas… Hum… Você não é um desses?

— Deveria?

Ele parece um pouco perplexo.

— Bom, só pensei que, como você é *personal trainer*, talvez fosse adepto das últimas modinhas saudáveis e tudo mais.

— Ah… Bem, até certo ponto, acho que como de um jeito bastante saudável. Mas não sou do tipo que segue… Desculpe, como foi que você chamou? "As últimas modinhas saudáveis"?

— Talvez esse não seja o termo técnico — digo, me sentindo um pouquinho idiota. — Não entendo muito desse tipo de coisa, desculpe. E só para esclarecer as coisas antes de começarmos a nossa noite, antes que você me faça sentir um lixo falando sobre quantos quilômetros você corre por semana ou qualquer coisa assim: é melhor eu já avisar que não piso em uma academia há uns cinco anos!

— Eu nunca faria você se sentir um lixo com relação a nada — garante ele, em um tom levemente desapontado, como se eu o estivesse subestimando. — Muito menos sobre seu histórico na academia. Além do quê, não parece. Você está, se é que posso dizer, incrível.

Isso é muito generoso, porque, apesar de eu ter me esforçado ao máximo e achar que consegui me arrumar razoavelmente bem essa noite, acho que "incrível" é forçar a barra.

Mas, felizmente, acabamos de chegar ao pub e ele está segurando a porta aberta para mim, o que põe um fim a esse assunto constrangedor.

Encontramos uma mesa, um cantinho surpreendentemente bacana, visto que o bar já está muito cheio, e fico ali aguardando enquanto ele vai pegar uma garrafa de vinho no bar.

— Tinto? — pergunta ele, alguns minutos depois, quando reaparece com uma garrafa e duas taças grandes. — Percebi que não perguntei o que você prefere só quando cheguei lá. Este aqui é um Merlot. Pode ser?

— Joel, está ótimo. Por favor, não se preocupe! Não sou chata.

Contudo, isso faz pensar um pouquinho em que tipo de mulher ele está acostumado a namorar: a pontualidade precisa, as flores, checar para ver se estou contente e saber das minhas preferências o tempo todo. Não que eu esteja reclamando, porque, é claro, as boas maneiras dele são tão primorosas quanto sua pele perfeita. Só espero que ele consiga relaxar à medida que a noite for passando.

Não estou acostumada a ser a pessoa tranquila, isso é certo.

— Ótimo. — Ele se senta de frente para mim e serve a quantidade perfeita de vinho nas duas taças: não tanto a ponto de parecer que ele está tentando me embebedar e nem tão pouco a ponto de parecer mesquinharia. — Saúde. E sei que *disse* que não ia me desculpar de novo...

— Então, não se desculpe — falo, com firmeza. — Porque estou bem. Quero dizer, tenho bastante amortecimento.

A imagem de mim mesma e de meu corpo amortecedor paira, humilhantemente, no ar por um instante.

Então, ele bate a taça na minha de novo.

— A toda essa sua saúde, então?

O gelo, graças a Deus, foi quebrado.

Eu rio, e ele sorri, toma um gole de vinho e começa a parecer (ainda bem) um pouquinho mais relaxado.

— Então, me fale um pouco mais sobre você — pede ele. — Bom, tudo que sei até agora é que seu nome é Libby e que é designer de joias. Uma designer de joias com *bastante amortecimento.*

— Bem, para começar, não acho que alguém queira saber sobre meu corpo com bastante amortecimento.

— Ah, eu não teria tanta certeza assim — responde ele, de um jeito suave e baixinho, com a boca na taça.

Não vou negar, isso me dá certa excitação.

Quer dizer, fiquei tão acostumada com a enxurrada de charme sedutor de Dillon — preliminares verbais plenas, sem limites e repletas de insinuações — que tinha me esquecido de como é me perder em um flerte de verdade, um flerte adulto. Não, esqueça isso: eu, na verdade, *nunca soube* como é me perder em um flerte adulto de verdade. Tudo que sei com relação a flertes adultos de verdade aprendi nos filmes. Gregory Peck, Cary Grant, Fred Astaire. Para elencar apenas três dos homens que eu daria tudo para ter namorado em vez do conjunto de situações patéticas que compõem o meu passado. Nunca saí para jantar e tomar vinho com um homem. Pensando bem, nunca saí para jantar *nem* tomar vinho com um homem. Todos os meus relacionamentos passados seguiram uma rota direta de 1) amassos embriagados e 2) acabar vagamente dormindo juntos até 3) dizer que estamos namorando só para evitar o constrangimento de realmente ter que tocar no assunto de que só estamos fazendo sexo (insatisfatório) porque não temos nada a dizer um para o outro. Tudo isso seguido por 4) término rápido (apesar de não rápido o suficiente).

Falando sério, minha "vida amorosa" se parece com aquelas partes constrangedoras da vida que Taylor Swift nunca quis colocar em seus hits.

Tudo isso faz com que seja ainda mais irônico o fato de que, durante todos aqueles anos de fracassos amorosos, eu poderia — *deveria* — ter me acomodado em perfeita harmonia com Olly.

E lá vamos nós. Droga.

Não vou pensar em Olly esta noite. Não vou. Na verdade, vou determinar uma proibição total disso. Uma proibição total que vou ter que assimilar rapidinho se quiser curtir a noite.

— Libby? — Joel está olhando para mim, parecendo preocupado com o fato de que estou (provavelmente) olhando para o nada como uma idiota, sem dar a ele a resposta de sua pergunta perfeitamente educada. — Está tudo bem?

— Sim! Mais do que bem! Caramba! — respondo, de um jeito superentusiasmado e alvoroçado, para redimir o fato de eu ter ficado aérea. — Enfim, sim! O que mais posso contar sobre mim? Hum... Bem, estou gerenciando minha própria joalheria há quase dois anos. Começou como um hobby, na verdade, eu era atriz antes disso, e nada bem-sucedida, mas o negócio decolou, bem mais do que eu teria sonhado, mesmo. Estou trabalhando com umas pessoas... hum... excelentes. — Acho que é melhor não ficar reclamando da "advertência oficial" de Elvira, pode ser que estrague a noite. — E estou apenas me concentrando em fazer a marca crescer no momento — acrescento, uma frase que me deixa bastante satisfeita, por não ter sido planejada, porque me faz parecer poderosa e dinâmica, ambas qualidades que acho que surpreendem Joel.

— Incrível. — Ele acena compreensivamente com a cabeça. — Qual o nome?

— Libby Goes To Hollywood. Sou superfã de filmes antigos e minhas peças são meio que inspiradas no glamour da Hollywood antiga... Você sabe, Marilyn Monroe, Ava Gardner... Hum... Grace Kelly...

— Ah, agora sim... — Ele coloca a mão no peito. — Grace Kelly foi meu primeiro amor. Não que ela soubesse, infelizmente. Mas mesmo assim... Eu daria qualquer coisa para conhecê-la pessoalmente.

— Sim. Eu, hum, imagino que ela tenha sido mesmo especial. — Tomo um longo gole de vinho. — De verdade.

— Ei, se você adora cinema, deveríamos ir ao cinema no nosso próximo encontro. Quer dizer, supondo que *haja* um próximo encontro — acrescenta ele. — Pode ser que você não queira.

— Pode ser que *você* não queira.

— Posso afirmar com segurança — diz ele —, com base em tudo que vivenciei até agora, Libby, que não, não vou deixar de querer.

Sorrio para ele. Ele sorri de volta. E ficamos sentados ali, por uns instantes, sorrindo um para outro como dois idiotas.

— Enfim! — falo, quebrando o encanto. — Chega de falar de mim. Me fale sobre você. Saber seu sobrenome seria bom!

— Pereira — diz Joel, ficando um pouco vermelho. — Desculpe — complementa ele, inexplicavelmente.

— Por que é que você pediria desculpas pelo seu sobrenome?

— Só porque... Bem, sei que é meio esquisito. Brasileiro, por sinal.

— Ah, você é brasileiro.

— Meio. Por parte de pai. Minha mãe nasceu na Eslováquia.

— Caramba, então você é... brasileiro-eslovaco. — Aquela pele de doce de leite e o sotaque misterioso fazem mais sentido agora. — É uma mistura e tanto.

— Pois é, sou apenas um velho vira-lata — brinca ele, dando uma risadinha curta. — Bem, talvez não tão velho assim, vou fazer 39. E você tem... O quê? Uns 28? 29?

— Bela tentativa — retruco, secamente. — Tenho trinta.

— Jamais!

— Bela tentativa, de novo — digo. — Mas, sim. Trinta.

Ele sorri de volta para mim.

— Trinta é bom. Na verdade, trinta é ótimo. Sabe, conquistei mais coisas depois dos trinta anos do que em qualquer outra época da minha vida.

— Bom saber. — Tomo um gole de vinho. — Então, você tem 38. E é *personal trainer*. Gosta do que faz?

— Sim, gosto do meu trabalho, sim. — Ele parece estranhamente perturbado, mas depois de outro gole de vinho, continua, um pouco menos constrangido. — Quer dizer, tenho alguns clientes excelentes. E pessoas ótimas trabalhando para mim.

— Ah, caramba, então, você, na verdade, é *dono* da FitRox? Achei que fosse apenas um dos instrutores de lá.

— Não, não. Não sou um dos instrutores.

— Isso é incrível. Administrar o lugar, digo. Mas não é difícil ser proprietário do seu próprio negócio assim? Porque acho que sempre pensei que fosse ser superdivertido, e é, não me leve a mal, mas não há vezes em que você sente que as coisas não estão seguindo bem o caminho que queria?

— Ah, nossa, sim. O tempo todo. Quer dizer, logo que comecei, tinha tudo quanto é tipo de visões e sonhos de como minha empresa seria. Era para ser uma verdadeira referência, é claro, padrão de primeira linha. Mas aí, no caminho, você acaba fazendo concessões e tendo que viver no mundo real... — Ele dá de ombros. — Isto é, usando o que acho que é o termo técnico para esse tipo de coisa, um saco.

— É mesmo.

— A única coisa que você pode fazer, e tendo feito isso por quase vinte anos agora, Libby, esse pode ser o conselho mais precioso que posso dar, é nunca fazer uma concessão que pareça ser *demais*. Se sentir que está prejudicando alguém, ou perdendo parte da sua integridade, ou deixando de fazer as coisas do jeito que você queria, então deveria ouvir seus instintos e se manter firme.

— Certo. Esse é... um ótimo conselho. Mas não exatamente o que eu queria ouvir, para ser sincera. Estou tendo... Bem, alguns problemas com as pessoas para quem trabalho. *Com quem* trabalho! — corrijo rapidamente, tentando ignorar a sensação deprimente quando percebo a mancada freudiana que acabei de cometer. — Tenho uma visão do caminho que quero que a empresa siga, e meus investidores têm outra... Mas não vou entediar você com nada disso, desculpe.

— Não seja boba! Se eu puder fazer alguma coisa para ajudar... Sabe, tenho alguns clientes — continua ele, depois de tomar outro gole de vinho — que talvez possam lhe dar mais conselhos. Advogados e consultores e esse tipo de coisa. Pessoas que, às vezes, também me dão aconselhamento empresarial, para falar a verdade. Posso muito bem perguntar para um deles se poderia bater um papo com você.

— Obrigada, Joel. Mas vou dar um jeito. Seus clientes devem gostar muito de você se estão dispostos a lhe dar aconselhamento legal gratuito enquanto os obriga a fazer abdominais! Apesar de que acho que abdominais estão fora de moda, não estão? Não devíamos todos estar fazendo aquela coisa chamada "prancha" em vez disso?

— Isso mesmo. — Ele serve uma taça um pouquinho mais cheia para nós dois. — Mas chega de falar de mim. Me fale mais sobre as suas peças. Você tem um site? Algum lugar onde eu possa comprar alguma coisa? O aniversário da minha mãe está chegando e ela adora um belo par de brincos...

— Ah, por favor, Joel, não se preocupe com isso! Você não precisa começar a comprar de mim só para ser legal. — Estou pasma. — Eu aprecio a intenção e tudo mais, mas não há necessidade alguma.

— Não é por isso que estou perguntando! A minha mãe gosta *mesmo* de brincos e é surpreendentemente difícil encontrar brincos bonitos.

— Certo, mas, por favor, não vá gastar duzentas libras no meu site! Minhas peças são caras. Bem mais caras do que quero eu sejam... Olha, vou propor uma coisa, vou encontrar algo de que você goste e fazer um desconto enorme na peça. Pode ser? Só, tipo, umas dez libras, ou algo assim. — Consigo sentir que estou ficando vermelha e desejando que ele nunca tivesse nos encaminhado para essa linha de conversa desagradável.

— Quer dizer, eu ficaria feliz em lhe dar alguma coisa de graça, mas as pessoas com quem trabalho...

— Libby, Libby. — Ele estende o braço por cima da mesa e coloca a mão na minha. Ele parece quase tão mortificado quanto me sinto. — Céus, não, não, não seja ridícula. O que faz você achar que não quero gastar duzentas libras no presente de aniversário da minha mãe? Confie em mim, ela está de acordo que eu gaste até mais que isso! — Ele sorri. — Por favor, não venha me dar um par dos seus brincos maravilhosos por dez libras! E se eu prometer que só vou encomendar alguma coisa, e pagar o valor total, aliás, se realmente gostar? Temos um acordo?

— Temos um acordo.

Céus, eu adoro esse homem.

E, francamente, parte de mim está até começando a se perguntar se existe alguma chance de *ele* ser tão mágico quanto Grace Kelly e todos os outros ícones de Hollywood que apareceram no meu sofá. Tipo, será que é realmente possível encontrar um homem tão legal e atraente desse jeito? Na vida real, digo, não em um conto de fadas. Se não fosse pelo fato de que seria muito, muito esquisito, eu me aproximaria da mulher da mesa ao lado e perguntaria se ela consegue ver um homem de carne e osso sentado à minha frente, ou se estou só imaginando, ou se estou só assustando todo mundo ao ter uma conversa animada com o ar.

— E prometo a você, Libby, que, se eu gostar das suas peças tanto quanto acho que vou gostar, vou acabar sendo um ótimo cliente. Tenho uma mãe, uma avó, uma ex-mulher que gosto de manter na linha...

Sorrio para ele.

— Ah. Você queria apenas soltar isso no meio da conversa?

— A ex-mulher?

— Sim.

— Me pegou. — Ele sorri timidamente. — Não sei qual o código de etiqueta dessas coisas, mas... Bem, achei que era o tipo de coisa que deve se admitir logo no primeiro encontro, certo? Se você está torcendo para que haja um segundo, digo.

Como eu deveria admitir que ainda estou superando o fato de ter perdido minha alma gêmea?

Só que... Sei lá. Isso talvez seja um assunto mais apropriado para o segundo encontro. *Ex*-casamento: nada demais. *Ainda* estar superando a perda da alma gêmea: provavelmente é melhor deixar mais para frente.

Ou, idealmente, continuar tentando esquecer Olly e nunca precisar tocar nesse assunto com Joel.

— Talvez. Mas muitas pessoas têm bagagem, Joel — acrescento com cautela. — Eu não acho que uma ex-mulher seja algo pelo qual você tenha que ficar constrangido.

— Agradeço por isso, Libby. Ah, eu também tenho uma filha, por sinal. *Não* é algo que me deixe constrangido. Isso é algo com que estou perfeitamente contente. — Ele começa a remexer o bolso em busca do celular. — Mas ela só tem cinco anos, então não sei se vou procurar alguma coisa no seu site para ela. Bijuterias de plástico das princesas da Disney são mais a cara dela.

— Ah, já cogitei a possibilidade de lançar uma coleção de bijuterias de plástico. Não sei se esse é necessariamente o direcionamento que eu deveria tomar, mas, no momento, estou aberta a sugestões.

Ele sorri.

— Bem, nesse caso, só posso aconselhar que quanto mais brilho, melhor. Elas não gostam muito de peças discretas, essas mocinhas de cinco anos de idade.

— Vou levar isso em consideração.

— Bom saber. — Ele mostra o celular para mim, exibindo uma foto dele próprio, tão maravilhoso na tela do iPhone quanto em carne e osso, com os braços enrolados em uma menininha igualmente maravilhosa, cabelo loiro bem claro, mas com o mesmo tom de pele de doce de leite e olhos azuis como os de Joel. — Minha bebê. Julia.

— Oh, Joel. Ela é linda. Você consegue passar bastante tempo com ela?

— Não tanto quanto eu gostaria. Ela mora em Sidney.

— Na *Austrália*?

— É. Minha ex-mulher é de lá.

— Caramba. Você deve sentir muita falta dela.

— Sinto mesmo. Tento ir para lá com a maior frequência possível. Todo mês, se conseguir.

— Minha nossa. — Fico olhando para ele. — Isso deve ser caro.

— Indo mais direto ao ponto, nunca é suficiente. Mas, sabe, eu viajo muito, mesmo quando estou alocado na Grã-Bretanha, então, mesmo que ela estivesse morando aqui, eu teria dificuldades em vê-la tanto quanto eu gostaria.

— Seria bom se você ganhasse na loteria, ou algo assim.

— Ahn...?

— Ah, aí você poderia comprar um jatinho particular e ir vê-la quantas vezes quisesse... — interrompo a mim mesma, porque essa ideia parece muito idiota, agora que saiu da minha boca. Uma fantasia de uma menininha mais perto da idade da Julia do que da minha. — Desculpe. Isso não foi muito útil.

— Não, não, fico grato pela ideia! — O rosto dele fica mais tranquilo ao olhar para a foto dela de novo. — Posso lhe mostrar mais umas três mil fotos dela, se quiser... Mas talvez não no nosso primeiro encontro, né? — Ele sorri para mim. — Pode ser que uma ex-mulher e uma filha já sejam mais segredos sórdidos do que você consiga tolerar!

— Nem um pouco. Todos temos esqueletos nos nossos armários, Joel.

Ele concorda com a cabeça e toma um gole de vinho.

— Então — pergunta ele —, qual é o seu?

— Como?

— O seu esqueleto. — Ele se recosta na cadeira. — Ex-marido? Filhos?

— Céus, não! — Começo, literalmente, a rir, e então percebo que isso me faz parecer um fracasso completo no quesito amoroso. — Digo, não. Nenhum ex-marido. Nenhum filho.

— Então, qual é o esqueleto? Quero dizer, você disse que todos temos nossos esqueletos, certo?

— Ah, sabe. Eu... Hum... Ah, tenho uma família problemática! — conto, aceitando aquela verdade. — Dois esqueletos bem aí! Mãe e irmã.

— Ah. Esqueletos familiares. É, acho que tenho desses também. Quer dizer, nada grandioso. O de sempre, mesmo. Pai ausente que nunca quis me conhecer. — Ele faz uma careta. — Essa é a minha história deprimente.

— Não, eu entendo. Meu pai também é um lixo. Eu nem o vejo mais, hoje em dia.

— Lamento ouvir isso. Também não vejo o meu mais. Não ajuda muito o fato de que ele já morreu, é claro.

— Meu Deus... Joel, eu sinto muito...

— Não sinta! Antes de ele morrer, nosso relacionamento *era* difícil para caramba. Sem contar que ele morava em São Paulo e eu e minha mãe vivíamos nos mudando, então era difícil ao menos ter um relacionamento. Difícil ou pior. Especialmente quando você leva em conta o fato de que ele era um narcisista completo e um desperdício de oxigênio.

É muito bom conversar com alguém que entende como é lidar com uma configuração familiar complicada, preciso admitir. Não estou querendo, absolutamente, ofender Olly nem nada assim, mas, nem mesmo com toda boa vontade do mundo, com aquela família adorável, feliz e *unida* dele, ele nunca vai *realmente* entender como é ter um pai que não está nem aí para se você está viva ou morta. Nem Nora, por sinal. E até mesmo Bogdan, que tem, definitivamente, uma das configurações familiares mais complicadas que já vi, pelo menos tem um pai que se importa com ele e exige sua presença no jantar da família todo sábado à noite — apesar de eu precisar admitir que há, obviamente, alguns fatores de estresse devido ao fato de que Bogdan não pode contar que é gay e que seu pai não pode reconhecer abertamente que é um criminoso.

— E... a sua mãe? — pergunto, hesitantemente, me perguntando se Joel vai ser o pacote completo, admitindo, exasperado, que sua mãe é louca por um drama e que sua meia-irmã é descaradamente a preferida dela.

— Ah, minha mãe é *incrível* — responde ele, alegre. — Ela faz trabalho humanitário. Você sabe, coisas de pôr a mão na massa de verdade, escavar escombros de escolas em zonas de terremoto, ir até locais que foram atingidos pela seca e pela fome... Ela é uma heroína da vida real, para ser sincero.

Certo.

Entendo.

Bem, ao menos ainda temos os pais ausentes em comum.

— Mesmo assim — retoma ele, após um instante —, acho que não posso negar que houve várias vezes em que eu preferiria que ela fosse apenas uma mãe normal. Em casa comigo, em vez de por aí salvando o mundo.

Se tirarmos a parte do *por aí salvando o mundo*, isso nos faz ter mais coisas em comum de novo.

— Então, me conte sobre a sua mãe.

Tomo um longo gole de vinho.

— Bom, com certeza ela não seria muito útil em uma região de terremotos. A não ser que os sobreviventes traumatizados, famintos e desabrigados decidam de repente que o que eles precisam não é abrigo e água limpa, mas um bom número de sapateado e uma cantoria em conjunto de uma seleção de músicas do Andrew Lloyd Webber.

Ele ri, de verdade.

— Você é ótima, Libby — fala ele, fazendo uma pausa. — Sabia disso?

— Você também não é nada mal.

— Vamos comer alguma coisa? — sugere ele. — E continuar essa conversa em outro lugar?

— E beber vinho um pouquinho demais e comparar anotações sobre as nossas mães? Com certeza! Vamos nessa!

Mas, primeiro, terminamos a garrafa de vinho que ainda está entre nós. Porque estamos nos divertindo muito (muito, muito mesmo) e seria rude não fazê-lo.

5

Acabamos, no fim das contas, indo comer peixe e batata frita (o bom e velho *fish and chips* inglês) em um restaurante bem chique, com toalhas de mesa de verdade e facas, garfos e pratos (já que estamos em Notting Hill), em vez de talheres de plástico e papel vegetal. E tomamos outra garrafa de vinho inteirinha e (o melhor de tudo) a conversa literalmente não parou a noite toda.

E agora estamos voltando pelas ruas silenciosas para o meu apartamento, para que ele possa me deixar lá antes de ir para casa (perto de Shepherd's Bush, acho que foi isso que ele falou, apesar de estar um pouquinho zonza de todo o álcool e não conseguir me lembrar com certeza), e ele acabou de pegar minha mão. O que foi a grande evolução dos últimos minutos. E que é… delicioso.

— Essa noite foi maravilhosa, Libby — diz ele quando saímos da rua principal e entramos na minha rua. — Me diverti muito. Foi a melhor saída que tive em muito tempo.

— Eu também.

— Mesmo? — Ele olha para baixo. — Fiquei um pouquinho preocupado, algumas vezes, que você estivesse… Como posso colocar? Com… a cabeça nas nuvens.

Pisco para ele.

— Está dizendo que sou maluca?

O rosto dele se expande em outro daqueles sorrisos.

— Espero que não.

— Joel, a noite foi maravilhosa. — Paramos bem em frente ao meu prédio. — E sinto muito se pareci um tanto distante às vezes. Estou com… muitas coisas nas mãos no momento.

— Ah. Então, tem espaço para mim? Nas suas mãos, digo.

Para responder a isso e sem absolutamente nenhum planejamento prévio, de repente me pego ficando na ponta dos pés para dar um beijo nos lábios macios e perfeitos de Joel.

Após um pequeno susto de surpresa, ele me beija de volta.

É muito bom.

Tipo, *muito*. Especialmente quando ele enrola os dois braços na minha cintura e me puxa um pouquinho mais para perto, para que eu me beneficie plenamente daquele corpo de *personal trainer* de perto.

Quando nos afastamos, alguns momentos depois, ele sorri para mim.

— Essa foi uma bela surpresa.

— Bem, eu queria mostrar a você como curti a noite.

— E não havia palavras para expressar isso?

— Não havia palavras.

— Caramba, deixei você sem fala. Devo estar me saindo bem! — Ele limpa a garganta. — Então, *há* espaço para mim nas suas mãos, certo? Em meio aos anéis e às pulseiras e…

Ele não consegue terminar a frase porque ouvimos um uivo repentino horripilante vindo de algum lugar atrás de nós, e uma figura sombria surge da escuridão, o punho erguido, aproximando-se de Joel.

Tenho uma fração de segundo para perceber que a figura sombria é, na verdade, Dillon O'Hara.

Mas, apenas outra fração de segundo depois, Dillon está estatelado de costas na calçada, onde Joel acaba de, magistralmente, atirá-lo com uma espécie de arremesso de artes marciais *extremamente* impressionante.

— Mas que merda? — arfa Dillon para mim, enquanto Joel, com o antebraço pressionando a parte superior do peito dele para mantê-lo firmemente no chão, pega o celular no bolso e o joga para mim.

— Ligue para a polícia — instrui ele. — Diga que foi um assalto.

— Não é assalto nenhum, porra! — berra Dillon.

— Não é! — grito. — Não é mesmo! Eu conheço esse homem! Apesar de não fazer ideia de que merda ele estava fazendo nos atacando no escuro daquele jeito…

— Só ouvi este imbecil falar que queria as suas mãos nele! — sibila Dillon. — O que mais eu poderia fazer?

— Ele não estava dizendo que queria as minhas mãos nele — falo, mais irritada com Dillon do que já estive em toda a minha vida (o que é algo impressionante, acredite em mim). — Estávamos em um encontro. Você pode soltá-lo? — pergunto a Joel, que está olhando de mim para Dillon de um jeito confuso. — Ele é um amigo meu.

— Ex-namorado, na verdade — corrige Dillon, quando Joel o larga e deixa que ele se levante, sem equilíbrio.

— Ora, *por favor* — começo.

E, então, paro quando Dillon cambaleia, bem de leve, para o lado, e percebo que ele está bêbado.

O que, para um alcoólatra recuperado, é de fato uma coisa muito, muito ruim.

Ah, não. Ah, *Dillon*.

— Ei! — declara Dillon de repente, dando uma olhada mais atenta para Joel de onde está parado, oscilando de leve. — Não é Olly!

Vou matá-lo. Em recaída ou não, vou matá-lo.

— Você disse que estava em um encontro — continua ele, antes que eu consiga contê-lo —, mas este não é Olly! Não que eu esteja *reclamando*, claro. Eu ficaria feliz se nunca mais tivesse o desprazer de encontrar aquele bosta de novo na vida... Sou Dillon, por sinal — ele estende a mão na direção de um Joel perplexo. — Me permita parabenizá-lo, meu caro colega, por ser o homem de sorte que ganhou o coração da Libby.

— Bem, eu não iria tão longe — diz Joel. — Não acho que eu tenha ganhado nada ainda.

— Ei! — Dillon o encara. — Isso não é uma *competição*, sabia?

— Não, eu sei, só estava respondendo a sua... Olhe, você gostaria que nós o ajudássemos a pegar um táxi ou algo assim? — Joel coloca uma mão preocupada no ombro de Dillon, apesar de eu achar que, em parte, é apenas para segurá-lo em pé. — Você parece um tanto... Hum.... Bem, se posso ser sincero, você parece...

Bem nesse instante, Dillon se curva em um ângulo de 90 graus, vomita nos sapatos de Joel, cai de joelhos e repousa a testa na calçada, a dois (muitíssimo bem-calculados) milímetros de distância da poça enorme de vômito.

— Meu Deus! — Estou chocada. — Joel... Eu sinto muito...

Mas Joel, com a mesma compostura desapressada, *incrivelmente* sexy que demonstrou quando derrubou Dillon com aquele movimento elegante de judô alguns minutos atrás, sai da poça, sacode os pés para limpar o grosso, e então se abaixa para pegar Dillon e o coloca sobre o ombro largo como um bombeiro.

— Devo levá-lo lá para cima? — pergunta ele, e eu, muda de vergonha, concordo com a cabeça, me atrapalho com as chaves e abro a porta.

Isso não é hora de ficar pensando nessas coisas, mas preciso dizer que, se Joel já não tivesse sido muito, muito atraente essa noite, essa característica acaba de ser multiplicada pelo fato de que agora sei que ele consegue carregar um homem razoavelmente pesado por um lance de escadas sem sequer bufar, ofegar ou grunhir com o esforço.

Eu o sigo, observando a cabeça de Dillon, seus olhos fechados, balançando nas proximidades da lombar de Joel, até que (ao fazer a curva no topo das escadas e entrar na sala) ele paralisa.

Consigo ver o motivo no momento em que também chego lá e me espremo pela porta para ultrapassá-lo.

O vestido de noiva de Grace Kelly está estendido no Chesterfield.

O ex-namorado bêbado não pareceu assustá-lo. Os sapatos vomitados não pareceram assustá-lo. Mas o vestido de noiva de renda maravilhoso (ah, e o véu, por sinal), todo esparramado esperando por mim pareceu ser a gota d'água.

— É... — começa ele, após um instante. A voz dele parece bastante diferente: estrangulada, em vez de suave e confiante. — Devo... Quer dizer, se precisar que esse, hum, vestido continue no sofá, posso colocá-lo no chão...

— Não, não, vou tirar! — Consigo sentir meu rosto queimando enquanto tiro o vestido e o véu do sofá e coloco, sem nem pensar no valor e na raridade daqueles objetos, em cima da pilha de caixas ali perto. — Joel, é... Quero dizer, o vestido não é meu. Não vou me casar, nem nada assim!

Mas isso, no fim das contas, acaba é piorando a situação, porque agora eu pareço uma espécie de srta. Havisham desesperadamente vergonhosa, toda preparada para colocar um vestido de noiva assim que chego em casa do meu encontro.

— Libby, está tudo bem. Não precisa explicar nada.

— Mas aí é que está! Não há nada *para* explicar...

— Balde — resmunga Dillon, do lugar onde Joel o colocou no sofá. — Mal.

— Quer saber? — digo para Joel quando corro para pegar um balde no armário perto do topo das escadas onde estou guardando meu aspirador de pó e todos os meus utensílios limitados de limpeza. — Vá embora. Por favor. Acho que vai ser melhor.

— Mas tem certeza que você consegue lidar com isso? — Joel aponta para Dillon. — Lidar com *ele*?

— Sim, consigo. Vai ser melhor se você for embora, na verdade.

— Bom, tudo bem, se insiste, mas…

— Eu insisto. — Isso saiu um pouco mais brusco do que eu pretendia. — Desculpe, Joel, eu só… Olha, a noite foi ótima. Obrigada. — Enfio o balde debaixo da cabeça de Dillon bem a tempo de ele começar a vomitar ruidosamente de novo. — Mas é sério. Vá para casa. Ah! — Me lembro de repente de ele ter dito, quando saímos do restaurante, alguma coisa sobre não ter um cartão de usuário do transporte público. — Quer pegar emprestado meu cartão de usuário? Para o ônibus?

— O quê? — Ele parece um tanto perplexo agora, como deveria estar, visto que emprestar meu cartão significaria que ele precisaria me ver de novo para devolver. — Céus, não, não. Não preciso… Olha, eu te ligo — acrescenta ele, um tanto fracamente. — Ok?

— Ok — respondo, no tom mais alegre que consigo para que ele não precise se sentir tão envergonhado com a mentira óbvia. — Obrigada de novo!

A porta se fecha com a maior rapidez do mundo.

E aí fico só eu com um Dillon semiconsciente e o vestido de noiva de Grace Kelly sozinhos no apartamento.

Acabo de descer as escadas depois de esvaziar o balde no banheiro quando ouço o som inconfundível da voz de Grace Kelly vindo do Chesterfield.

— Oh, que emocionante! Eu estava torcendo para que esse sonho durasse um pouquinho mais!

Ela está sentada no braço do Chesterfield, usando apenas uma camisola de seda marfim e com uma expressão animada em seu belo rosto. Seu corpo, debaixo da camisola, é firme e angular e muito, muito magro; a pele de seus braços desnudos e suas pernas brilha do mesmo jeito que seu rosto: cintilante e refletindo a luz.

Fico momentaneamente alarmada por ela ter aparecido quando Dillon está bem ali (deitado no Chesterfield, na verdade), mas ele está inconsciente agora, então não importa muito. E eu estou, para falar a verdade, um pouquinho aliviada pelo fato de que o sofá ainda parece estar, você sabe, *funcionando*. Não estraguei tudo ao permitir acidentalmente que Gracy Kelly pusesse os olhos em uma fotografia de seu filho e de sua nora da vida real e dos netos que ela, tristemente, nunca conheceu. O que, dedos cruzados, parece ser algo que ela ou deliberadamente esqueceu ou não vai mencionar.

— Acho que devo ter começado a sonhar sobre outra coisa por um tempo — continua ela, se levantando. — Mas agora estou de volta. Ou melhor, *você* está de volta. Então, talvez possamos retomar o que estávamos discutindo antes?

Ergo o balde.

— Parece que estou com tempo para ficar discutindo qualquer coisa? — pergunto a ela.

— Ah, mas você precisa! Estávamos progredindo tão bem antes! — Ela não parece ter reparado em Dillon, apagado a apenas alguns centímetros dela, no Chesterfield. — Agora, esse homem de quem você estava falando, o seu Clark Gable...

— Não tenho um Clark Gable.

— É óbvio que você não tem um Clark Gable! Você não é real! Estou falando do homem que você mencionou, o seu amor verdadeiro. Aquele que *representa* Clark Gable, da mesma forma que você me representa... Preciso que me diga o que acha que há de errado com você que o fez se afastar.

— Bem, o fato de que ele ficou cansado de esperar por mim e se apaixonou por outra pessoa deve contribuir bastante. Mas, francamente, Grace, isso não é...

— Não, não. Não pode ser. — A voz aristocrata de Grace está ainda mais enérgica e articulada que de costume; na verdade, ela parece um tanto irritada. — Clark não ficou cansado de me esperar! Pelo contrário: sempre achei que era eu quem o estava pressionando demais por algum tipo de compromisso. E também, é claro, havia a minha mãe, se intrometendo o tempo todo, o que ainda acho que foi o que pôs um fim a tudo... Não acho que sua mãe esteja se metendo nos seus relacionamentos amorosos, está? Algo a declarar nesse sentido?

— Não — respondo, quase tão asperamente quanto ela. — Minha mãe não está nem aí para os meus relacionamentos amorosos. A não ser que por acaso eu esteja envolvida com esse montinho abarrotado aí, que, aliás, é um homem, no sofá ao seu lado. Em quem, por sinal — complemento, quando Grace olha para o lado, parecendo perplexa por vê-lo —, preciso dar um trato, se você não se importar. Não podemos conversar sobre tudo isso outra hora?

— Oh! — Ela olha para Dillon horrorizada por um instante, pelo que eu nem posso culpá-la, já que ele está apagado e com um cheiro nada agradável, antes de se virar novamente para mim. — *Este* é o homem de quem você falou? Seu amor verdadeiro?

— Céus, não! — Corro para frente com o balde quando parece que Dillon está se mexendo para, muito provavelmente, vomitar de novo, mas é um alarme falso. Ao menos por enquanto. — Não, ele não é o meu amor verdadeiro.

— Então, quem é? — Grace volta a olhar para Dillon, estudando-o com atenção para tentar entender, suponho, que tipo de significado *ele* representa em seu sonho freudiano. — Alguma espécie de mendigo?

Tenho que rir, apesar de sem muita graça.

— Não. Ele é ator. Só está bêbado agora.

— Um *ator bêbado*? — Grace arfa. — Meu Deus! Então, ele *só pode* representar Clark, de alguma forma... Você acha que esse é meu subconsciente torcendo para que Clark tenha ficado arrasado por ter terminado o relacionamento comigo? Que ele acabou esparramado em um sofá velho e nojento, noite após noite, bebendo para esquecer a mulher que deixou escapar pelos dedos?

— Bem, não sei quanto a isso — digo, porque estou cansada demais para discutir qualquer coisa nesse sentido agora. — Mas, olha, Grace, se você ainda está apegada ao homem por quem costumava ser apaixonada, tem certeza que está fazendo a coisa certa ao se casar com o príncipe? Quer dizer, não me leve a mal, compreendo a ideia de tentar seguir em frente, mas chegar a se *casar*... E, convenhamos, você não está apenas se casando com um homem, está herdando um reino inteiro junto com ele...

— Mas você não acha que é exatamente isso que se *deve* fazer? Quando se está decepcionada com o amor?

— Hum... Casar com um monarca e se tornar chefe de Estado de um pequeno principado no Mediterrâneo? Não sei se é necessário ir *tão* longe assim.

— Não foi isso que quis dizer! — ralha ela. — Quis dizer que, muito obviamente, é uma questão de bom senso, quando se está com o coração partido, subir de volta no cavalo. Acho que misturei demais as metáforas...

— Ela passa uma mão um tanto cansada pelo rosto de repente. — Meus pais sempre me ensinaram que a vida é para os que correm atrás. Não para os que ficam sentados à margem, observando a vida passar. Acho que o que me apavorou, depois que tudo terminou com Clark, foi a possibilidade de que eu talvez nunca me sentisse daquele jeito com relação a outra pessoa de novo. Que nunca tivesse o que eu sonhava ter com ele. Um ótimo casamento. Um lar. Uma família.

— Então, decidiu se apaixonar pelo príncipe só para não ser acusada de ficar sentada à margem?

— Oh, céus, não, tive dezenas de outros homens depois de Clark! Ou melhor, o que quero dizer — corrige ela, ficando com as bochechas um tanto coradas — é que não decidi me apaixonar *pelo príncipe*. Apenas decidi não aceitar passivamente o que eu achava que o destino tinha decidido para mim e ficar sozinha pelo resto da vida. Afinal de contas, a vida é curta demais para desperdiçar seus melhores anos lamentando a perda de uma alma gêmea, não é mesmo? Por que você está me olhando desse jeito?

Percebo que estou olhando para ela de um jeito intenso demais.

— Desculpe... É só o que você falou sobre o destino. Tenho pensado muito no destino e em como ele ferrou com tudo que eu já quis. E parece que não estou me saindo tão bem quanto você nessa questão da aceitação passiva. Ou melhor, eu *gostaria* de conseguir seguir em frente, sem nunca dar nem uma olhadinha para trás, mas não estou achando tão fácil assim. Bem, eu saí com Joel essa noite e não consegui impedir que Olly ficasse surgindo na minha...

— Certo, certo, vamos parar por aí por um instante. — Grace ergue uma mão impressionantemente imperiosa. — Isso tudo é sobre mim, não vamos esquecer. Antes de seguirmos muito adiante, eu gostaria de tentar ser clara com relação a quem todo mundo representa. Agora, esse tal de *Joel* com quem você disse que saiu essa noite, você só pode estar falando do Rainier, certo? O homem com quem está seguindo em frente? Então, suponho que esse *Olly* seja a representação de... Clark? Ou será que ele é apenas a fusão de todos os homens por quem eu já senti alguma coisa...?

Uma batida repentina na porta da frente faz nós duas pularmos.

— É Bogdan — digo, porque liguei para ele assim que Joel foi embora e pedi para ele passar aqui e me ajudar com Dillon. (Afinal, se ele vai sempre encher o meu saco porque acha que eu deveria estar dormindo com

Dillon, pode muito bem vir até aqui e testemunhar em primeira mão por que isso seria uma ideia desastrosa.)

— Bogdan? — As sobrancelhas de Grace se erguem. — Não me diga que tem *outro* homem rondando as margens do meu subconsciente? Meu Senhor, fico feliz por minha mãe não poder enxergar dentro da minha cabeça agora! Nem Rainier, por sinal.

— Ah, não acho, nem por um instante, que sua mãe ou Rainier precisem se preocupar com Bogdan. De qualquer forma, ele é só um amigo. Não sei ao certo se ele… *representa* qualquer coisa — Me encaminho para as escadas. — Vou só dar um pulo lá embaixo para deixá-lo entrar.

Abrir a porta para Bogdan é um certo choque.

De alguma forma (desde a última vez em que o vi, quase dez horas atrás), ele conseguiu deixar o bigode crescer.

Um bigode *inteiro*: talvez não volumoso e exuberante, mas longe de ser ralo e até que muito bem aparado.

— Bogdan, como… Isso é *falso*?

— Claro que não! — Ele parece ofendido. — Por que é que eu andaria por aí com bigode falso?

— Por que é que você andaria por aí com um bigode *de verdade*?

— Porque conversa antes está me lembrando de que estou sempre querendo experimentar *look* de Clark Gable. E se vou encontrar Grace Kelly em breve, o que tem de errado em estar querendo parecer um pouco com Clark Gable? Vou estar fazendo Grace se sentir em casa.

— Mas como é que você sequer… Seu bigode simplesmente cresceu durante a tarde?

Ele dá de ombros.

— Estou precisando fazer barba duas vezes ao dia. Às vezes, até três. Então, essa tarde estou deixando de fazer barba às quatro horas, como de costume.

— Caraca.

— Não esteja fazendo eu me sentir mal quanto a isso, Libby — pede ele, empertigadamente. — Ou você vai estar sendo tão má quanto valentões lá de Chișinău.

— Está certo, está certo, me desculpe…

— Ela está aqui agora?

— Sim, por acaso, ela está, mas não foi por isso que eu te chamei. Dillon teve uma recaída, ele…

Mas Bogdan não está ouvindo. Em vez disso, ele está subindo as escadas com pressa, dois degraus por vez, como se fosse tirar a mãe da forca.

— Oh! — O arquejo de Grace é audível até mesmo das escadas. — Minha *nossa*! Mas você disse — continua ela, quando chego na sala — que este novo rapaz não representava ninguém!

— Sim, olha, ele não é Clark Gable, juro para você que…

Grace coloca as mãos em seu pescoço de cisne.

— Mas ele se parece… tanto com ele!

— Você está achando que estou parecendo Clark Gable? — Bogdan parece atordoado por um momento. — Isso é elogio muito, muito importante para mim, srta. Kelly. Estou comovido. Estou estupefato.

— Ah, senhor, o seu sotaque… É simplesmente *maravilhoso* — diz Grace, suspirando. Ela mudou, diante dos meus olhos, de uma princesa do gelo majestosa para uma gata fogosa, para ser sincera, a característica exata que, segundo Hitchcock, a deixava tão atraente na telona. — É russo? Iugoslavo? Grego?

— Sou de Moldova.

Grace Kelly solta um repique de sua risada cristalina.

— Um país inventado! Que divertido! Você me lembrou de que eu achava que Mônaco fosse um país inventado na primeira vez que ouvi falar dele.

— Moldova não é país inventado. — Bogdan dá alguns passos na direção dela e posso ver, meu pai do *céu*, que ela até fica com os joelhos um pouco bambos. — É lugar real. Tem fronteira com Romênia, em oeste, e Ucrânia, em leste, norte e sul.

— Oh, por favor — Grace estremece de contentamento —, continue *falando*. Eu poderia ouvir o seu sotaque para sempre e nunca, *nunca* iria querer acordar.

— Somos abençoados por estarmos tendo presença de dois grandes rios — continua Bogdan, claramente percebendo que, com seu conhecimento de especialista da topografia moldava, ele parece ter Grace Kelly na palma de sua mão. — Dniester em leste e Prut em oeste. Clima é quente no verão, frio no inverno. Principais exportações são…

— Bogdan! — interrompo. — Na verdade, chamei você aqui porque preciso da sua ajuda com *isto*.

Bogdan olha para Dillon, ainda esparramado no sofá.

— Dillon — digo, com afinco. — Um dos seus melhores amigos. Não sei se você reparou no cheiro de vodca no ar…?

— Mas estou supondo que é por sua causa, Libby. Dillon não está mais bebendo.

— Sim, era isso que eu achava até vinte minutos atrás, quando ele apareceu furioso na frente do meu prédio e vomitou nos sapatos de Joel.

— Mas isso é tragédia grandiosa.

— Bem, não chega a ser grandiosa, mas podemos tentar manter um pouquinho de perspectiva, só por enquanto, e nos concentrar em limpá-lo? Será que você pode levá-lo até lá em cima, no banheiro, para que eu possa… Sei lá, enfiá-lo debaixo do chuveiro?

— Isso é verdade. — Bogdan se volta para Grace Kelly. — Você pode estar me dando licença por um instante, srta. Kelly?

— Ah, mas é claro!

Enquanto Bogdan se abaixa e pega Dillon no colo com ainda mais facilidade do que Joel, Grace se aproxima furtivamente de mim e segura minha mão.

— Olhe — sibila ela para mim, voltando a ser aquela Grace determinada, depois de todos aqueles olhares aparentemente inocentes e as risadas tilintantes —, não faço ideia de como isso tudo funciona, quer dizer, você é o meu alter ego e tudo mais, então, talvez não seja nem viável, mas existe alguma maneira de você meio que… sair por um tempo?

— Sair?

— É. Me dar alguns minutos sozinha com essa… criatura magnífica.

— Ah, bem, acho que *magnífica* é forçar a barra…

— Afinal, amanhã, serei uma mulher casada… Na verdade, legalmente, eu já sou casada! Não posso nem ao menos aproveitar um último sonho sensual antes de me comprometer com meu marido aos olhos de Deus?

— Libby? — grita Bogdan de repente das escadas. — Pode estar subindo? Dillon está acordado e chamando você. E também — acrescenta ele — está parecendo que vai vomitar por todo lado de novo…

— Ah, céus…

Abandono Grace com seus pensamentos libidinosos sobre Bogdan e subo as escadas correndo até o banheiro, onde Dillon (apoiando-se em pé, de cueca e com um jato de água do chuveiro dentro da banheira atingindo sua testa) está, de fato, acordado.

Bem, *acordado* é forçar um pouco a barra: os olhos dele estão abertos e palavras saem de sua boca, mas se ele está cem por cento consciente... Ou mesmo cinquenta por cento consciente... Na verdade, espere aí, dando uma olhada mais de perto, eu ficaria surpresa se ele estivesse até mesmo 25 por cento consciente.

— Libby, minha querida — diz ele, enrolando a língua, assim que me vê pelo boxe de plástico. — E Boggy, meu bom amigo. Duas das minhas pessoas preferidas no mesmo cômodo, ao mesmo tempo. Com que frequência isso acontece, hein? Com que frequência eu consigo passar um tempo com dois dos meus melhores parceiros?

— Eu continuo o banho dele — digo a Bogdan. — Você pode ir até a cozinha e fazer uma xícara de chá forte?

— É claro, mas estou pensando que srta. Kelly está preferindo, talvez, o champanhe...

— Para Dillon!

— Ah. Então, sim. Sem dúvidas, posso estar fazendo isso.

Enquanto ele vai fazer o chá, continuo esguichando água em Dillon por uns instantes. Ele está com a cabeça apoiada na parede de azulejos e parece mal perceber a água quente escorrendo por ele. Só de cueca, seu corpo é tão impressionante como sempre: todo masculino, da forma que Dillon sempre fora. Mas o rosto dele está descuidado e os olhos dele não têm brilho algum e (o principal) a expressão dele é a de um menininho muito pequeno e perdido.

Não posso continuar brava com ele por causa de algo tão pequeno, analisando a situação como um todo, quanto estragar o meu encontro. Dillon é meu amigo e é horrível vê-lo fazer besteira desse jeito.

— Quem é srta. Kelly? — pergunta ele de repente, suas palavras um pouquinho menos inarticuladas, agora que o chuveiro o está ajudando a ficar um pouquinho mais sóbrio.

— Como?

— Bogdan queria dar champanhe a uma srta. Kelly... É aquela loira que eu vi na sua sala?

— Oh, céus. Você *a viu*?

— Bom, você estava conversando com alguém lá embaixo, não estava? Sei lá. Eu estava dormindo, na maior parte do tempo... Talvez eu estivesse sonhando.

— Você não está... hum... sempre sonhando com mulheres loiras? — arrisco, torcendo para ele morder a isca.

— Ora, meu bem, não preciso *sonhar* com elas. — O esforço para retomar seus gracejos de costume é, evidentemente, demais para ele. Dillon coloca a mão na lateral da cabeça. — Cacete. Me sinto péssimo.

— Ótimo — digo, mas com delicadeza, enquanto estico o braço e fecho a torneira antes de pegar uma toalha e entregar para ele se enrolar. — Espero que se sinta ainda pior de manhã.

— Ei! Eu vim aqui esta noite, ah, obrigado por me avisar do endereço novo, por sinal, porque achei que você fosse minha amiga!

— E como sua amiga, espero que você se sinta ainda pior de manhã. Porque precisamos levar você de volta para a clínica de reabilitação, Dillon — falo, delicadamente. — Você sabe disso, não sabe? Quer dizer, presumo que foi por isso que veio aqui, afinal. Porque sabia que era isso que eu ia dizer e, no fundo, você quer se ajudar.

Ele sai da banheira tremendo e fica em pé no tapete do banheiro. Enrolado na toalha, ele se parece ainda mais com um menininho perdido. Falando sério, estou lutando contra a vontade de dar um abraço enorme nele, escovar seus dentes e colocá-lo em um pijama do Homem-Aranha antes de botá-lo na cama para contar uma história e fazer um carinho.

— Ah — diz ele, sem me olhar nos olhos. — Começa a psicobaboseira.

— Não é psicobaboseira. E, francamente, Dillon, o que você espera que eu diga? Você aparece na minha porta, vomita nos sapatos do cara com quem eu tinha saído...

— Pois é. Desculpe por isso. — Ele se senta na beirada da banheira. — Então, me fale sobre isso! Sei que tenho sido péssimo em manter contato nos últimos meses, mas esse cara é novidade, certo? Digo, o que aconteceu com você e Olly Walker?

— Nada aconteceu comigo e Olly Walker. Nada *vai* acontecer. Ele está com outra pessoa, lembra? Enfim, não estamos falando de mim. Estamos falando de você. Quando foi que tudo isso aconteceu? Essa queda do cavalo, quero dizer. E, indo mais direto ao ponto, *por quê*?

— Ah, você sabe. — Ele dá de ombros. — As coisas ficaram meio ruins para mim desde a última vez que eu te vi, Lib. Eu fui... meio que enxotado do *Sodoma e Gomorra*.

Isso pode parecer uma descrição de um dos fins de semana costumeiros de Dillon, mas é, na verdade, o nome do programa de TV que ele estava gravando nos últimos meses, lá em Belfast.

— Enxotado? Mas por quê?

— O de sempre. — Ele faz um aceno indiferente. — Comer a maquiadora. Chamar o primeiro assistente do diretor de um nome feio. Comer a assistente da maquiadora. Que, no fim das contas, era namorada do primeiro assistente do diretor…

— Isso não é *o de sempre*!

— Ah, bem, para mim, é. — Ele ri. — Ora, vamos. Não ganho nem uma risadinha?

— Não.

— Uma risotinha?

— Não.

— E que tal uma fungada sem alegria alguma?

— Nem isso.

— Então, essa é a prova. Isso não é engraçado.

— Não, Dillon. Realmente não é. Mas, olha, se a gente levar você de volta para a clínica bem cedinho…

— Então, você está desistindo do amor verdadeiro?

Dou uma olhada para ele.

— Não mude de assunto.

— Ei, só estou perguntando! E estou surpreso por ver que você parece ter superado Olly tão rápido.

— Não foi *nada rápido*! Ele está com Tash há um maldito ano! E — continuo, sentindo de repente uma pitada da determinação de Grace Kelly nas minhas veias — não vou mais ficar sentada lamentando as cartas que o destino me deu, se você não se importar.

— Ah, não posso prometer nada. Quem *é* esse novo cara, afinal? Ele poderia ser *qualquer um*.

— Ele não é *qualquer um*. É *personal trainer*. E é um cara adorável.

— Jack, o Estripador, era um cara adorável.

— Não acho que era, para falar a verdade.

— Bem, ele provavelmente *parecia* ser um cara adorável, até começar a asfixiar as pessoas.

— Acho que ele cortava a garganta delas. E eu, sinceramente, não acho que ele parecesse um cara adorável, Dillon.

— Tá, tudo bem, talvez ele não parecesse um cara *tão* adorável quanto esse tal de Joel…

— Ele carregou você aqui para cima. Mesmo depois de você ter vomitado nos sapatos dele.

— Bom, isso só prova que ele é bom em carregar corpos sem vida por aí. E cá estamos, de volta ao Jack, o Estripador.

— Olha. Ele não é o maldito Jack, o Estripador. E não estamos discutindo a minha vida amorosa, Dillon, estamos discutindo você e a sua recaída, então se você pudesse parar...

Mas Dillon ficou levemente verde de novo e se virou para o vaso sanitário.

Faço um carinho nas costas dele por uns instantes e então, quando sinto que ele iria preferir ficar sozinho com a própria vergonha por um minuto, me levanto.

— Vou dar uma checada no paradeiro daquele chá — digo, com delicadeza. — Volto em um minuto.

— Você é um anjo — fala Dillon, sua voz ecoando de leve porque sua cabeça ainda está dentro do vaso sanitário. — Você merece o melhor, sabia? Merece um príncipe.

Deixo-o sozinho e vou até a cozinha para ver o que está acontecendo com a xícara de chá dele.

Mas Bogdan não está lá (o que era óbvio). Na verdade, a chaleira sequer está quente.

Contudo, da sala de estar lá embaixo consigo ouvir o som distinto da risada de Grace Kelly.

— Então, me conte mais — ela está dizendo, de um jeito ronronado gutural que ela deve mais a Mae West do que a sua terra natal na costa leste americana — sobre esse divertido país inventado de onde você diz que é... Se esta fosse a vida real, e não apenas um sonho, você me levaria para lá com você e faria de mim uma princesa?

— Essa é pergunta interessante — responde Bogdan, animadamente. — História de realeza em Moldova não está sendo muito feliz. E, é claro, você está sabendo o que acontece com família real russa, toda violentamente assassinada em adega por bolcheviques, que não estão poupando nem cachorro da família... Mas é possível que, no seu caso, srta. Kelly, até mesmo os republicanos mais fervorosos estejam contendo instinto de prendê-la em adega e matá-la com baioneta...

Ainda bem que Bogdan *é* (em sua maioria) gay, se esse é o melhor que ele consegue fazer para conquistar uma mulher.

Apesar disso, não consigo interrompê-los. Afinal, já existe, lamentavelmente, tão pouco romance no mundo, então, por que eu deveria privar qualquer um dos dois desse flerte fofo e admitidamente peculiar?

Então, deixo Bogdan com a ofensiva charmosa de Grace e deixo Grace com... Bem, descrições estranhamente detalhadas do massacre dos Romanov. Eles estão, obviamente, criando um laço indiferente ao fato de que ela não é real e de que ele não costuma ser heterossexual. Eu, de todas as pessoas do mundo, nunca vou regular esse tipo de coisa.

Em vez disso, volto o mais silenciosamente possível até o piso superior para colocar a chaleira no fogo para Dillon.

6

Então, a noite passada acabou sendo a festa do pijama mais esquisita que já aconteceu na história do planeta.

Dillon apagou na minha cama ao lado da xícara de chá que ele não tomou, usando apenas a cueca e um dos meus moletons cinza como uma blusa *cropped* não-tão-glamorosa-assim. Bogdan e Grace Kelly ficaram conversando (*só* conversando, graças a Deus) no Chesterfield até altas horas da madrugada, quando ela executou aquele número já conhecido do desaparecimento, deixando Bogdan sozinho para adormecer (com um sorriso sonhador sob o bigode cada vez maior) no sofá. E eu, sem cama e sem sofá para dormir, acabei encolhida no chão do banheiro, o mais longe possível do alcance do vômito de Dillon, para conseguir fechar os olhos por algumas horas antes de meu telefone tocar um pouco depois das seis da manhã: uma ligação da Grove House, a antiga clínica de reabilitação de Dillon, onde eu havia deixado uma mensagem de voz tarde da noite pedindo para que eles me ligassem cedinho de manhã.

Eu devia ter percebido que, para uma clínica que oferece ioga ao nascer do sol e Reiki quando o sol se põe, *cedinho de manhã* realmente quer dizer *cedinho de manhã.*

Enfim, depois que me recuperei do horror de falar com uma das recepcionistas anormalmente educadas àquela hora da manhã, ter começado o dia tão cedo foi uma coisa boa. Porque levei uma boa hora para acordar Dillon de verdade, depois mais umas duas horas para que eu e Bogdan conseguíssemos convencê-lo de que o porre da noite passada não foi um mero "tropeço" na "estrada para a sobriedade" (ele fala umas besteiras de vez em quando) e que ele precisa voltar para a reabilitação tão rápido quanto uma pessoa consegue dizer *Jack Daniel's*. Quando ele e Bogdan finalmente seguiram para Barnes, onde fica a clínica Grove House, já eram quase dez da manhã — horário em que eu tinha marcado uma ligação por Skype com uma das minhas clientes não noivas, uma relações-públicas da indústria da moda muito simpática, que volta e meia me pede umas coisinhas para mandar para os estilistas em ensaios de revistas.

Ela queria falar comigo, na verdade, para contar que acaba de ficar noiva e que adoraria que eu fizesse para ela uma tiara de estilo *vintage*, bem como aquela que viu na revista *Brides*, para combinar com seu vestido de 1930 original para o casamento.

Acabo de encerrar a ligação e estou prestes a ligar para Bogdan para saber como foram as coisas ao deixar um Dillon relutante na reabilitação quando percebo que um novo e-mail acaba de aparecer no topo da minha caixa de entrada.

É de uma pessoa chamada Celeste Browne e o assunto é *Tentando marcar uma reunião?*

Provavelmente é outra futura noiva, querendo que eu faça uma réplica da tiara *vintage* da revista *Brides*, mas preciso manter meus e-mails em dia (ou eles tendem a me engolir viva), então abro para dar uma olhada rápida antes de ligar para Bogdan.

Cara Libby, diz o e-mail, *Será que poderia me informar quando seria um horário adequado para você vir aos nossos escritórios para uma reunião com Caroline e Annika? Elas são muito fãs do seu trabalho e adorariam conversar com você sobre a possibilidade de firmar uma parceria entre a Pressley/Waters e a sua marca. Por favor, responda meu e-mail me passando a sua disponibilidade ou me ligue quando puder. Cordialmente, Celeste.*

Levo um ou dois instantes olhando um tanto pasma para a tela para conseguir assimilar precisamente do que aquele e-mail trata.

Esse é Pressley/Waters, o site muitíssimo bem-sucedido de joias e bijuterias, certo?

E a Caroline (Pressley) e a Annika (Waters) querem se encontrar comigo para conversar sobre... trabalharmos juntas?

Esse tipo de contato com os magnatas da moda só pode ter acontecido através de Elvira, certo?

Mas por que Elvira, que quer que eu me foque em produzir menos peças, mais caras e mais personalizadas desde que começamos a trabalhar juntas, iria querer que eu tivesse esse tipo de conversa com uma butique virtual de bijuterias voltada para o mercado popular (apesar das peças de primeira linha)? E ela não deveria ter tocado no assunto comigo antes de eu receber esse e-mail do nada, caso tivesse feito essa ponte?

É uma situação estranha demais (sem contar tentadora) para responder a Celeste por e-mail e agendar uma reunião para uma data distante. Então, desço a barra de rolagem para encontrar o telefone dela e toco na tela para ligar.

— Pressley/Waters, Celeste falando, como posso ajudar?

— Ah, oi! Celeste... Hum... Meu nome é Libby Lomax. Você literalmente acaba de me mandar um e-mail...

— Libby, oi! — Ela parece jovem e muito simpática. — Obrigada por me ligar tão depressa. Eu deveria, na verdade, ter avisado no meu e-mail que tanto Caroline quanto Annika vão viajar *muito* a partir da metade da semana que vem. Então, se você por acaso tiver algum horário disponível antes disso — mesmo que seja só meia horinha —, elas tentariam um jeito de fazer dar certo.

— Ahn... Sim. Digo, sim, tenho tempo disponível. Quero dizer, vou arranjar um tempinho, óbvio! Isto é... Desculpe, você pegou os detalhes sobre mim com Elvira?

— Elvira?

— Elvira Roberts-Hoare.

— Ah... Não faço a menor ideia, Libby, desculpe. Caroline só me pediu para entrar em contato com você quando chegou no escritório hoje de manhã. Quero dizer... *Duvido* que tenha alguma coisa a ver com Elvira Roberts-Hoare, para falar a verdade. Você está falando da modelo, né?

— Sim, essa mesma.

— Ah, não, então duvido muito que tenha alguma coisa a ver com ela. Ela e Caroline não se dão bem. Nem um pouco.

Esse é, se é que preciso, outro ponto enorme a favor de Caroline Pressley.

O outro é que, é claro, ela é a cabeça por trás do site de vendas de bijuterias mais bem-sucedido do país: o Net-a-Porter dos acessórios. Eu adoro quase tudo que tem no site (e é uma coleção bastante extensa, apesar de cuidadosamente selecionada) de pulseiras da amizade a brincos de pérola de fazer babar por dez mil libras. Elas vendem anéis grandes de strass com o mesmo entusiasmo com que vendem peças lindas de diamantes de verdade e, apesar de eu supor que vendam muito mais pingentes de prata de letras do alfabeto do que gargantilhas de ouro rosé e safiras cor-de-rosa, é tão gratificante, como cliente, comprar um ou outro. Mandei para Nora, por sinal, um colar simples de prata com um N (Nora), um M (Mark) e um C quando Clara nasceu, em parte porque eu mesma não faço pingentes de letras e em parte porque sei que receber um pacote maravilhoso da Pressley/Walters como entrega especial, todo envolto em um embrulho preto e dourado, é exatamente o tipo de coisa que você vai gostar depois de ter passado dois dias no setor de cesáreas do hospital.

— Então, será que você consegue vir daqui a uns dois dias? Elas têm um tempinho livre na quinta de manhã, se achar que consegue vir.

— Sim. Sim, posso ir.

— Ótimo! Pode ser às dez e meia? No nosso escritório em Paddington?

— Dez e meia está perfeito. Estarei lá. Obrigada, Celeste.

— Ah, de nada, Libby. Vou te mandar uma confirmação por mensagem, tá?

— Obrigada, seria ótimo.

Largo o celular e me permito um gritinho de comemoração.

Quero dizer, pode ser que isso não dê em nada, mas só ter a oportunidade de conhecer Caroline Pressley e Annika Waters é muito animador.

Especialmente em um período em que ando me sentindo farta do meu trabalho, para ser sincera. Saber que essas duas mulheres em particular viram as minhas coisas e gostaram o suficiente para querer me encontrar para conversar é um estímulo enorme.

É claro que há a possibilidade bem real de que elas estejam pensando em estabelecer a própria coleção de noivas inspirada no estilo *vintage*. O que, óbvio, seria um pouquinho decepcionante, em termos de criatividade...

Mas o que é que eu estou falando? Se Caroline Pressley e Annika Waters quiserem *qualquer* peça minha, eu cederia em um piscar de olhos. Concordaria em fazer *apenas* tiaras de noiva de estilo *vintage* pelo resto da minha carreira... Certo, tudo bem, talvez relutasse quando chegássemos a esse ponto, mas, mesmo assim, ficaria lisonjeada por elas terem me pedido. E seria bastante impossível recusar.

De qualquer forma, vou superar todas as adversidades se tiver sorte o suficiente de sequer chegar a tê-las.

Por ora, a principal coisa em que preciso me focar, eu acho, é fazer um portfólio atualizado das minhas coisas e decidir (o que é vitalmente importante) o que vou usar na reunião na quinta e...

Há uma batida brusca na porta da frente e vou até lá para abri-la.

Ver Joel do outro lado, depois da ligação empolgante que acabo de fazer, é suficiente para me deixar perplexa.

— Joel!

Ele está usando seu traje esportivo, é claro, e está, sob a luz brilhante do sol, com os olhos ainda mais cintilantes e mais vigorosos do que ontem à noite. Apesar de que talvez pense assim porque os dois últimos homens que vi esta manhã foram Dillon e Bogdan: o primeiro com os olhos cansados e dolorosamente de ressaca e o segundo sem ter dormido por causa de sua algazarra com Grace Kelly até de madrugada e (depois de tantas horas sem fazer a barba) quase encoberto por uma camada grossa de pelos faciais.

— Libby. Oi.

— Oi.

A primeira coisa em que pensei foi ele ter esquecido alguma coisa ao ir embora às pressas ontem à noite.

— Desculpe, você esqueceu alguma coisa ontem?

— Sim. Minhas maneiras.

— Não estou entendendo.

— Sei que você queria privacidade, Libby, mas eu não devia ter ido embora daquele jeito. Foi errado da minha parte. Você conseguiu se virar?

— Com Dillon? Sim, Joel, deu tudo certo. Digo — acrescento, vendo o vômito de Dillon na rua atrás dele (*preciso* pegar um balde e jogar uma água naquilo) —, foi administrável. Não vou dizer que foi a noite mais divertida que já tive. Mas não há motivo algum para se sentir mal com relação a isso. Foi bem melhor você ter ido embora.

— Mesmo assim. Fiquei pensando nisso o caminho todo até em casa, pensando em *você* o caminho todo até em casa. — Ele respira fundo. — Eu gostaria que você tivesse me dito que ia se casar, Libby. Aí eu não teria me permitido curtir a noite tanto quanto eu curti.

— Eu... Eu não...

— E o que eu vim dizer esta manhã é que... Bem, sei muito bem como essas coisas podem acabar tendo vida própria, mas se você está tendo dúvidas com relação a seguir adiante com isso, e você deve estar tendo dúvidas, é claro, senão não teria saído comigo, então, o meu conselho é que espere. Sei que parece impossível, já que o vestido já foi comprado e tudo mais, e, sei lá, o bolo já foi encomendado. Mas...

— Joel. Me escute. Não vou me casar. — Coloco a mão no braço dele. — Não mesmo. Aquele vestido era... É de uma amiga.

— Ah!

— Só estou tomando conta dele para ela. Quero dizer, eu faço joias para casamentos — continuo, o que, ao menos, não é mentira — e volta e meia preciso levar em conta o design do vestido quando vou trabalhar nos acessórios... Se você tivesse olhado mais de perto, teria visto que eu jamais caberia em um vestido daquele tamanho! É preciso ter uma cintura de 55 centímetros para caber naquilo lá. E não sei se reparou, mas eu com certeza não tenho 55 centímetros de cintura. Mal tenho uma medida de 55 centímetros de *coxa* — acrescento, de tão desesperada que estou para convencê-lo de que não sou a dona do vestido que ele viu ontem à noite.

— Certo. Bem, nesse caso, eu sinto muito. — Joel está ficando levemente, e lindamente, vermelho. — Só pensei que, como você estava um pouco aérea depois do jantar... O vestido de noiva fez, na verdade, muito sentido, para ser sincero.

— Acredite em mim, o vestido de noiva não faz sentido algum.

— Certo, tudo bem, então. Se não há nenhuma questão com casamentos ou ex-namorados problemáticos...

— Não há nenhuma questão com casamentos ou ex-namorados problemáticos.

— ...então, você ainda quer sair comigo de novo?

— Eu adoraria — respondo, tentando não parecer tão impressionada por ele ter pedido. — De verdade, Joel.

— Ótimo! Eu estou... Eu estou radiante com isso, Libby.

Radiante, com aquele sotaque diferente dele, soa sexy demais, preciso dizer.

— Vou viajar a trabalho hoje e amanhã, mas se estiver livre na quinta à noite...

— Sim, estou livre. — Isso é perfeito, porque me dá o dia todo de hoje e mais amanhã para me focar na preparação para a reunião na Pressley/Waters e depois posso relaxar e curtir a noite com Joel. — E prometo que nenhum outro ex bêbado vai aparecer para estragar a noite. Ao menos da minha parte.

— Ah, ele não arruinou a noite.

— Não *melhorou*, também.

— Ah, sei lá. Ter um ex-namorado hostil aparecendo no meio de um encontro é algo que eu nunca tinha vivenciado antes... Não vou dizer que ganhou uma inclusão em alguma dessas listas de *Cinquenta Coisas Para Fazer Antes de Morrer*, mas é sempre legal experimentar algo novo. Além disso, tive uma boa chance de testar um dos movimentos praticados no krav magá, ao menos.

— Ah, krav magá. Achei que fosse judô.

— Ah, não, não, é muito mais impressionante que judô. — Ele sorri. — Esti ficou orgulhosa de mim quando contei a ela, aliás. Geralmente, é ela quem me derruba no chão. Por mais gratificante que levar uma surra de uma menina seja, foi legal ser o cara que deu a surra, para variar um pouco. Se é que isso faz algum sentido.

— Ah, então, Esti é... a sua treinadora? — Agora estou confusa. — Achei que você fosse o treinador dela.

— Ahn, não — diz ele. — Ela... hum... não é minha treinadora, mas me dá aulas de krav magá. Acho que ela aprendeu no exército de Israel. De qualquer forma, ela é letal... Enfim, é o tipo de habilidade que sempre esperei que fosse ser útil algum dia. Só espero que Dillon não se sinta tão dolorido quanto eu costumo me sentir. Do krav magá, digo. Suponho que não há nada que ele possa fazer sobre se sentir dolorido por outros motivos.

— Sim, verdade. Ele é... — Paro, porque não é justo dedurar Dillon como um ex-alcoólatra para uma pessoa que não o conhece. — Ele não aguenta beber muito, é só isso.

— Ei, não se preocupe quanto a isso. Já tive alguns amigos com... esse tipo de problema também. — Ele coloca a mão no meu ombro. — Não é fácil.

Meu Senhor, ele é o homem perfeito, não é? Discreto, compreensivo, arrasadoramente sexy...

... e está se abaixando, enquanto o olho nos olhos, para dar um beijo suave na minha boca.

É paradisíaco.

E continua.

E não para.

E continua mais um pouco.

Certo, e continua muito mais.

Quando nós eventualmente nos afastamos para recuperar o fôlego, ele sorri para mim, seus olhos se enrugando nos cantos.

— Estou muito contente por ter encontrado você, Libby.

— Eu também.

— Você é um sopro de energia, sabia? É tão bom encontrar alguém com quem eu consigo conversar. Alguém que não está apenas... atrás do que conseguir abocanhar.

O que é uma coisa estranha a se dizer.

Ou não, eu acho, porque consigo muito bem imaginar que existem várias mulheres que se sentem atraídas por Joel apenas pelo exterior atraente. Aqueles olhos. Aquela pele. O sotaque sexy. O corpo...

Quer dizer, é claro, como nunca estive na posição (levemente invejável) de ter pessoas me desejando apenas pela minha aparência, não consigo imaginar como deve ser. Mas entendo que isso poderia fazer difícil, para ele, acreditar que encontrou alguém que gosta dele por outras coisas também.

— Então, vamos fazer algo diferente na quinta à noite? Um filme, talvez? Não vou ao cinema há muito tempo e sei que você disse que gosta...

— Um filme seria maravilhoso, Joel — concordo, torcendo de forma patética para que ele sugira alguma coisa que eu não queira ver para que possamos justificadamente passar a maior parte do tempo dando uns amassos na fileira do fundo como dois adolescentes atrevidos. — Vou aguardar ansiosa.

— Eu também. Te mando uma mensagem amanhã para combinar um horário, pode ser?

— Seria ótimo, mas não se preocupe, se você estiver muito ocupado... Aonde vai, afinal? A trabalho, digo.

— Barbados.

— Uau, isso não parece... hum... uma viagem de trabalho.

— Ah, pois é. — Ele parece envergonhado. — Mas é, sim. Quero dizer, tenho um cliente que mora lá, então... é. Vou para lá quando precisam de mim.

— Isso parece incrível! Preciso de mais clientes assim!

— Ah, você sabe... Barbados nem é tudo isso que dizem.

— Vou acreditar em você.

— Você deveria! — Ele dá uma olhada para o relógio. — Enfim, eu preciso ir agora, mas vejo você na quinta, certo?

— Certo. Já estou ansiosa!

— Eu também. — Ele dá um beijinho nas pontas dos meus dedos enquanto se vira e começa a correr pela rua na direção da FitRox. — Tenha um ótimo dia, Libby. E se cuide.

Mal tive tempo para voltar para dentro do prédio quando ouço meu nome ser chamado de outra direção.

— Libby?

É Elvira, marchando pela calçada vindo na minha direção com suas botas azul-cobalto acima do joelho, uma minissaia de camurça com franjas e, o mais impressionante de tudo, um incongruente chapéu de oleado azul-marinho, desses com a aba mais longa atrás, que a gente usa para se proteger da chuva. Adicione a bolsa Hermès Birkin de costume e um cachecol Alexander McQueen com estampa de caveirinhas enrolado em seu pescoço e certamente temos um *look* incomum, apesar de eu ter que admitir que ela, de alguma forma, consegue fazê-lo combinar daquele jeito que só uma ex-modelo boêmia aristocrática consegue.

Pelo barulho dos saltos dela pisando duro na calçada, ela não está feliz com alguma coisa. Ela não está feliz com alguma coisa *específica* — a essa altura, eu já estou acostumada com a conduta geral de irritação e infelicidade dela.

— Oi! Tino parece muito bem — começo, quando ela chega até mim com o cachorro enfiado debaixo do braço que não está carregando a bolsa. — Posso pegar para ele um...

— Posso só pedir — interrompe ela, em um tom que sugere que ela não está *pedindo* nada — que você me conte por que recebi ligações esta manhã dos Willington-Jones perguntando por que houve *pancadaria* e *vômito* aqui na rua tarde da noite ontem?

Merda. Merda, merda, merda.

— E não me diga que não teve nada a ver com você — continua ela, literalmente apontando um dedo para o meu rosto — porque eles viram você entrando aqui depois... Bem, depois que qualquer que tenha sido a briga de rua na qual você se meteu.

— Certo, em primeiro lugar, não foi uma briga de rua — respondo, calma. — Foi um... desentendimento. E, sinceramente, não houve pancadaria alguma. Pode ser que tenha rolado um movimento de judô, ou melhor, de krav magá, mas foi tudo muito rápido e muito silencioso. Acho que o krav magá é assim mesmo.

— Libby...

— Quanto ao vômito — continuo —, eu sinto muito, muito mesmo por isso. Eu ia lavar agorinha mesmo, mas com certeza vou bater na porta do lado para pedir desculpas aos Willington-Jones.

— Tarde demais — diz ela, passando pela porta sem perguntar se podia entrar. — Tino precisa de água. Você pode ir buscar lá em cima?

— É claro...

Subo correndo os dois lances de escadas até a cozinha e desço de volta. Quando chego no térreo, Elvira já se acomodou na minha mesa de trabalho, enquanto Tino fica fuçando pela sala, enfiando o focinho em uma pilha do meu estoque de embalagens e começando a brincar, com vários latidos satisfeitos, com uma pilha das minhas folhas de papel de seda verde-pastel novinhas em folha e supercaras.

— Aqui está a água dele! — anuncio.

— Água, Tino, querido — diz Elvira, sem parecer, mesmo depois de ter me mandado até lá em cima para pegar a água, tão interessada assim em fazer com que Tino consuma sua quantidade diária requerida de líquidos. Ela está, eu acho, muito mais entusiasmada para satisfazer seu verdadeiro propósito dessa manhã: me dar uma bronca daquelas. — Eu não sei por onde começar, Libby. Brigas de rua, vômito na sarjeta... Sei que você não está acostumada a viver em um lugar tão seleto quanto esse, mas eu não esperava que você fosse começar a transformar o lugar no seu *gueto* pessoal.

— Não estou fazendo isso! Olha, Elvira, como eu disse, eu sinto muito quanto a...

Há outra batida na porta, do outro lado do estúdio.

Francamente, esse lugar está parecendo a porcaria do Picadilly Circus essa manhã.

— Desculpe, Elvira, preciso atender a porta. Deve ser só o entregador da DHL, só vai levar um segundo.

Mas não é (vejo no momento em que abro a porta) uma entrega, nem da DHL e nem de mais ninguém.

— Libby Lomax? — pergunta a mulher de meia idade parada na porta. Ela tem cabelos escuros e está toda maquiada, com um espesso grude fúcsia nos lábios que combina, com bastante perfeição, com o cachecol rosa-shocking que ela está usando nos ombros, por cima do blazer preto. A bolsa dela também é fúcsia (e está cheia, fazendo seu ombro largo pender) e ela também está carregando uma sacola de compras reutilizável da Tesco que está igualmente repleta.

— Sim, sou Libby, como posso...

— Onde está sofá? — pergunta ela com um sotaque pesado antes de entrar no estúdio sem pedir licença. — Bogdan também está aqui?

— Ah! Você deve ser a tia Vanya, tia de Bogdan, isto é: a mística moldava casada com o cara do conselho de Haringey. Olha — continuo, um tanto desesperada, porque consigo ver Elvira, na sala dos fundos, esticándo o pescoço para ver com quem estou falando —, essa não é a melhor hora para mim, para falar a verdade. E Bogdan não está aqui. Não sei se você pode voltar um pouquinho mais tarde...

— Não é possível. Estou tendo tempo disponível *agora*. Quem está sabendo — continua a tia Vanya, sombriamente, dando uma olhada no estúdio e passado as mãos pelas paredes, explorando-as — quando vou estar podendo vir de novo?

— Bem, claro, mas não tem urgência alguma, já que...

— Sofá em andar de cima, sim?

— Sim, mas...

— Então, é onde sou necessária. — Ela coloca a bolsa cor-de-rosa no ombro de repente. — Por favor, esteja me mostrando.

— Sinceramente, eu... Não, não, eu mostro! — grito, quando tia Vanya se dirige por conta própria à escada e começa a subir. — É sério, acho que seria melhor esperar Bogdan voltar. Digo, ele vai explicar para você tudo sobre o que está acontecendo aqui em... Bom... em moldavo.

— Estou falando seu idioma perfeito — afirma ela, com confiança, indo direto até o Chesterfield e começando a passar as mãos por ele. — Não faça tempestade no leite derramado. Por favor, você tem os fósforos?

— Fósforos? Ah, não, não, não acho que haja necessidade alguma de pôr fogo em nada!

— É para velas — explica ela, enfiando a mão na sacola da Tesco e tirando um punhado de velinhas. — É importante para criar clima. Os mortos — acrescenta ela, sem rodeios — não estão ficando felizes de aparecer em plena luz de dia.

— Certo... Hum... Não sei o que Bogdan lhe contou, mas não acho que as pessoas que aparecem no meu sofá estejam efetivamente *mortas*...

— Libby? — Esta é Elvira, gritando irritada das escadas. — O que você está fazendo aí em cima? Não estávamos no meio de uma conversa?

— Sim, sim, estou descendo! — grito de volta. — Acho que não tenho fósforos, tia Vanya — informo a ela, falando mais baixo —, mas é sério, eu preferiria que você esperasse Bogdan voltar e eu terminar minha reunião lá embaixo.

— Vou estar arrumando coisas, então — responde ela, dando de ombros. — Por favor, vá estar fazendo suas coisas.

Não posso fazer nada além de deixá-la ali, já que não quero que Elvira apareça na sala para investigar o que está acontecendo. Afinal de contas, se ela já está irritada comigo por causa da briga na rua e do vômito, vai ficar furiosa com a ideia de uma mulher moldava usar o apartamento dela para realizar o que parece... Bem, possivelmente uma espécie de sessão espírita, para ser sincera.

Desço as escadas correndo até o estúdio, onde Elvira, com os braços cruzados de irritação, está esperando por mim.

— Quem era aquela?

— Ah, é só... uma nova diarista que estou testando. Tenho dificuldades em dar conta de tudo, já que o apartamento é maior do que o que eu estava acostumada.

— Bem, talvez todo esse acordo tenha sido um erro, no fim das contas, então.

— O quê? Oh, não, não, Elvira, não foi um erro!

— Mesmo? Porque estou me perguntando, Libby, se eu estava certa sobre você desde o princípio. — A expressão um tanto tensa e amarga no rosto reconhecidamente bonito dela está ficando cada vez mais tensa e amarga. — Sei que Ben tinha muita consideração por você no passado, e acho que está na hora de você começar a compreender isso, Libby, mas ele tem vários outros negócios nos quais podia muito bem investir, com muito menos problemas do que você parece decidida a causar.

— Desculpe, mas você está dizendo que Ben retiraria o investimento?

Porque isso é uma notícia ainda mais grave do que a sugestão de que Elvira talvez pudesse me expulsar do apartamento.

— Estou dizendo que nem ele e nem, mais importantemente, eu temos tempo ou disposição para trabalhar com pessoas que acabam criando mais perturbações do que vale a pena. Há implicações de *reputação*, Libby, se é que isso ainda não lhe ocorreu. Não é só uma questão de chatear os vizinhos da família, ou mesmo o trauma terrível que você foi responsável por causar no meu cachorrinho.

— Mas, com todo respeito, Elvira — respondo, com a voz um pouco oscilante, porque não gosto de discutir nem nas melhores situações e com certeza não com uma menina malcriada de alta classe como Elvira, que detém boa parte das cartas nesse jogo —, parece que é *exatamente* uma questão de chatear os vizinhos da sua família e do trauma causado no seu cachorro. Porque não acho que eu tenha feito mais muitas coisas erradas, fiz? Digo, estou mantendo meus custos baixos, estou seguindo o plano de negócios que você e a equipe de Ben elaboraram, estou até — minha voz parou de vacilar e está um pouquinho mais alta — aceitando o que vocês acham que seria a direção criativa do negócio. Apesar de eu nunca ter pretendido me especializar com tanto afinco em tiaras de noiva com inspiração *vintage* como tenho feito…

Paro quando, do andar de cima, vem um barulho que só pode ser descrito como uivos.

— Mas que diabos? — reclama Elvira.

— Ah, isso é só… Hum… Acho que pode ser "assovie enquanto trabalha" em moldavo, para falar a verdade.

— Não me importa se é "um dia meu príncipe chegará" em cantonês ou qualquer outra porcaria dessas! Vá dizer a ela que isso é um pandemônio horroroso e precisa parar. — Os olhos de Elvira me fitam como lasers. — Você acha que os Willington-Jones querem aguentar esse tipo de alvoroço depois de você já tê-los acordado de madrugada ontem? Quer acabar espancada por algum tipo de organização de proteção da ordem pública? Ou, mais provavelmente, já que sou a proprietária desse lugar, eu é que vou levar uma surra!

— Não, não, Elvira, é claro que não quero isso — falo rapidamente. — Vou pedir para ela parar.

Corro escada acima até a sala de estar, onde, para meu verdadeiro espanto, tia Vanya, cantando a plenos pulmões, acendeu uma boa dúzia de velas e as colocou, em uma formação assustadora de pentagrama, no chão em torno do sofá.

— Tia Vanya — sibilo para ela. — O que você está fazendo?

Ela para de cantar.

— Ah, oi, querida. Estou encontrando fósforos no fundo de bolsa. Isso é boa notícia, não? Não é possível estar criando clima para convocar espíritos de outro jeito.

— Mas eles não precisam ser convocados! E, de qualquer forma, não é um *espírito*, tia Vanya! Não sei o que Bogdan lhe disse, mas tenho bastante certeza de que o sofá é, de alguma forma, mágico…

— Você está chamando de mágico — interrompe ela, dando de ombros. — Eu estou chamando de possuído. Seis e meia dúzia.

— Mas *possuído* implica… Olha, não tem nenhum demônio aqui, nem nada assim!

— Demônio — entoa ela, como se fosse uma suma sacerdotisa — consegue se disfarçar com muitas faces.

— Talvez, mas não as faces de Audrey Hepburn, Marilyn Monroe e Grace Kelly.

— Aaaah, Grace Kelly. — Tia Vanya fica com o olhar fixo à meia distância por um instante. — É mulher mais linda que já está existindo.

— Sim, estou ciente disso, eu a conheci recentemente. E prometo a você que ela não é o diabo disfarçado.

— Mas isso é exatamente o que diabo está querendo que pense. Afinal, você está pensando que todos os demônios aparecem usando fantasias de Halloween, com chifres e tridente? Esse é método nada sutil. — Ela remexe na imensa sacola da Tesco de novo e tira uma garrafa grande de plástico com borrifador, dessas que as pessoas usam para umedecer as plantas em uma estufa. — E uma coisa que demônios não têm é falta de sutileza.

Estou ficando cada vez mais alarmada.

— O que tem nessa garrafa? — pergunto, quando ela começa a borrifar o conteúdo, de um jeito metódico, por todo o sofá.

— Não estou podendo contar os ingredientes exatos para você. É receita própria. Mas está contendo água deionizada, álcool e, claro, água benta...

— Água benta? Tia Vanya, desculpe, mas não concordo com... Bem, seja lá o que você está pretendendo fazer.

— Você *não* está querendo se livrar de espírito maligno?

— Não! — Fico olhando para ela. — Desculpe, tia Vanya, mas eu achei, Bogdan *me disse*, que você era uma mística.

— Ah. Isso é engano da parte de Bogdan. — Ela meneia a cabeça, emitindo um ruído afetuoso. — Estou vendo que ele está trocando bolas. Palavra para "mística", em minha língua, é mesma que palavra para "exorcista".

— Oh, Deus, eu não quero... — Abaixo a voz, ciente de que Elvira ainda está lá embaixo. — Não quero um exorcismo!

— Você está querendo *manter* espírito maligno? — Ela parece surpresa. — Como uma espécie de *bichinho de estimação*? Estou aconselhando fortemente a não fazer isso, querida. Você está dando passo maior que pernas.

— Não, olha, não se trata de um espírito maligno. Escute, podemos...

— Já que estou no assunto — continua ela, usando um tom mais casual para o momento —, posso estar checando se você tem algum bicho de estimação *de verdade*? Animal é alvo fácil para demônio possuir; é por isso que estou incluindo exorcismo de um bicho em pacote de purificação. Mais que um animal, ou animal particularmente complicado, está custando extra. Mas para você, como está vindo de recomendação de amigos e família, estou só cobrando extra se animal for muito incomum. Uma vez, estou tendo que fazer exorcismo de capivara. — Ela faz uma careta. — Você já viu coisa igual? É como porquinho-da-índia gigante, sem temperamento doce e gentil de porquinho-da-índia. É por isso que estou tendo que cobrar extra por qualquer coisa que não seja…

— *Libby*? — Esta é Elvira, gritando das escadas. — Será que você pode, por favor, descer aqui?

— Estou indo… — Me viro para tia Vanya. — Olha, houve um erro de comunicação, mas não quero nenhum tipo de pacote de purificação, está bem?

Ela para de borrifar sua água benta e cruza os braços.

— Estou entendendo. Você está querendo desconto.

— Não! Nada disso…

— Libby!

— Volto em um segundo — digo, descendo correndo as escadas, onde, oh, meu Deus, Elvira também está parada com os braços cruzados na arcada que separa o estúdio do *showroom*.

— Posso saber — diz ela acidamente — por que você está recebendo atualizações do iCal no seu celular para reuniões na Pressley/Waters?

Fico olhando para ela.

— Você mexeu no meu celular?

— Estava bem aqui em cima da mesa. A mensagem pulou na tela. — Ela não parece nem um pouquinho preocupada com essa invasão de privacidade. — *Você está ciente* — continua ela, com mais acidez do que nunca — de que os termos do investimento de Ben *proíbem terminantemente* que você trabalhe para qualquer outra pessoa?

— Estou ciente, sim — respondo secamente. — Mas é só uma reunião.

— Uma reunião *clandestina*!

— Não é clandestina! Eu falei com elas cinco minutos antes de você chegar aqui! Nem tive tempo de tocar no assunto com você.

— Vou ter que contar isso a Ben — diz ela, voltando ao estúdio e pegando sua bolsa Birkin da Hermès. — Mas posso garantir a você, Libby, que ele *não* vai ficar surpreso. Nem um pouco.

— Olha, eu converso com ele. Vou ficar feliz em explicar…

— Onde está Tino? — interrompe Elvira, olhando ao redor do estúdio. — Tino, querido? Mamãe está pronta para ir embora agora!

Fico esperando Tino sair de debaixo da minha nova mesa da IKEA, onde ele foi visto pela última vez destruindo quantidades enormes de um papel vegetal bem caro, mas ele não aparece.

— Tino? — Elvira faz aquele ruído estalado que costuma fazer para chamá-lo. — Querido? Mamãe precisa de você!

Ainda não há sinal dele.

— Onde ele se meteu? — Elvira dá uma olhada embaixo da mesa, mas não encontra nada. — Tino?

No andar de cima, tia Vanya começa a cantar de novo.

Na verdade, o barulho não se parece muito com música, e mais com feitiçaria.

Várias notas são cantadas e, então, ouve-se um latido que parece um tanto apreensivo.

— Tino! — grita Elvira.

Estou bem no encalço de suas botas azul-cobalto enquanto ela sobe correndo as escadas, meu coração disparando quando o latido solitário de Tino se transforma em uma verdadeira salva.

— Tia Vanya! — grito. — O que quer que você esteja fazendo...

O que a tia Vanya está fazendo, quando eu e Elvira chegamos ao topo da escada, é segurar Tino no alto, com uma mão, de um jeito que só pode ser descrito como uma espécie de sacrifício, e borrifando água benta nele com a outra.

— Solte já o meu bebê! — Elvira vai para cima dela, mas é recebida com uma borrifada de água benta bem nos olhos. — Mas que merda! — grita ela, encolhendo-se no chão como se tivesse sido atacada com spray lacrimejante.

— Tia Vanya, não! — peço, tentando arrancar um Tino desesperado e irrequieto de sua mão. — Largue o cachorro.

— Não é cachorro.

— Não, sei que ele se parece exatamente com um rato grande, mas...

— Ou melhor, não é cachorro *no momento*. É corpo de cachorro, mas possuído por espírito maligno. É exatamente o que estávamos discutindo agorinha — continua tia Vanya, dando mais duas borrifadas em Tino. — Animais de estimação estão sendo alvos fáceis para demônios se apossarem.

— Quem se apossou do meu bebê? — pergunta Elvira, chocada, levantando-se hesitantemente. — Ela falou em *demônios*?

— Você é dona? — pergunta tia Vanya. — Desculpe estar dando essa notícia para você. Mas, sim, estou tendo certeza absoluta de que este cachorro está possuído por mesmo demônio que Libby está abrigando em sofá. Estou sentindo vibração muito ruim desse animal. Está tendo expressão extremamente desagradável nos olhos, para começar. Além disso, não tenho certeza se é natural ter tão pouco pelo...

— Não, não, é um cão pelado mexicano — explico a ela, mas não consigo dizer mais nada antes de Elvira me dar uma bronca.

— Você trouxe uma maldita *exorcista* para o meu apartamento?

— Não! É claro que nã...

— Para ser sincera — interrompe tia Vanya —, é única atitude sensata para Libby estar tomando, visto que ela é quem está trazendo sofá possuído por demônios para apartamento.

— *Devolva o meu cachorro!* — esbraveja Elvira, conseguindo heroicamente arrancar Tino da mão firme de tia Vanya, enfiando-o debaixo do braço e cambaleando até as escadas como alguém que foge de um desastre natural. — Você — fala ela, virando-se para apontar um dedo acusador para mim —, junte as suas coisas e saia do meu apartamento.

— Elvira, por favor, isso tudo é apenas...

— Se você usar a palavra *mal-entendido* — interrompe ela —, juro por Deus, Libby, vou chamar a polícia para despejar você.

— Mas você não pode...

— É claro que posso, cacete! Este apartamento é meu!

Ela se vira e desce as escadas ruidosamente com Tino nos braços, batendo a porta ao sair (um barulho que só vai deixar os Willington-Jones ainda mais irritados).

7

Stevenage. É lá que acho que vou acabar morando.

Porque, falando sério, passei várias horas dessa tarde fuçando, desesperada, os sites de locação de imóveis e Stevenage é o único lugar que consegui encontrar, a uma distância razoável de Londres, que é remotamente acessível.

E vai precisar ser acessível, se (como acredito) Elvira convencer Ben a retirar seu apoio financeiro. Desde que saiu como um furacão da sala de estar banhada em água benta essa manhã, recebi uma mensagem curta e grossa dela me informando que, como já havia informado aos gritos, ela iria conversar com Ben *para saber se ele ainda queria manter uma parceria profissional com uma pessoa que não tem escrúpulos em esmiuçar seu negócio com outro investidor.*

Ah, e em uma mensagem na sequência, que suspeito ter sido a que chegou ao xis da questão: *E, como padrinho de Tino, não acho que ele vá ficar muito satisfeito com o fato de você tê-lo EXORCIZADO também.*

Quer dizer, estou ferrada só de leve, não estou?

Porque sei o quanto Ben dá valor ao que Elvira diz (o fato de ele ter concordado em ser *padrinho* do cachorro é um indicativo disso) e que ele tem demandas concorrentes o suficiente em sua agenda para ficar feliz em me largar como uma batata quente se eu for mais problemática do que valho a pena.

Nunca na vida me pareceu ser uma hora melhor para ver Nora do que essa tarde, posso garantir.

É por isso, na real, que estou esperando na frente do apartamento de Olly nesse exato momento, sentada no degrau da frente, vasculhando o site de locação de apartamentos no meu iPhone. Acredito que eles se atrasaram um pouco no metrô que vem da estação de King's Cross, onde sei que Olly ia encontrá-las mais ou menos uma hora atrás, porque ninguém atendeu a porta quando bati e não consigo falar com eles por telefone.

Então, Stevenage.

Já falei com alguns corretores de lá, para falar a verdade, com a intenção de ir amanhã dar uma olhada em alguns lugares que vi no site. Tem um bastante em conta em uma zona industrial tranquila perto da estação principal que eu poderia usar como estúdio, e talvez eu pudesse alugar um pequeno apartamento para morar não muito longe dali... E, bom, vai dar tudo certo, não vai? Posso começar a participar de algumas coisas (um grupo de leitura, quem sabe? Um grupo de corrida?) e fazer alguns novos amigos. O corretor (que não parecia *tão* desesperado assim — ou parecia?) me disse que tem uns bares bem legais na região, e uma pequena sala de cinema, e... acho que talvez ele tenha mencionado um restaurante Nando's...

Não que eu vá querer me entupir de frango piri-piri e batata frita, se quiser tentar me manter em forma para participar de um grupo de corrida, é claro!

Vai saber: quem sabe ser enxotada do meu novo apartamento, abandonada por meu investidor e me mudar para Stevenage seja a melhor coisa que já me aconteceu. O grupo de leitura, o grupo de corrida, terreno neutro entre mim e minha mãe, uma distância saudável de Olly...

Estou tentando imaginar minha nova vida em Stevenage (mais magra; mais saudável; mais madura) quando meu celular toca.

Bogdan.

Atendo imediatamente.

— Bogdan.

— Libby. Estou recebendo sua mensagem do que está acontecendo com tia Vanya...

— Espere, antes de falarmos disso, deu tudo certo com Dillon hoje de manhã?

— Em centro de reabilitação? Sim, tudo certo. Ele está sendo imensamente grato por você encorajá-lo a voltar para lá, Libby. Está dizendo que ótimo ser humano você é. Como é atenciosa. Como é prestativa. Que boa amiga...

— Não precisa exagerar.

— Está bem. Mas só estou querendo dizer que estou feliz em eu mesmo pagar tia Vanya, Libby, como sinal de remorso e arrependimento por engano.

— Espere aí. Você acha que ela vai me cobrar mesmo assim?

— Seja justa, Libby. Ela está tentando sobreviver. Não é fácil, sendo esposa de membro sênior de conselho de Haringey. Padrões precisam ser mantidos. Há jantares oficiais, festas em jardins, esse tipo de coisa.

— Ela é casada com um conselheiro! Não é a rainha da Inglaterra! E nem é uma mística, fique você sabendo. É uma maldita exorcista!

— Isso está claro para mim agora. Estou pensando que talvez estive confundindo ela com membro da família que tem talentos parecidos. Pensando bem, talvez seja tia *Anya* que é mística. Ela é irmã de *mãe* de segunda esposa de primo. Ramificação diferente de família. E tenho bastante certeza de que ela também está morando em Londres...

— Não! Não, Bogdan, não quero que mais nenhum dos seus parentes agregados venha fazer qualquer coisa com o meu sofá. — Não que alguém fosse, se precisasse pegar um trem até Stevenage e voltar. — Místicos, exorcistas, ou necromantes... Nada disso, ok?

— Ok. De novo, sinto muito, muito mesmo, Libby. Estou torcendo para que haja maneira de você estar acertando coisas com Elvira.

— Acho que isso já foi por água abaixo, Bogdan — respondo, suspirando. — Tenho que deixar o apartamento dela, por sinal. Então, eu gostaria muito da sua ajuda para organizar...

Caio para trás de repente quando a porta se abre atrás de mim.

Por um instante, fico deitada ali no chão, olhando para as coxas magras, esguias e douradas que estão acima de mim. Coxas que pertencem a...

— Libby!

É Tash.

Foi ela quem atendeu a porta do apartamento de Olly, usando apenas um roupãozinho, chinelos felpudos e uma toalha enrolada na cabeça.

— Meu Deus, você estava batendo? Eu estava no chuveiro... — Ela se abaixa e coloca as mãos debaixo das minhas axilas para me levantar. — Me desculpe! Entre, não fique sentada aí congelando no degrau, pelo amor de Deus!

— Eu não estava congelando, estava bastante agradável... Ah, te ligo mais tarde, Bogdan — falo ao telefone, que ainda estou segurando.

— Oi, Bogdan! — diz Tash, na direção do celular. — Ele é sempre um amor. É tão bom te ver, Libby. Como você está? O que tem rolado?

— Ah, hum, você sabe. O de sempre... Desculpe, Tash, eu não fazia ideia de que você vinha para cá hoje...

— Ah, bom, preciso agradecer a você por isso, para falar a verdade!

— A mim?

— Com certeza. — Ela me leva até a cozinha, me acomoda à mesa da cozinha de um jeito que não permite argumentações, e então vai colocar a chaleira no fogo. — Olly falou comigo por Skype uma noite dessas e me contou que você disse para ele fazer algo. Você sabe, por não passar tempo suficiente comigo.

— Hum, não acho que eu tenha falado *exatamente* assim…

— Então, depois disso, decidi surpreendê-lo e vir para cá com Nora e Mark essa tarde para passar o fim de semana aqui! Todo mundo ganha com isso, na verdade, porque aí Nora e Mark também tiveram um pouco de ajuda com Clara no avião… Eles deram um pulo na casa de Jack em Stockwell para tomar um chazinho, para os primos verem o bebê pela primeira vez. São crianças adoráveis, os filhos de Jack, mas estavam tão baderneiros no casamento da Nora com o Mark que achei melhor que fosse menos gente e fiquei por aqui, bem longe deles! Você por acaso os conhece?

— Os filhos de Jack? — Jack é o irmão mais velho de Nora e Olly; eu o conheço, portanto, desde que tinha 13 anos. — Sim, eu os conheço. Sempre me pareceram crianças ótimas.

— Ah, com certeza! Acho que talvez a gente só tenha estilos diferente de criar os filhos.

— Mas… hum… você não tem filhos.

— *Ainda!* — diz ela, dando uma piscadinha e sorrindo. — Como você quer seu chá, Libby?

— Ah… Na verdade, Tash, quer saber? Eu adoraria uma taça de vinho.

Ela olha, só por um instante, para o grande relógio amarelo na parede da cozinha.

— Tive um dia péssimo — explico.

— Ah, nesse caso, é claro.

Meu coração se despedaça um pouquinho enquanto a observo se alvoroçar pela cozinha de Olly como se fosse a dona do lugar, pegando taças e uma garrafa de vinho.

Mesmo de roupão, com os cabelos molhados agora escorrendo por seus ombros, ela é maravilhosa. Com olhos claros, pele jovial e (apesar de ter acabado de sair de um voo da EasyJet vindo de Glasgow) um leve ar de alguém que acaba de descer de uma montanha onde você talvez encontrasse a pequena Heidi vivendo com suas cabras, diretamente do livro de Johanna Spyri.

— Bom — diz ela, sentando-se à mesa de frente para mim, colocando as taças no tampo de madeira e servindo vinho para nós duas —, se você teve um dia tão ruim assim, então ver Clara vai ser um tônico e tanto!

— Sim, mal posso esperar.

— Você não faz ideia de como ela está divina agora, Libby! Ela começou a rir e descobriu os dedinhos dos pés... Falando sério, dá vontade de comê-la de colherinha. Bom, você vai notar a diferença da última vez em que a viu porque já faz... Quanto tempo?

— Três meses.

— Minha nossa, ela é uma criaturinha completamente diferente agora! É claro que eu a vejo quase todos os dias, então, não reparo tanto assim nas mudanças, mas você vai ficar abismada!

Sou só eu ou parece que Tash está tentando esfregar na minha cara o fato de que passa um tempão com Nora e o bebê?

Não. Deve ser só eu. Afinal de contas, sou eu quem tenho um problema de ciúmes aqui. Ela não tem ciúmes de mim. Por que teria, já que tem tudo que eu poderia desejar na vida?

— E, é claro, Nora é uma mãe nata — continua Tash. — Eu digo a ela todos os dias como é importante que ela tenha outro filho logo. Afinal de contas, ela e Olly são tão próximos, não seria ótimo que Clara tivesse um irmão maravilhoso também? E precisamos ficar atentas nesse quesito, né?

— Desculpe, mas em que quesito?

— Filhos, Libby! Quero dizer, essas coisas não acontecem simplesmente. Elas precisam ser planejadas, pensadas, ter uma estratégia. O que você está fazendo com relação a isso, por sinal?

— Hum... O que estou fazendo com relação a ter filhos?

Ela confirma com a cabeça.

— Por favor, Libby, não seja uma daquelas mulheres que chegam aos 35 e aí percebem *de repente* que o tempo está acabando! É muito melhor estar preparada para essas coisas. Você está se encontrando com alguém?

Estou tremendamente confusa: ela está perguntando se estou ficando com alguém ou se tenho me consultado com um especialista em fertilidade? Quero dizer, dois minutos atrás, eu estava deitada de costas no chão acidentalmente, olhando por baixo do roupão dela e agora estou aqui ouvindo o que parece ser um sermão sobre meus níveis decrescentes de fertilidade e meu declínio iminente até a menopausa. Sei que ela é médica e que essa conversa nada sentimental e um tanto abrupta sobre o corpo humano e suas limitações é a maneira dela de ganhar a vida... Mas é mais uma coisa que faz com que seja difícil interagir com ela.

— Quer dizer — continua Tash —, sei que Nora sempre esteve desesperada para que você encontrasse o homem certo e se acomodasse.

— Ei, eu namorei com Dillon O'Hara por meses! — retruco, me defendendo. — Não é como se eu fosse uma solteirona patética para sempre.

— Ah, bem, sim, mas ele com certeza não era o tipo de cara com quem você montaria uma família, né?

— Poderia ter sido — resmungo, convenientemente ignorando o fato de que, menos de 24 horas atrás, Dillon estava vomitando no meu banheiro e que agora está muito bem acomodado na clínica de reabilitação pela segunda vez em um ano. — Nunca se sabe. E, de qualquer forma, eu *estou* saindo com... alguém. Por sinal.

— Ótimo! — Tash reage a isso com sua total falta de romantismo de costume. — Nome?

— Joel.

— Idade?

— Trinta e oito. Mas sabe, Tash, estamos ficando há muito pouco tempo e eu preferiria...

— Não é uma diferença de idade ruim. Quero dizer, ele vai querer ter filhos antes de chegar a quarenta e tantos. E você vai precisar se agilizar com essa questão, como já concordamos.

— Hum, não, para falar a verdade, não concordamos!

— E, obviamente, à medida que as coisas forem evoluindo com ele, você vai precisar esclarecer o seu plano.

— Plano?

— Plano, sim. — Ela balança a cabeça positivamente. — Você precisa ter um plano. Tipo, quero ter dois filhos e vai ser melhor para mim tê-los com a menor diferença de idade possível, quero dizer, gêmeos seria mesmo o ideal, se eu pudesse realmente escolher, para que minha carreira sofra o menor baque possível. E sabe, tem muitas coisas que a gente pode fazer antes de ter filhos, até mesmo antes de engravidar, para garantir que as coisas corram bem quando você os tiver. Minha irmã, por exemplo, planejou os primeiros cinco aniversários de todos os filhos antes de eles nascerem. Ela é advogada, então fazia todo sentido do mundo.

— Como *é* que isso poderia fazer sentido?

— Você está brincando, né? — Tash fica me olhando, como se fosse eu quem estivesse dizendo coisas malucas em vez (certamente?) do contrário. — Você tem ideia de quanto tempo leva para organizar uma festa de aniversário de criança? *Muita* coisa pode ser feita com bastante antecedência, se você estiver antenada. Comprar os apetrechos, balões, pôsteres, guardanapos e essas coisinhas, e procurar um bom confeiteiro local para fazer o bolo…

— Caramba. — Engulo em seco, com força. — Você conseguiria poupar… literalmente uma hora por cada aniversário.

Os olhos dela se estreitam, só por um instante.

— Você não concorda comigo — pergunta ela, de um jeito um tanto brusco, uma voz diferente de seu tom normalmente gentil — ou algo assim?

— É só que… Tudo isso parece… Olly concorda com todas essas coisas?

— Por que você está perguntando isso?

— Sei lá. — Sinto que estou ficando quente e gostaria de ter guardado minhas opiniões para mim mesma. — Tudo parece delineado com tanta antecedência.

Ela larga a taça de vinho.

— Está dizendo que Olly prefere ser mais desleixado?

— O quê? Não! Não, não é nada disso que estou dizendo. Só estava me perguntando se ele está… hum… ciente de que você pensa dessa forma. De todas essas especificidades, digo, sobre quando quer ter filhos e…

— Sim, Libby. Ele está ciente. Pode ser que você tenha dificuldades em acreditar, uma vez que pensa que conhece Olly melhor do que eu, mas…

Graças a Deus (graças a *Deus*) ouve-se um ruído na porta da frente e ela se abre, no corredor, e Olly, Mark, Nora e, claro, Clara chegam em casa.

Digo "claro" em parte porque é lógico que Clara é a atração principal, mas também porque, enquanto todos entram no apartamento, ela está gritando a plenos pulmões. É sério, nunca se ouviu um berreiro como esse que está saindo dessa criança nesse momento. Ela está com a carinha roxa de fúria e arranhando o peito de Nora exatamente como faria o tipo de criatura demoníaca que tia Vanya estava tentando exorcizar do meu sofá essa manhã. Nora é o olho do furacão, toda serenidade e calma — enquanto, ao seu redor, Mark está agitado e Olly, estressado. Ela gesticula para que a acompanhe até o quarto de visitas enquanto ela carrega aquele pacotinho de raiva que é minha amada (e, nesse momento, bastante assustadora) afilhada.

Leva uns cinco segundos, depois que entramos no quarto, para que Nora agilmente abra o botão da blusa, esprema Clara contra seu peito e os gritos cessam.

Meus ouvidos ainda estão tinindo, para ser sincera, mas Nora sorri para mim. Como uma santa, passa a mão livre pela pequena cama de casal em que está sentada e diz:

— Céus, como é bom te ver, Libby.

— Você também! E Clara…

— Ah, não minta. Aquele faniquito gritante deixou você meio apavorada, Lib, posso dizer!

— Não seja bo… Bem, está certo. Aquilo foi um pouquinho assustador. Mas tenho certeza de que ela estava apenas com fome.

— Você tem razão. Todas as outras horas do dia, e da noite, ela é um verdadeiro raio de sol.

— Mesmo?

— Não, claro que não. Ela ficou mal-humorada a viagem toda. Acho que os primeiros dentinhos dela estão começando a nascer. Ou é isso ou ela está furiosa por termos pegado um voo péssimo da Ryanair quando se considera mais uma passageira de jatinho particular. — Nora sorri para a carequinha de Clara, balançando sua cabeça delicadamente, e dá um beijo nela.

— Tudo bem aí, amiguinha?

— Bem, nem tudo… ah. — Paro. — Você estava falando com Clara.

— Estava. — Nora volta o sorriso para mim. — Mas eu conseguiria ter uma conversa melhor com você, por ora. Como vão as coisas? Você parece um pouco chocada. Não é mais o piti que ela estava dando, é?

— Ah, nossa, não. Só tive um dia esquisito. Tremendamente esquisito. Você não vai querer saber.

— Acredite em mim, Libby, quando sua rotina diária é preenchida por galinhas pintadinhas, porquinhas cor-de-rosa e perguntas insanas sobre métodos de desenvolvimento linguístico infantil, vou querer saber… Ah, mas antes de começar, você pode abrir a minha bolsa — ela aponta para a bolsa que foi largada perto da porta —, pegar o KitKat no bolsinho com zíper e me dar um pedaço? Amamentar me deixa *morrendo* de fome. Mas, por favor — acrescenta ela, meio que sussurrando, enquanto faço o que ela pediu —, não conte para Tash. Ela só vai me dar um sermão sobre como eu deveria estar comendo apenas verduras e castanhas-do-pará, ou algo assim. E, francamente, não tenho energia para ela agora. Digo, para *isso* — corrige ela. Porque Nora nunca é rude com relação a ninguém. Nunca. É uma das coisas que eu mais adoro nela. — A intenção dela é boa, e eu sei que ela só quer o melhor para Clara! Mas mesmo assim. Prefiro evitar a questão e apenas, você sabe, curtir o KitKat.

— Não tenho nenhuma objeção — digo, entregando um pedacinho de KitKat para ela comer.

— Então, falando sério. O que está rolando? — Nora come o chocolate e estende a mão para que eu lhe dê mais. — É o trabalho ou, hum, a vida amorosa?

Sei por que ela hesita antes de dizer as palavras *vida amorosa*. Olly. É extremamente constrangedor, para nós, conversar sobre isso, especialmente por causa da culpa tremenda que ela sente agora por nunca ter me dito nada sobre os sentimentos dele antes.

— Trabalho — respondo com firmeza, antes de acrescentar: — Estou saindo com um cara, para falar a verdade...

— Lib! — Felicidade e alguma outra coisa, alívio, talvez, se espalham pelo rosto dela. — Isso é maravilhoso!

— Sim, mas por que é que todo mundo precisa reagir como se eu estivesse anunciando que sou Lázaro retornando do mundo dos mortos, ou algo assim?

— Desculpe. Só estou contente. Muito contente. Você precisa me contar mais sobre ele!

— Tudo bem, não sei de tanta coisa assim sobre ele ainda, só que ele é *personal trainer* e é meio brasileiro e meio eslovaco...

— Uau.

— ... e que vamos sair em nosso segundo encontro na quinta à noite. Apesar de que, pensando melhor — continuo, algo que acaba de me ocorrer —, vai ser um entrave e tanto se eu acabar tendo que me mudar para Stevenage.

— Por que é — pergunta Nora, me encarando — que você teria que se mudar para Stevenage?

— É uma longa história. — Me recosto, exausta, nos travesseiros. — Mas, se você quiser a versão resumida, a versão que não envolve brigas de rua, exorcismos e a falsa acusação de espionagem industrial...

— Libby, mas que porra…

— … então a conclusão da história é que eu não tenho mais um investidor. E não tenho mais um lugar para morar.

— Oh, Deus. *Libby*!

— Nora? — Ouve-se uma batida leve na porta. É Olly, que a abre um pouquinho, mas não chega a colocar a cabeça para dentro do quarto. — Desculpe interromper, mas Tash está fazendo uns lanchinhos e quer saber se você quer que ela lhe traga umas castanhas-do-pará.

— Está tudo bem, Ol, pode entrar. — Nora tira, de algum lugar, uma echarpe enorme (como todas as mães que já vi amamentando, ela parece ter uma fonte inesgotável delas, enfiadas em bolsos ou jogadas por cima dos ombros) e a enrola em torno de si mesma para que Olly possa se juntar a nós sem sentir aquela vergonha de irmão mais velho. — Diga a Tash que é muito gentil da parte dela, mas estou bem. Mais importante, diga a Libby que ela não pode se mudar para Stevenage!

Olly enfia a cabeça dentro do quarto de vez agora.

As bochechas dele estão coradas de leve, provavelmente por causa de uma combinação do calor da cozinha lá embaixo com o desconforto residual provocado pela questão da amamentação. O rubor o faz parecer muito jovem (bastante parecido com Olly de 15 anos que conheci, para falar a verdade) e meu coração dói por causa dele.

— Por que Libby está de mudança para Stevenage? — pergunta ele, genuinamente perplexo.

— Ah, bom, as coisas não deram muito certo com Elvira Roberts-Hoare — conto, dando uma olhada para Nora —, então, ela me pediu para sair do apartamento dela…

— E insistiu que você se mudasse para *Stevenage*?

— Ora, Olly, não há motivo para ficar tão horrorizado. — Tento parecer alegre. — Não há nada de errado com Stevenage! Tem, hum, bares. Um Nando's. É extremamente conveniente para pegara a rodovia M11.

— Você *precisa* que seja conveniente pegar a M11? — pergunta Olly.

— Bom, não a M11 especificamente, mas a localização foi o fator determinante na escolha por Stevenage — respondo, tentando fazer parecer que passei um tempão debatendo os prós e os contras de todas as cidadezinhas da região antes de optar por Stevenage, em vez do simples fato de que esse é basicamente o único lugar a uma distância razoável de Londres onde posso bancar o aluguel tanto de um lugar para trabalhar quanto de um para morar. — Além disso, muitas pessoas vão morar fora de Londres! Aqui não é o centro do universo, sabia?

— Não, mas é o centro do *seu* universo. Melhor dizendo, sua família está aqui. — As bochechas dele ficam ainda mais vermelhas de indignação. — Seus amigos.

— Nem todos os meus amigos! Nora não mora em Londres.

— Claro, porque Stevenage é mais conveniente do que Glasgow!

— Fica perto do aeroporto de Luton — pondero. — A apenas meia hora, aliás.

— Já ocorreu a você — pergunta Olly fervorosamente — que o verdadeiro motivo pelo qual Stevenage é tão bem-interligada é porque todo mundo está se esforçando ao máximo para sair de lá?

— Bom, então, o que você sugere? — Fico olhando para ele, me esquecendo completamente de que deveríamos, afinal, manter a atmosfera do quarto pacífica e silenciosa para que Clara possa curtir seu lanche. — Não sei se terei mais alguém apoiando meu negócio, Olly, e, se esse for o caso, vou ter que poupar cada centavinho que tiver para conseguir dar conta dos pedidos que tenho reservados. Então, preciso ganhar na loteria? Dar uma procurada e encontrar dez mil perdidos em um bolso de um casaco velho que posso usar para bancar os próximos seis meses de aluguel em algum lugar grande o bastante em Londres?

Olly parece estar considerando a questão por um instante, então, respira fundo e diz:

— Não, mas você poderia ficar aqui por um tempo enquanto pelo menos tenta procurar uma opção melhor que Stevenage.

— *Aqui?*

— Sim. Aqui. No quarto de visitas. Pelo qual, obviamente, eu não vou te cobrar nem um centavo. — Ele está falando bastante rápido, porque está pensando tudo isso ao mesmo tempo em que está falando. — E aí você pode pagar o alugar de algum outro lugar para usar como estúdio, certo? Ah! Na verdade, tem um armazém que vi esses dias no caminho para o trabalho, bem na rua Kennington, que com certeza tem umas salas para alugar. Devem ser grandes o suficiente para guardar os seus móveis também. Posso ligar para eles e ver quais são as tarifas…

Estou olhando fixamente para ele.

Nora está olhando fixamente para ele.

— Olly — diz ela, após um instante —, você tem certeza que é... Quero dizer, não estou dizendo que *não é* uma boa ideia. Mas... vocês, hum, vocês dois não dividem um apartamento desde aquele período de um ou dois meses logo depois que Libby parou com as aulas de teatro.

— Não vamos dividir o apartamento — responde Olly. — É só uma solução temporária. Só por algumas semanas, Lib, ou uns meses, até surgir alguma outra solução. E o que aconteceu com Ben, afinal? Ele pode retirar o investimento dele desse jeito?

— Não sei — começo, bem quando Tash aparece na porta.

Ela está segurando uma bandeja com um copo d'água e uma porção de castanhas-do-pará.

— Oi, gente, achei que talvez Nora fosse querer isso aqui... O que está acontecendo?

Ocorre um silêncio muito breve, que é quebrado, depois de uma leve tossida, por Olly.

— Eu só estava sugerindo que Libby viesse morar aqui por um tempo — explica ele. — Ela está sendo despejada do apartamento e faz sentido que ela poupe essa grana. — Ele limpa a garganta de novo. — Você não acha que é uma boa ideia, Tash?

Não tenho certeza sobre qual será a reação dela, para ser sincera. Porque, apesar de ela sempre ser a epítome da animação solidária, eu estava sentindo uma energia distintamente fria da parte dela logo antes de Nora e dos outros chegarem em casa. Isto é, não a energia do tipo de pessoa que vai ficar tão entusiasmada assim em saber que alguém (esse alguém, bem especificamente, sendo *eu*) vai se mudar para o apartamento de seu namorado enquanto ela está a centenas de quilômetros de distância, em Glasgow.

— E *eu* estava dizendo... — começa Nora, sendo logo interrompida por Tash.

— É uma ótima ideia! Mandou bem, Olly.

As pontadas de culpa que sempre sinto quando penso coisas negativas sobre Tash estão se transformando, rapidamente, em punhaladas.

— Você vai ficar superconfortável aqui, Libby. — Ela entra no quarto, virando de repente uma Julie Andrews em *A noviça rebelde* de roupão, pegando o tecido da cortina e o analisando atentamente. — As cortinas são bastante decentes e as paredes vão ficar boas depois de uma mão de tinta...

— Tash, não, eu só ficaria algumas semanas! — digo. — Não há necessidade alguma de começar a redecorar!

— ...e tem uma cama de casal, então, você pode até chamar... Desculpe, como é o nome do seu novo namorado mesmo?

— Você tem... um novo namorado? — pergunta Olly, parecendo ainda mais perplexo do que com a sugestão de Stevenage. Ele me encara de novo. — Você não falou sobre isso aquela noite!

— Ele não é meu novo namorado — respondo com firmeza, dando a Tash uma... Não, na verdade não dou a Tash nenhum tipo de olhada. Ela está me assustando um pouco com todo esse comportamento animado de Maria von Trapp. — Nada nesse sentido. Ele é só... é só um cara com quem estou saindo. Não há necessidade de ninguém sair comprando chapéus ainda. Está bem?

Ninguém me acompanha na minha risada (admitidamente constrangida).

— Vocês sabem. Para casamentos. As pessoas compram chapéus.

— Espere aí: vai rolar um *casamento*? — quer saber Olly.

— Não. — Tash parece levemente irritada com ele, em um contraste forte com aquela onda de amabilidade fofa que estava jogando na minha direção. — Libby disse que *não* há necessidade de ninguém comprar chapéus.

— Exatamente — confirmo com afinco. — É só nosso segundo encontro.

— Só um segundo encontro — repete Tash, antes de acrescentar, com a mesma firmeza —, mas, mesmo assim, todos estamos de dedos cruzados para que tudo dê certo para você, Libby! Não estamos, gente?

Nora resmunga sua concordância. Olly abre a boca como se quisesse falar alguma coisa, mas a fecha quando Tash volta a falar.

— E nós podemos transformar este quarto em um lugar bacana para você trazê-lo aqui. Ah! Posso até ir fazer umas compras amanhã, enquanto Ol estiver servindo o almoço no restaurante, e comprar algumas toalhas novas supermacias, quem sabe um abajur... Ou talvez seria mais útil se eu fosse com você até seu apartamento e a ajudasse a encaixotar tudo, Libby?

— Isso é... é muito gentil da sua parte, Tash. — Olho para Olly, que parece estar subitamente arrependido por ter oferecido ajuda. — Escute, Ol, *se* você estiver seguro de que não tem problema, então, seria mesmo uma ajuda imensa se eu pudesse ficar aqui por um tempinho. Só enquanto a poeira baixa e eu descubro o que vai acontecer com meu trabalho. Isto é, tenho uma reunião com outra empresa de bijuterias na quinta, por sinal, então, se o pior acontecer, talvez eu consiga um emprego lá, ou algo assim…

— Libby, não se estresse. — Ele estende a mão e a coloca no meu ombro. Consigo sentir minha pele formigar, apesar de o toque dele ser por cima de uma camada de camiseta e outra de um cardigã. — Vai dar tudo certo. E você sabe que pode ficar aqui…

— … pelo tempo que quiser! — complementa Tash, colocando um braço amigável por cima do meu outro ombro e dando um aperto. — Diga a ela, Olly! Como é mesmo aquela frase… Minha casa é a sua casa? Bem, a sua casa é a casa da Libby, não é mesmo?

— Para ser sincera, não há razão para ir tão longe assim — começo, um tanto constrangida. — Não vou entrar com um pedido de usucapião, nem nada assim.

— Ah, nem com isso nós nos importaríamos, né, Olly? — cantarola Tash. — Se Libby entrasse com pedido de usucapião.

— Bom, tenho certeza que não vai chegar a esse ponto. — Olly está ficando bastante vermelho. — Mas minha casa está sempre aberta para… para os meus amigos.

Nesse momento, Clara, de algum lugar debaixo da echarpe enorme, solta um arroto alto e muito satisfeito.

— Essa é a última palavra dela quanto a esse assunto, então — brinca Nora, sorrindo.

— Então, está decidido! — Tash vai até a porta. — Melhor eu descer e me vestir. Bebidas na cozinha em dez minutos, pessoal!

— É, vou descer e fazer umas bruschettas e coisa e tal. — Olly se vira por um instante, depois que a Tash saiu do quarto de visitas e foi para o quarto dele para se vestir. — Fico muito feliz por você estar fazendo isso, Lib. Quero dizer, fico feliz por ajudar.

— Eu também. Muito obrigada, Olly. Nem consigo dizer o quanto estou grata.

Os olhos dele se fixam brevemente nos meus.

— Faço qualquer coisa por você — diz ele. — Quero dizer, você sabe disso, não sabe?

— Sim. — Então, porque tudo isso parece estranhamente intenso demais (e, dessa forma, meio parecido com o tipo de "sim" que eu talvez dissesse se estivéssemos em um altar nesse exato momento, em vez de no quarto de visitas dele), acrescento, animada: — Amigo certo na hora incerta, não é?

Olly dá um sorriso estranho e fecha a porta com um tanto de pressa.

Quando viro o rosto, Nora está fazendo caretas para Clara antes de estendê-la na minha direção.

— Pode cuidar dela um segundo, Lib? — pede ela.

— Tem certeza?

— Sim, Libby, tenho certeza. Ela não vai surtar, nem nada assim.

— Ela, não... mas eu talvez surte. — Mesmo assim, fico animada para pegar aquele pequeno embrulho que Nora me entrega, mesmo morrendo de medo de derrubá-la ou esmagá-la ou aliená-la de alguma forma. — Oi, lindona — digo a ela, enquanto ela olha com curiosidade para meu rosto. — Lembra-se de mim? Sou a tia Libby.

— Então, você vai ficar bem com esse esquema? — pergunta Nora enquanto sai da cama e começa a abotoar a blusa. — Ficar aqui, digo.

— Claro que sim. — Toco com o dedo na ponta do narizinho de Clara, para ver se consigo fazê-la rir, mas ela permanece decididamente séria, quase clerical, para falar a verdade. — É bem mais atrativo que mudar para Stevenage.

— Não, eu concordo. É claro que faz sentido. Olly quase nunca está em casa mesmo, então você não vai se sentir... você sabe... desconfortável.

— Nora! — Abaixo minha voz para um sibilo. — Caramba! Consigo me controlar perto dele, sabia? Não vou entrar no banheiro enquanto ele estiver tomando banho e abrir a cortina do boxe.

— Por favor, Lib. Essa imagem é tão nojenta... — comenta Nora, nauseada. — É do meu irmão que estamos falando.

— Então, não toque no assunto... Isso é notícia velha, para começar! Além do quê, estou seguindo em frente com a minha vida, não percebeu?

— Com o *personal trainer* gostosão?

— Sim. Digo, por enquanto. Não estou dizendo que ele é... Bem, ele não é nenhum tipo de substituto de alma gêmea, ou algo assim...

— Ah, Libby!

— Mas, francamente, quem é que precisa disso, afinal? Você sabe o que dizem por aí. A vida é curta demais para desperdiçá-la lamentando a perda da respectiva alma gêmea...

— *Respectiva*? — Nora parece um pouco confusa. — Você está bem, Lib? Está falando de um jeito esquisito.

— Estou bem. Eu só estou — continuo, tentando angariar um pouquinho daquela determinação ferrenha de Grace Kelly, mesmo que eu não a sinta — tentando explicar que não vou ter problema algum em ficar aqui, com Olly. Porque… bem, eu parti para outra. Voltei aos trilhos. Achei — acrescento, um tanto desesperada — que você fosse ficar feliz com isso.

— Ah, eu estou. Estou, sim, Libby. Aliás, isso é ótimo. Você parece outra pessoa.

— Bem, você sabe. Tenho pensado um pouco no assunto.

— Então, que bom para você!

Mas ela ainda parece, por mais que esteja se esforçando para tentar disfarçar, tremendamente triste.

O que, preciso dizer, não ajuda muito. Sei que ela tem desejos secretos de que eu ainda fique com Olly e que tenha meu grande final feliz como ela teve. Mas, se estou conseguindo, com dificuldades, seguir adiante, então ela precisa fazer o mesmo.

— Deixe-me pegá-la de volta — continua ela, quando Clara se contorce e praticamente salta dos meus braços assim que Nora está perto o bastante para que ela conseguisse tocá-la. — Venha cá, menininha da mamãe — diz ela a Clara. — Venha para mais um afago.

Clara ergue uma das mãozinhas macias, gorduchas e molinhas, coloca bem na bochecha de Nora e solta uma badalada da risada mais satisfeita que você já ouviu na vida.

Sinto-me como se alguém tivesse entrado sorrateiramente no quarto e me dado um soco forte no estômago.

De repente, tenho que me sentar na beirada da cama.

— Lib? Você está bem?

— Estou — sussurro, grata pelo fato de Nora ser, afinal, uma médica de emergências, só para o caso de eu perceber que não consigo, no fim das contas, respirar nos próximos minutos ou algo assim. — É só que… Você tem mesmo muita sorte, Nora — continuo, apressadamente. — Ela é maravilhosa. Ama tanto você.

— Eu sei. — O voz de Nora fica suave como a consistência de chantilly batido quando ela retribuiu o olhar de Clara. Por um instante, consigo perceber, é como se só estivessem as duas no quarto. — Tenho mais sorte do que qualquer pessoa merece.

Não digo nada. Fico observando as duas enquanto elas existem em sua pequena bolha gloriosa por mais um ou dois instantes.

— Desculpe — diz Nora, secando os olhos e voltando a olhar para mim. — Nós estávamos falando sobre...

— Quer saber, Nora? Vamos ter essa conversa uma outra hora. — Levanto-me e coloco o braço em torno dos ombros estreitos dela. — Só tenho uma noite com você e Clara, e a última coisa que quero é desperdiçá-la com esses papos antigos. Agora, me fale mais sobre para onde você vai com Mark. É no sul da França, certo? Um hotel perto do mar...

Seguimos para a cozinha, de onde emanam cheiros familiares provocados por Olly, de torradas quentes e alho fritando.

8

O escritório da Pressley/Waters fica um pouquinho ao norte da estação Paddington, em um empreendimento novo requintado (apesar de um tanto deprimente) com vista para o canal Regent. Fica a apenas uns 15 minutos a pé de onde Cass mora, em Maida Vale, e foi por isso que sugeri (quando ela me ligou cedinho essa manhã para uma queixa longa relacionada a Zoltan) que ela viesse até aqui para tomarmos um café depois da minha reunião e pudesse se lamentar pessoalmente para mim.

Apesar de que, como Bogdan inesperadamente me acompanhou até Paddington, talvez eu sugira que ele se encontre com Cass enquanto eu estiver na reunião na Pressley/Waters e talvez (nunca se sabe) os dois se engajem em um bom desabafo sobre seu ódio mútuo pelos búlgaros que sequer precisem de mim depois e aí posso voltar para Notting Hill para começar a encaixotar tudo.

Coisa que eu preciso mesmo fazer, porque Elvira me mandou uma mensagem, pouco tempo depois de eu ir embora da casa de Olly ontem à noite, me relembrando mais uma vez de que me quer fora do apartamento dela até o final dessa semana. Então, ela está decidida — o que não é nada surpreendente. Ela não descobriu nenhuma faceta fofinha dentro de si desde a última vez em que a vi.

Ah, ela também aproveitou para avisar que Ben está "viajando no momento", mas vai entrar em contato "para discutir como é melhor procedermos" quando ele voltar.

O que parece, temos de convir, ameaçador.

É por isso que estou muito feliz com a presença de Bogdan essa manhã, mesmo que eu saiba que o motivo principal pelo qual ele está aqui é por estar se sentindo tão culpado com relação àquela questão da tia Vanya que me acompanharia até a lua se eu dissesse que ia dar um pulo lá para pegar alguns badulaques lunares. Ele conseguiu, para falar a verdade, me manter bastante calma. E, para ser mais precisa, distraída, porque quando não está fazendo um relato extremamente detalhado de tudo que aconteceu quando deixou Dillon na clínica Grove House ontem de manhã (e estou falando de tudo *mesmo*, desde os formulários que eles tiveram que preencher na recepção até a cor das paredes do quarto), ele fica o tempo todo me ajeitando para que eu esteja o mais apresentável possível para minha "entrevista agora-nunca".

Em se tratando de Bogdan, é claro, ele não conseguiu a façanha de me manter total e *completamente* calma.

— Pela terceira vez — digo, quando saímos do metrô e caminhamos na direção do prédio no canal Regent —, não é uma entrevista "agora-ou-nunca"! E, mesmo que seja, você chamar desse jeito não ajuda nem um pouco!

— Estou desculpas. Estou todo confiança, contudo, Libby. Estou tendo certeza de que você vai arrebentar boca no balcão.

— Arrebentar a boca *do balão* — corrijo, apesar de que (vamos ser sinceros), com todos os desastres que têm acontecido comigo ultimamente, é bem capaz de eu *realmente* acabar caindo de boca no balcão e arrebentando todos os dentes. — Mas obrigada, Bogdan. E obrigada por ter vindo comigo. Fico muito grata mesmo.

— Não é problema. Estou feliz de estar fazendo isso. E estou feliz de poder estar melhorando aparência de seu cabelo. No mínimo — acrescenta ele, ajeitando algumas mechas da minha franja do mesmo jeito que tem feito a cada dois minutos desde que entrou no metrô comigo —, você está sabendo que vai para essa entrevista agora-nunca o mais bonita possível.

Isso é reconfortante de ouvir, especialmente vindo de Bogdan, que não tem papas na língua. Em termos de roupas, optei pelo *look* mais simples possível (só calça skinny preta, uma blusa cinza-claro e um blazer preto), para manter o foco nas bijuterias que estou usando propositalmente para a reunião. Resolvi usar todas as minhas armas e coloquei todas as minhas peças favoritas que confeccionei nos últimos meses: um colar monocromático de contas de ônix e opala, uns brincos estilo candelabro de ônix e prata um tanto extravagantes e um bracelete prateado bastante simples com uma única pérola artificial cinza pendurada como um pingente. Nenhuma tiara de noiva de estilo *vintage* à mostra.

— Obrigada, Bogdan — digo. — Você está muito bem hoje também, para falar a verdade. O bigode lhe cai bem.

A resposta dele é brincar, de um jeito satisfeito, com o bigode que ainda estampa seu rosto, que está ainda mais exuberante desde a última vez que o vi.

— Agora, ouça, fique com meu celular para o caso de Cass ligar e diga a ela exatamente onde você está. Mas, se eu fosse você, iria para aquele Starbucks ali — aponto para o pequeno café bem ao lado do canal. — Aí, vou encontrar vocês dois lá assim que acabar a reunião, tudo bem?

— Está tudo bem. — Bogdan pega meu celular. — Ah, e antes que eu esqueça, Libby, tia Vanya está me ligando ontem à noite para perguntar para onde deve mandar fatura. Estou podendo dar a ela endereço de Olly?

— Fatura? — Fico olhando para ele. — Então, ela vai mesmo me cobrar?

— Sim. Mas boa notícia, Libby. Como gesto de bondade e em reconhecimento por qualquer dor e sofrimento, ela está fazendo metade do valor para você.

— Não vou pagar metade de nada para ela!

— É desconto generoso.

— Bogdan, ela me fez ser despejada do meu apartamento! E, mais precisamente, pode ter estragado o sofá mágico! — Uma mulher requintada, que está passando com seu cachorro, me dá uma olhada extremamente esquisita, então abaixo a voz ao continuar. — O que quero dizer é que não houve nenhum sinal de Grace Kelly ontem à noite, então, até onde sei, qualquer que tenha sido a baboseira exorcista que ela fez no meu sofá pode significar que nada, nunca mais, vai surgir dele de novo.

É a vez de Bogdan ficar olhando para mim do mesmo jeito estarrecido com que eu o estava encarando.

— Então, você está dizendo que eu nunca mais estou podendo ver srta. Kelly de novo?

— Não sei! Talvez ela só esteja encharcada de água benta, seja lá o que ela for, e volte quando estiver seca. Ou não. Não tenho certeza de que um meio-exorcismo tenha sido muito bom para o Chesterfield, de qualquer forma.

A testa dele forma um vinco.

— Então, estou pensando que você definitivamente não deveria estar pagando tia Vanya. Nenhum desconto vale esse resultado desastroso.

— Bom, você pode dizer isso a ela, por favor? De qualquer forma, preciso ir para minha reunião agora.

Ele dá uma última ajeitada na minha franja, então segue na direção do Starbucks enquanto respiro fundo e passo pelas portas enormes de vidro laminado que levam à parte interna do prédio onde fica o escritório da Pressley/Waters.

Um segurança animado me direciona para o elevador, me instruindo a ir até o quarto andar, onde, quando a porta se abre, uma loira bonita me recebe.

— Oi, Libby? — Ela estende a mão. — Sou Celeste. Conversamos por telefone.

— Oi! É um prazer conhecê-la.

— Digo o mesmo. — Ela me estuda. — Ooooh, adorei os seus brincos.

— Mesmo? — Toco neles, ansiosa. — Eu não sabia ao certo o que usar.

— Ah, você não precisa se preocupar com Caroline e Annika. Elas são uns amores, de verdade. Venha por aqui, vou levar você direto para o escritório de Caroline.

Sejam elas uns amores ou não, meu coração está palpitando mesmo assim enquanto a sigo pelo escritório grande e amplo na direção de um conjunto de portas de vidro ao fundo. Agora que estou aqui, em meio a todo esse furor, me sinto uma total impostora. E minhas bijuterias escolhidas com carinho sequer parecem tão especiais assim, apesar do elogio gentil de Celeste, porque todas as pessoas do escritório estão usando acessórios deslumbrantes, desde braços cheios de pulseiras até brincos de argolas enormes e uma gargantilha dourada maravilhosa no pescoço da mulher que acaba de passar pelas portas de vidro para nos cumprimentar...

— Olá — diz ela. — Você deve ser Libby. Sou Annika.

Preciso admitir que me sinto superatraída por Annika Waters dois segundos após conhecê-la. O cabelo dela é maravilhoso (Bogdan iria chorar com a perfeição daquele corte curtíssimo), seu sorriso é deslumbrante e levemente torto e ela está usando o tipo exato de *look* que eu estava tentando reproduzir essa manhã, só que, de alguma forma, sua calça *skinny*, a camiseta simples e o blazer parecem cem por cento mais chiques.

— É um prazer conhecer você — continua ela. — Que tal entrar para conhecer Caroline e tomar um café?

— Vou trazer café fresquinho — diz Celeste.

— Obrigada, Celeste. Ah, e pode trazer as pastas com os *clippings* quando voltar? Caroline quer arquivar tudo que estamos revisando desse mês. É, para falar a verdade, uma das minhas atividades preferidas —

acrescenta Annika, direcionando-se a mim, enquanto me guia sala adentro —, dar uma olhada em tudo que saiu na imprensa no último mês. É sempre gratificante ler o que as pessoas estão falando de nós! Desde que sejam coisas boas, é claro! Mas você também teve uma recepção positiva desde o começo, não teve?

— Ah, hum, sim, um pouco. Quero dizer, dei muita sorte.

— Sorte não tem nada a ver com isso! Ontem mesmo dei uma olhada em um belo artigo sobre você na *Vogue*.

— Bem, aquilo só saiu porque…

Me interrompo bem a tempo. Porque não vou arruinar isso (o que quer que seja) me degradando. Passou a época disso. Se um dia precisei de um pouquinho da autoconfiança de Grace Kelly, a hora é agora.

— Sim — digo, com uma voz que espero estar impregnada por um pouco da confiança de Grace. — O artigo na *Vogue* ficou ótimo. Fiquei muito satisfeita.

— Caroline! — diz Annika quando uma mulher um pouquinho mais velha, que estava sentada em um sofá no canto do escritório, se levanta. — Esta é Libby Lomax, é claro. Celeste vai trazer café.

Caroline Pressley, com seu cabelo castanho, e usando uma saia-lápis e um conjunto de caxemira que fazem com ela fique excepcionalmente parecia com a Joan de *Mad Men*, aperta minha mão e sorri.

— Muitíssimo obrigada por vir. Venha, sente-se… — Ela se abaixa e começa a organizar os recortes de revistas que estão espalhadas por toda a mesa de centro de vidro em uma pilha ordenada. — Desculpe. Está sempre um caos por aqui. Trabalho demais e pouco tempo para dar conta do recado.

— Não parece um caos — respondo, com sinceridade. — E muitíssimo obrigada por me receberem. Sei como vocês são ocupadas.

— Não, obrigada a *você* por ter vindo nos ver! — Caroline volta a se sentar no sofá baixo de couro e me sento ao lado dela, enquanto Annika se acomoda na poltrona de frente para nós. — Nós duas somos megafãs do seu trabalho. Seus colares com pingentes, seus brincos de pedras… Emilia Clarke não estava usando esses brincos na divulgação de *Game of Thrones* na Comic-Con?

— Estava, sim! — Sorrio para elas. — Aquilo foi um sucesso. Mas acho que a *stylist* dela deve ter feito o pedido pelo site, porque não fiquei sabendo até alguém me contar. Se eu soubesse, eu teria dado os brincos para ela de graça! Quem vai dizer "não" à Daenerys, Filha da Tormenta, não é mesmo?

Por um instante horrível, penso que falei demais e fiz papel de uma idiota completa. Mas, graças a Deus, tanto Caroline quanto Annika estão sorrindo para mim.

— Bom, foi por isso que chamamos você aqui — diz Caroline. — Para conversar sobre como a gente talvez possa ajudar você a conseguir esse tipo de exposição com uma frequência mais consistente. Sobre o que podemos fazer uma pela outra, na verdade. Melhor dizendo, não sei como você imagina a evolução da sua carreira e não sei se você está decidida a seguir por conta própria, mas temos um histórico incrível de colaborar com jovens designers talentosos.

— Oh, não, não estou decidida a seguir por conta própria! Longe disso... — Talvez isso soe um pouco como se eu estivesse me agarrando com unhas e dentes ao bote salva-vidas delas, então acrescento: — Digo, é definitivamente algo que estou disposta a discutir.

— Bem, podemos conversar sobre uma coleção única e exclusiva para a Pressley/Waters... Ou, se quiser vender seu trabalho inteiramente através do seu site, talvez possamos estudar a possibilidade de você vir até o escritório algumas vezes por semana, prestando um serviço de consultoria, trazendo algumas ideias novas para nossa marca interna.

— Caramba. Isso é...

— Annika, conte a ela sobre as contratações recentes que acabamos de fazer — acrescenta Caroline —, para que Libby possa ter uma noção das várias maneiras com que as coisas funcionam por aqui.

— Bom, por exemplo, acabamos de trazer uma jovem designer incrível para trabalhar em tempo integral aqui na Pressley/Waters na coleção da nossa marca própria — conta Annika. — Ela estava gerenciando a própria empresa nos últimos anos, mas aí teve gêmeos um ano atrás e decidiu que precisa de algo mais estruturado enquanto os filhos ainda são pequenos. Então, engavetou a marca dela por um tempo para vir trabalhar conosco.

— E esse é o tipo de coisa que nós apoiamos de verdade, por sinal — fala Caroline em seguida. — Mulheres trabalhadoras com famílias jovens. Nós gostamos de ser bem flexíveis quando se trata de conquistar os maiores talentos.

— Ou — continua Annika —, como Caroline disse, se você estiver decidida a continuar com o seu próprio negócio, podemos discutir a possibilidade de algum trabalho de consultoria. Posso colocar você em contato com algumas mulheres adoráveis que fazem o mesmo para nós... Não sei se você já conhece Jess Fredricks ou Polly McAuliffe, mas... Ah, Celeste, chegou na hora certa!

Foi mesmo a hora certa para Celeste chegar com uma cafeteira cheia e três canecas em uma bandeja, porque assim tenho um instante para me recompor e parar de (como acho que estou fazendo neste momento) ficar sentada aqui olhando estupidamente para Annika e Caroline com a boca escancarada.

Porque isso é... maluco.

Elas estão me oferecendo uma chance de trabalhar com elas da maneira que eu achar mais conveniente para os meus (segundo elas) talentos impressionantes? Assim... sei que estou me esforçando ao máximo para canalizar a autoconfiança de Grace Kelly e não acho que eu seja um fracasso completo quando se trata de design de joias (eu não seria tão insana de lançar uma linha de tiaras de noiva de estilo *vintage* se fosse), mas o máximo *mesmo* que eu estava esperando essa manhã era que elas talvez me oferecessem um emprego na marca própria da *empresa*. Mas agora elas estão soltando palavras como *consultoria* e *coleção exclusiva*...

Vou ter que me aprumar aqui (e rápido), caso contrário elas podem mudar de ideia sobre mim e desistir. Afinal de contas, confiança inspira confiança, certo?

— Acho — digo, me sentando mais na ponta do sofá — que meu instinto me diz que eu gostaria de pensar na possibilidade de algum tipo de colaboração com vocês. Trabalhei tão duro para construir minha própria marca, mesmo que esteja tendo alguns probleminhas com isso, que não consigo me imaginar botando um fim a tudo. E ainda sinto que tenho mais a contribuir com a Libby Goes To Hollywood. Na verdade, se vocês gostaram das coisas que tenho feito até pouco tempo atrás, como os colares com pingente e os brincos usados por Emilia Clarke, talvez isso até me ajude a convencer os meus investidores de que não preciso reproduzir a mesma tiara *vintage* de noiva pelo resto da minha carreira.

— Ah. Fale mais sobre esses investidores. Obrigada, Celeste — acrescenta Caroline, pegando a cafeteira de Celeste e colocando à sua frente. —

E você trouxe a pasta dos *clippings*, obrigada. Pode colocar esses aqui lá e arquivar junto com os do mês passado?

Ela entrega a pilha de recortes para Celeste e, como a assistente ainda está segurando a bandeja com as canecas, seguro os papéis, solícita, por um instante até ela colocar a bandeja na mesa.

Fico um tanto chocada ao ver, no recorte de cima, o rosto de Joel sorrindo para mim.

Ele está parado entre Caroline e Annika, para falar a verdade, com duas outras mulheres que não reconheço. Está usando um smoking elegante e todas as mulheres estão usando vestidos longos maravilhosos, e parece... Será que é uma premiação ou um evento beneficente ou algo assim? Há uma mesa redonda grande ao fundo atrás deles, com um arranjo de flores pomposo e taças de champanhe...

Não tenho tempo para reparar em mais nada antes que Celeste pegue os recortes da minha mão, enfie dentro da pasta e, depois de entregar o café com segurança, sai do escritório.

— Libby?

— Ahn?

— Preto ou mesclado?

— Como?

— O café. Preto ou com leite?

Caroline está com a jarra de café na mão.

— Ah, certo... — Depois de ter tentando personificar Grace Kelly durante toda essa reunião, tenho certeza de que estou fazendo uma imitação perfeita dela quando viu aquela capa de revista na minha mesa de centro. Só que não acho que eu possa perguntar a Caroline ou a Annika o que é aquela foto, porque não quero parecer... paranoica? — Ah! Certo. Hum... — Toda minha serenidade tão cuidadosamente calculada foi por água abaixo. — Preto, por favor.

— É claro. — Caroline serve o café e me entrega a caneca. — Enfim, é óbvio que você deve querer um tempo para pensar em que tipo de parceria profissional mais lhe agrada. Isto é, se for algum tipo de colaboração, uma coleção cápsula da Libby Goes To Hollywood, quem sabe, seria fantástico. Mas por que você não volta aqui no escritório, talvez para passar um ou dois dias, para sentir como é a empresa e como as coisas funcionam por aqui?

— Seria ótimo — respondo, em vez do que eu realmente queria dizer, que é: *Perdoe-me, mas aquela era uma foto do Joel Pereira? E de onde você o conhece? E esta reunião e todas as opções incrivelmente generosas que estão oferecendo têm alguma coisa a ver com isso?*

Quer dizer, eu pareceria superesquisita ao falar isso. E a última coisa que quero, nessa reunião tão importante, é parecer esquisita.

— Excelente! Então, olha, por que você não tira uns dias para refletir sobre tudo isso e dá um retorno para Celeste assim que souber quando vai querer voltar aqui? Estamos abarrotadas de trabalho na próxima semana, mais ou menos, não estamos Annika? Mas adoraríamos vê-la de novo o quanto antes depois disso.

— Com certeza — concorda Annika. — E se tiver alguns minutos agora, posso levá-la para bater um papinho com a Jules, a mãe dos gêmeos de quem falei agora há pouco, e ela pode fazer um apanhado geral rápido de como as coisas funcionam para ela.

— Certo — digo. — Jules. Eu adoraria.

— Maravilha! Vamos dar uma voltinha enquanto tomamos nosso café, então — sugere Annika, levantando-se da cadeira —, e ver se ela está livre por uns minutinhos.

— Mas vocês não querem ver nada dos meus desenhos novos? — pergunto. — Quero dizer, trouxe esboços das últimas peças nas quais estou trabalhando e...

— Nós adoramos o que já vimos — diz Caroline, levantando-se também. — E, falando sério, Libby, a questão maior é todas nós encontrarmos o encaixe certo. Trabalhamos com pessoas de que gostamos. Isso é tão importante para nós quanto todo o resto.

O que não ajuda em nada a me assegurar de que essa reunião é cem por cento genuína.

— Venha conhecer Jules — diz Annika, me guiando pelas portas de vidro até o escritório de conceito aberto — e aí você pode perguntar tudo o que quiser a ela. Tudo mesmo!

Mas a única pergunta que quero fazer a Jules é: *Você também conhece Joel Pereira e, se sim, tem alguma suspeita oculta de que foi isso que lhe conseguiu uma entrevista com as animadas Caroline Pressley e Annika Waters?* E, obviamente, não vou poder fazer nenhuma pergunta desse tipo.

Vou ter que abafar a minha inquietação até conseguir sair daqui e falar pessoalmente com Joel, certo? E, suponho, tentar curtir um pouquinho dessa experiência extremamente incomum de ser tão honrada e mimada enquanto durar.

O elevador da Pressley/Waters bloqueia o sinal do meu celular — o que é imensamente frustrante — e só consigo uma barrinha de sinal quando já estou passando pelas portas do pequeno Starbucks, onde consigo ver Bogdan e Cass ocupando uma mesa no canto.

Posso ver que Cass ainda está em modo "madrasta sobrecarregada", com o cabelo novamente preso em um rabo de cabalo e usando uma calça legging deliberadamente surrada e um moletom, apesar de ter ao menos conseguido passar metade de sua maquiagem de costume e de estar usando brincos cravados de diamantes bem típicos das *WAGs* que eu nunca vi antes.

— Como esteve reunião agora-nunca? — Bogdan é o primeiro a falar, movendo-se para abrir (não muito) espaço para mim no banco.

— Ah, foi boa... Ótima, para falar a verdade.

— Bom ver você também, Libby — diz Cass sarcasticamente, porque levei tempo demais para reparar nela. — Você não vai perguntar como estou? Por que estou um caco?

— Você não está caco — cantarola Bogdan, empurrando o copo de chá na direção dela. — Está parecendo cansada. Está parecendo precisar de bom repouso.

— Exatamente. Mas onde é que vou conseguir descansar? — Ela me encara. — Puta que pariu, Libby, você não pode largar esse celular nem por um minuto? Todos nós sabemos que você é a empresária mais badalada da vez, mas não precisa nos ignorar.

— Desculpe, eu só... Ah. Consegui. — Meu sinal voltou para um número aceitável de barras, então agora devo conseguir mandar uma mensagem rápida para Joel perguntando... o quê? De onde ele conhece Caroline e Annika? Se isso teve alguma coisa a ver com o tom incrivelmente positivo da reunião que acabei de ter?

É a incerteza de saber exatamente o que escrever que me leva, enquanto hesito, a tentar a segunda opção.

Digito *Joel Pereira* no Google, só para ver se aparece alguma coisa.

E uma coisa de fato aparece.

18 milhões, 430 mil coisas, para falar a verdade.

Joel Pereira doou vinte milhões para as vítimas do desastre em Bangladesh, declara a primeira ocorrência do Google, atualizada 36 minutos atrás no site da Reuters.

Pereira abre o talão de cheques para as vítimas da enchente, informa o *The Times*, acrescentando, *fazendo uma doação privada substancial além dos £15 milhões já fornecidos pela Fundação Pereira.*

— Meu pai do céu… — murmuro.

O *Daily Mail*, o próximo da lista, postou apenas 21 minutos atrás que *o bilionário bonitão Joel Pereira enfia a mão no bolso por Bangladesh: quantia desconhecida é doada paras as vítimas da trágica enchente de seus "fundos pessoais"*.

— Libby? — Bogdan está me encarando. — Você está parecendo que está prestes a vomitar. Devo estar pegando chá para você?

Como não respondo, ele se levanta e vai até o balcão o mais rápido que suas pernas conseguem caminhar, possivelmente para evitar qualquer chance de que, se eu for mesmo vomitar, por algum motivo, seja em cima dele.

— Joel é… bilionário.

Ao ouvir a palavra *bilionário*, os olhos de Cass se estreitam e ela se inclina para frente.

— O quê? — pergunta ela. — Quem?

— Joel… O cara com quem eu saí esses dias… Joel Pereira…

— Joel Pereira? — repete ela.

— Sim.

— *Você está saindo com o maldito do Joel Pereira?*

— Sim.

— O *bilionário* Joel Pereira?

— Aparentemente. — Fico olhando para a tela do iPhone. — Ele me disse que era *personal trainer.*

A não ser que… é *possível* ganhar bilhões como *personal trainer*? Quero dizer, sei que Davina McCall ganhou uns bons trocados com seus DVDs de exercícios e tem, também, aquela mulher daquele programa de emagrecimento *30 Day Shred*, que juntou uma pequena fortuna comercializando seus abdominais desencorajadores…

Mas não. Não acho que seja possível ganhar *bilhões* com isso. Não acho que seja nada possível.

Cass arranca o celular da minha mão.

— Este é ele, certo? — Ela pressiona o dedo na foto que apareceu na tela do *link* da Reuters. — O cara com quem você está ficando?

— Sim. — Fico olhando para a foto. É ele mesmo, apesar de estar mais elegante (positivamente mais bem-vestido, na verdade) em um terno muitíssimo bem-cortado e uma gravata azul-claro maravilhosa que destaca a cor de seus olhos. — É ele.

— Bom, esse é o Joel Pereira.

— Mas deve haver algum engano...

— Então, se há algum engano, Libby, por que você acha que diz aqui... — Cass rola a tela para baixo com o dedo até parar no *link* de um artigo do *Daily Mail* — Que ele tem um patrimônio de 2,6 bilhões de libras? Que o divórcio, dois anos atrás, custou a ele seis milhões? *Que ele tem casas em Holland Park, West Sussex, Manhattan, Sidney, Gold Coast, Santa Lúcia e* — ela engasga, bem de leve, ao ler a última palavra — *Beverly Hills?*

— Não. *Não.* Ele mora perto de Shepherd's Bush.

— Perto de Shepherd's Bush fica o maldito Holland Park — grita ela, demonstrando, repentinamente, mais conhecimento da região metropolitana de Londres do que de qualquer outra coisa em toda sua vida. — Puta que pariu, Libby! Como é que você está metendo com um *bilionário* maravilhoso?

O casal de meia idade da mesa ao lado nos dá uma olhada, apesar de eu não saber se é por causa da linguagem obscena ou por interesse (para ver se eu pareço ou não com uma candidata potencial para transar com um bilionário maravilhoso, como foi explicitamente declarado). E, nesse momento, também não me importo muito.

— Mas eu... — sussurro. — Quero dizer, nós não...

Estou encarando as palavras na página on-line do *Daily Mail* e tentando fazer com que façam sentido.

Pode ser que faça apenas dois anos desde que Joel Pereira foi considerado o segundo homem com menos de quarenta anos mais rico do Reino Unido, mas ele não é um homem de ficar sentado contando seus louros. Esta semana, o bilionário empreendedor alocou $50 milhões de sua Fundação epônima de auxílio às crianças para a construção de pelo menos quatro maternidades e clínicas pediátricas e meia dúzia de escolas na República Centro-Africana e na Libéria. A diretora da Fundação e mãe de Pereira, Barbara Reitman, fez o anúncio no pomposo evento beneficente anual da Fundação Pereira, realizado este ano em...

Mas não me importa onde o pomposo evento beneficente anual da Fundação Pereira foi realizado. Apesar de que, agora parece ser bastante óbvio, deve ter sido lá que a foto dos recortes de Caroline e de Annika foi tirada.

— Não entendo. — Sinto a sensação mais horrorosa e mais nauseante do mundo no meu estômago. — Não entendo por que ele mentiu para mim.

— Porque os homens *são* um bando de mentirosos malditos, por isso.

— Sim, mas geralmente eles mentem no outro sentido, né? Tentando se gabar, parecer melhores ou mais importantes ou... ou mais ricos do que são...

— Talvez ele tivesse uma aposta com alguns amigos para ver se conseguia encontrar literalmente a única mulher na porra do planeta inteiro que não soubesse quem ele era! — fala Cass, um tanto agressiva.

— Como é que eu ia saber quem ele era? — Estou magoada. — Não passo minha vida lendo... sei lá... a *Gazeta dos Bilionários*.

— Ninguém passa, Libby! — grita Cass. — Mas existe uma coisinha chamada "Google". Você sequer *pensou* em procurá-lo *antes* de sair com ele?

— Não. Não pensei.

— Então, você é uma idiota — retruca ela. — Se não procura pela pessoa no Google antes de sair com ela, como é que vai saber *quem* ela é? Pode ser um assassino em série, até onde você sabe!

— Se fosse um assassino em série — respondo, um tanto fracamente, porque ainda estou tentando assimilar o que Cass está me contando sobre Joel —, é improvável que estivesse no Google.

— Você não tem como saber! E se essa pessoa *costumasse* ser um assassino em série no passado e aí foi para a cadeia por todos os assassinatos e agora saiu e está alegando que virou a página... Enfim, não é essa a questão! — esbraveja Cass. — Por que você está namorando um bilionário enquanto eu estou presa ao maldito do Zoltan e às pirralhas dele pelo resto da vida? — Ela estende o braço por cima da mesa e segura minha mão. — Eu sempre fui uma boa irmã para você, Lib, não fui? — continua ela, desesperada. — Não vai se esquecer de mim? Pode ver se consegue descolar um pouquinho de grana para mim, você sabe, para as coisas essenciais? Uma babá em tempo integral? Aquelas taxas do internato, ou quem sabe as taxas daquela casa de detenção de que você falou...

— O que é problema? — pergunta Bogdan, voltando com o meu chá. — O que está acontecendo?

— A Libby conseguiu fisgar um maldito milionário — conta Cass. Seu tom é meio amargo, meio triunfante.

Bogdan fica olhando para mim.

— Homem maravilhoso que você está encontrando na rua? Como é possível?

— Ah! Estou me perguntando a mesmíssima coisa — responde Cass —, acredite em mim. Quero dizer, primeiro Dillon O'Hara, e agora Joel Pereira...

— Espere... Estou conhecendo esse nome. — Bogdan franze a testa, pensando no assunto. — Joel é empreendedor de mídias sociais, não? É homem que está investindo em primeiros anos de Tumblr?

— E no Instagram. E no Snapchat. E mais ou menos um milhão de aplicativos extremamente bem-sucedidos. Sim — diz Cass —, ele mesmo.

Sinto como se o chão tivesse sido tirado de debaixo dos meus pés. Não sei, agora, se alguma coisa do que Joel me contou no nosso encontro era, afinal, verdade.

Fora o fato de que o nome dele é Joel Pereira, digo.

E ficou óbvio, agora, por que ele parecia tão ansioso quando falou o sobrenome daquele jeito.

Quero dizer, será que aquilo tudo foi só uma grande piada para ele? Sair com a única mulher do planeta que não percebeu quem ele era?

— Ele ficou sentado ali mentindo bem na minha cara — murmuro. — Ele disse que era *personal trainer.* Disse...

Tenho que parar para pensar nisso por um instante.

Porque, pensando bem, não tenho certeza de que Joel disse *mesmo* que era *personal trainer.*

Acho que fui *eu* quem disse e ele... não negou.

Que foi o padrão que ele seguiu a noite toda, agora que parei para pensar, toda vez que eu fazia uma pergunta relacionada a qualquer uma dessas coisas. Ele disse que tinha clientes grandes. Disse que viaja muito a trabalho. Disse que ia para Barbados para encontrar um cliente lá e eu supus que fosse um cliente atleta. Ao passo que, na verdade, provavelmente tinha alguma coisa a ver com todo o dinheiro dele...

Então, sequer foi uma mentira descarada, foi mais o tipo de meia-verdade astuta que faz você se sentir ah-tão-hilariamente superior à pessoa para quem a está contando. Sentado ali, com cara de paisagem, remando enlouquecidamente como um patinho debaixo d'água para pensar em qual maneira espertalhona usará para evitar a próxima pergunta investigativa.

— Eu não entendo — Cass está dizendo a Bogdan. — Tipo, ela é minha irmã e eu a amo e essa baboseira toda, mas, falando sério, como é que ela consegue?

— Talvez — arrisca Bogdan — ela está sendo capaz de façanhas de resistência incríveis e/ou acrobacias no quesito sexual...

— Gente! Por favor! Será que vocês podem ter um pouquinho de compaixão? Fui uma idiota completa com... Oh, céus — grito de repente, bem alto, quando me lembro de mais coisas que eu disse. — Eu disse a ele para não comprar nada no meu site porque as bijuterias eram caras demais! Ofereci o meu cartão de usuário para ele pegar o ônibus para casa!

— Isso é humilhante para você — concorda Bogdan. — Estou querendo saber por que você não o procurou no Google antes de sair em encontro.

— Exatamente! — corrobora Cass.

— Ou, depois de estar em encontro, quando está indo ao banheiro. Ou enquanto *ele* está indo ao banheiro. Há muitas oportunidades — continua Bogdan — para procurar homem no Google que você não está aproveitando, Libby. É por isso que estou tendo dificuldade em ter empatia por seu problema. Por isso e também pelo fato de que você acaba de ter encontro com homem mais rico e mais lindo que já vi em toda minha vida.

— Por que eu não o procurei no Google? — pergunto, pasma. — Porque eu estava me divertindo muito! Porque eu estava ocupada demais curtindo conhecê-lo, ou melhor, quem eu *achava* que ele era, para pensar em pegar o celular e fazer uma diligência prévia! E, na maior parte, porque acho deprimente fazer uma diligência prévia em um primeiro encontro. Quero dizer, cadê o romance nisso? Cadê o mistério?

— Quem é que se importa com romance ou mistério quando você vai se casar com um bilionário? — pergunta Cass.

— Não vou me casar com ele! Puta merda, Cass! Não vou nem ao segundo encontro!

Cass e Bogdan ficam olhando para mim.

Depois, viram e olham um para o outro.

— Está claro para mim agora — Bogdan diz a Cass. — Sua irmã está com parafuso a menos.

— A menos? Bogdan, meu bem, estou começando a duvidar de que ela sequer tenha parafusos!

— Olha — digo, furiosa —, não vou sair com alguém que ficou sentado do outro lado da mesa mentindo a torto e a direito a noite toda!

— Libby. Não acho que você está entendendo direito. — Cass respira fundo, coloca as duas mãos na mesa e me encara. — Ele. É. Um. *Bilionário*. Isso significa que ele tem *bilhões* de libras no banco. Não milhares. Não milhões. Não… Espere aí, existe um negócio chamado "zilhões", né? Ou isso é mais que bilhões?

— Estou achando que "zilhões" é a maior denominação possível.

— Mais que bilhões, então?

— Estou achando que sim. Mas não tenho certeza.

— Ah, já *sei*! Podemos procurar no *Google* — diz Cass, com veemência, tirando o próprio celular enquanto pego o meu de volta.

Vou mandar mensagem para Joel nesse exato minuto.

Oi. Só para avisar que não vou poder ir essa noite. Foi legal te conhecer e…

Boa sorte com seus futuros empreendimentos rentáveis? Boa sorte para contar seus bilhões? Boa sorte ao doar milhões para uma infinidade de boas causas?

Não consigo pensar em nada que não soe ríspido ou defensivo.

— Ah — diz Bogdan enquanto ele e Cass olham para o celular dela. — Está parecendo que não existem zilhões de verdade.

— Bom, isso não faz sentido algum… Tenho certeza absoluta de que existe uma coisa chamada "zilhões", senão sequer seria uma *palavra*…

Largo o celular. Não vou mandar uma mensagem. Uma mensagem é a saída dos covardes.

A pergunta é: o que Grace Kelly faria nessa situação? Talvez eu não possa perguntar a ela, depois que ela foi (possivelmente) exorcizada por acidente das profundezas místicas do Chesterfield, mas acho que já sei.

Vou encontrar Joel essa noite e vou confrontá-lo com relação a isso (com a dignidade e a classe que contradizem a perplexidade e a mágoa que sinto) e aí vou sumir da vida dele e nunca mais vê-lo de novo.

Porque, apesar de eu nunca ter pretendido que algo sério rolasse com ele, *estou* magoada. Surpreendentemente magoada. Nunca fui muito boa em confiar em homens mesmo nas melhores épocas e o fato de Joel ter bancado o bom moço enquanto secretamente me fazia passar por idiota pelas minhas costas, arranjando, como deve ter feito, aquela jogação de confete na Pressley/Waters agora há pouco…

Permitindo que eu me enchesse de esperanças para encontrar uma saída para a bagunça que minha carreira está se tornando.

Permitindo que eu desse uma espiadinha em um mundo em que não estou mais agonizantemente apaixonada por Olly, e consigo seguir em frente com outra pessoa.

Tomo um gole longo do meu chá escaldante e me encolho o máximo que consigo no banco, ouvindo a Cass e Bogdan discutirem se bilhões valem mais que zilhões ou o contrário.

9

Uma hora antes do horário do nosso encontro essa noite, estou aqui na praça Hanover, parada do lado de fora do escritório londrino da Jansen-Pereira Ltda., a empresa de tecnologia multibilionária de Joel.

Quer dizer, não posso sequer me reconfortar com o fato de que ele é algum tipo de explorador de recursos naturais, ou um fabricante de armas, ou algo assim.

A empresa dele, pelo que descobri na minha retardatária pesquisa no Google essa tarde (a tarde toda) é ecológica. Limpa. Preocupada com famílias. Eles frequentemente ficam no topo das listas de satisfação dos empregados, graças a tudo quanto é tipo de benefícios maravilhosos que oferecem a eles, desde creches subsidiadas até cafeterias incríveis, além do fato de todo mundo ganhar o dia do aniversário de folga e mais um número arbitrário de folgas por ano para poderem recarregar as energias sem precisar inventar alguma lorota sobre uma pretensa infecção alimentar.

Então, ele é quase um santo, no mundo dos grandes negócios.

Um santo que por acaso também é, em sua vida privada, um mentiroso descarado.

E é isso que eu vou dizer bem na cara dele. O que deve ser um erro enorme, mas agora que decidi fazer, não acho que possa voltar atrás. Eu me sentiria como se tivesse desistido de alguma coisa importante. De algo que preciso fazer.

E, tudo bem, admito: tem uma parte (muito) menos impressionada de mim mesma que quer ver a cara de Joel no instante em que ele perceber que *eu sei*.

Contudo, estou ficando um pouco nervosa, agora que estou aqui, do lado de fora desse prédio impressionante na praça Hanover.

Mas não posso voltar atrás agora. Não vou voltar atrás agora.

Tentando adotar aquele ar tranquilo, não-se-meta-comigo que Grace Kelly conhece de cor e salteado, passo pelas portas giratórias, caminho com firmeza até a pequena área de espera perto de uma série de elevadores, e me sento em um sofá de couro branco que deve custar mais que todo o mercado imobiliário de Stevenage.

Há pessoas suficientes (os empregados gratos e bem-subsidiados de Joel) entrando e saindo do saguão enorme, então não acho que alguém vá perguntar por que estou aqui. Mesmo assim, pego um exemplar do *Financial Times* que está dobrado bonitinho em cima da mesa de centro, e finjo ler enquanto aguardo e observo os elevadores e as portas giratórias em busca de algum sinal de Joel.

Porém, fico um pouco aliviada quando meu celular toca de repente, porque ter uma conversa agora vai me fazer parecer mais convincentemente ocupada e, ao menos espero, menos predadora.

É minha mãe.

Minha mãe liga tão raramente que suponho, por um instante, que ela deve precisar de algum tipo de ajuda. Ela ainda está no hospital, aproveitando ao máximo sua estadia paga pelo convênio pelo tempo que puder, mas, conhecendo-a, ela deve ter se lembrado de algum pertence vital que alguém deve pegar no apartamento e levar para ela, ou então decidiu que uma das enfermeiras (oh, que surpresa) está pegando no pé dela e só quer fazer um bom e velho desabafo. De qualquer forma, vou atender, porque é melhor que ficar me escondendo atrás de um exemplar do *Financial Times*.

— Libby! Querida! — A voz dela, quando atendo a ligação, é doce como melado. — Você tem um minutinho? É uma hora ruim?

— Não, tenho alguns minutos, mãe. O que foi?

— Oh, querida, não posso ligar para bater um papinho?

É então que entendo, imediatamente, o verdadeiro motivo para ela ter ligado.

Joel. Cass contou a ela sobre Joel.

— Estou aqui no hospital com todo esse tempo livre de repente… Digo, esse é o principal motivo pelo qual não tenho a chance de ligar para você e fofocar um pouquinho, Libby. Sou tão ocupada e você é tão ocupada… Essa parece ser uma oportunidade de ouro para recuperarmos o tempo perdido!

— Para falar a verdade, *eu* ainda estou ocupada, mãe.

— É claro. Bom, não quero atrapalhar. Que tal assim: por que não planejamos um jantarzinho em algum lugar em breve, quando eu sair do hospital? Aí teremos uma oportunidade de conversar sobre... tudo que tem acontecido nas nossas vidas.

Não sei se rio ou se choro.

Por um lado, a falta de vergonha na cara dela é meio engraçada. Por outro, é incrivelmente deprimente que, depois de todos esses anos de desinteresse, tudo que foi preciso para que ela se tornasse minha melhor amiga foi a notícia de que estou envolvida com um bilionário.

Correção: *estava* envolvida.

— Isso seria legal, mãe — digo. — Me avise quando puder.

— Oh, querida, *qualquer* hora! — Ela pigarreia, quase imperceptivelmente. — Digo, você deve estar bem ocupada com esse... novo homem, o que Cass comentou comigo.

— Não muito.

— Então se ocupe! — O tom doce-melado se transforma em um grito desesperado. — Libby, é de importância vital que você faça dele sua maior prioridade! Onde Kate Middleton estaria agora, querida, se não tivesse largado tudo na vida para estar no lugar certo quando William precisava dela? E que tipo de mãe eu seria — continua, imagens de si mesma como uma espécie de sósia de Carole Middleton, toda de tailleurs, sobretudos e diamantes discretos, surgindo em sua cabeça —, se desse qualquer outro conselho?

— Mãe, para ser sincera, preciso ir agora — respondo, e então abaixo a voz. — Mas só para deixar você a par de tudo, não vou sair com Joel Pereira de novo.

Minha mãe solta uma breve badalada de risadas.

— Estou falando sério — reforço.

Há um silêncio mortal do outro lado da linha.

— Liberty Alexandra Lomax — ela fala com um tom de advertência, após um instante —, se você acha que isso é engraçado...

— Meu segundo nome não é Alexandra! Pelo amor de Deus! — Estou exasperada demais para continuar com essa conversa. — Olha, eu te ligo amanhã, mãe, ok?

— Libby, espere...

Mas eu desligo na cara dela.

O *timing* é perfeito, aliás. Porque as portas de um dos elevadores próximos se abrem e Joel está saindo, se encaminhando para as portas giratórias.

Ele está conversando com uma mulher muito bonita e muito séria, que faz anotações em um iPad enquanto anda e que, presumo, deve ser algum tipo de assistente pessoal. E também é seguido por um homem alto e musculoso e por uma mulher baixa, quase tão musculosa quanto o homem, que é Esti (a que eu achava ser a instrutora de krav magá dele, mas que, pelo que essa configuração indica, é, na verdade, algum tipo de... guarda-costas?).

Me levanto e, correndo o risco provavelmente insano de ser derrubada no chão com um golpe de krav magá por um dos guarda-costas por me meter no caminho dele, me meto no caminho deles.

Joel para.

Então, todos os outros param também.

Há um momento breve e extremamente tenso em que parece que vou *mesmo* ser derrubada no chão com um golpe de krav magá por um dos guarda-costas.

E Joel, como eu queria, fica branco e parece prestes a desmaiar ali mesmo.

E então ele abre a boca.

— Libby.

— Joel — digo.

— Podemos... conversar?

— Claro. — Dou uma olhada em torno do saguão movimentado. — Aqui? Ou...

— Você subiria até meu escritório?

— Não. Não quero fazer isso.

Porque tenho a sensação de que, em seu próprio território, Joel vai encontrar uma maneira de explicar tudo.

— Certo. Aqui, então.

Ele dá uma olhada por cima do ombro para sua assistente pessoal e para os guarda-costas.

— Me dão uns minutos, pessoal?

— Mas, Joel...

— Eu sei, eu sei, eu ia ligar para Palo Alto do carro. Faça a ligação para mim, Sav — instrui ele à assistente —, e diga que algo importante aconteceu e que ligarei para eles em alguns minutos.

— Uau — falo, assim que a assistente volta na direção dos elevadores, já no celular, e os guarda-costas... caramba. Eles desapareceram de um jeito que é tanto impressionante quanto assustador. — Você tem alguns minutos para mim. Tudo isso. Me sinto lisonjeada.

É irritante, mas não consigo deixar de reparar, quando ele se senta no sofá de couro branco, que está lindo. Incrivelmente lindo. Na verdade, agora que não está fingindo ser um *personal trainer* e, em vez disso, está vestido como o protótipo perfeito do que se esperaria de um bilionário da tecnologia com quase quarenta anos depois de um dia no escritório (terno maravilhoso, camisa branca com o colarinho aberto), ele está melhor do que nunca.

Ele respira fundo.

— Então. Você sabe.

— Sim. Eu sei.

Ficamos olhando um para o outro por um momento.

Então, ele diz:

— Eu não menti de verdade, sabe.

Meu queixo cai.

— Está de *brincadeira* comigo?

— Não. Nada do que eu disse era mentira, juro, Libby. Talvez eu só tenha sido… cuidadoso com as minhas respostas.

Eu bufo.

— Você consultou aquele seu time de advogados de elite antes de sairmos naquela noite ou algo assim?

— Não. — Ele meneou a cabeça. — Não com meu time de elite. Apenas com o segundo escalão.

— Você é hilário.

— Estou tentando amenizar o clima.

— Joel, estou falando sério. Não vim aqui para mais piadas e zombarias.

— Não foi uma piada. Nada disso foi uma piada.

— Você teria me enganado.

Ele parece um pouco desesperado.

— Olha, você vem jantar comigo, como planejamos, para podermos conversar sobre isso?

— Não posso. — Fico olhando para o chão, me sentindo, de repente, mais triste do que brava. — Meu plano era sair para jantar com um *personal trainer* chamado Joel. Não com um bilionário da tecnologia chamado Joel Pereira.

— Libby… Sou a mesma pessoa.

— Não, não é.

A expressão no rosto dele é difícil de interpretar; na verdade, me ocorre agora que ele deve ser um ótimo jogador de pôquer. Parece uma mistura de desespero, uma leve irritação e, em algum lugar nessa combinação, uma perplexidade exausta.

— Só tenho uma pergunta para você, Joel.

— Só uma? — diz ele, parecendo mais cansado do que nunca.

— Foi você quem arranjou a reunião na Pressley/Waters?

Ele hesita, o que é suficiente para mim.

— Certo. — Meu estômago revira. Eu me levanto. — Entendo.

— Não, não, Libby, você está entendendo tudo errado! Olha, tudo bem, eu por acaso falei sobre você para Caroline Pressley quando conversamos esses dias…

— Por que você falou com ela esses dias?

— Porque trabalhamos juntos há anos. Fui uma das primeiras pessoas a investir no site dela.

— Você é *investidor* dela? — Isso é pior do que eu imaginava. — Caraca, Joel! Não é de se admirar que ela tenha concordado em me conhecer! Não é de se espantar que elas todas tenham sido tão *legais* comigo!

— Ela foi legal com você porque é uma boa pessoa! E porque gosta de verdade das suas coisas. Olha, tudo que eu fiz foi perguntar se ela conhecia você e…

— Deixa para lá. — Começo a caminhar na direção das portas giratórias. — Você já fez o bastante.

Joel se levanta e me segue.

— Libby, por favor. Pare.

Ele coloca a mão no meu ombro, mas então pensa melhor quando me livro dela. Afinal, estamos em um local movimentado, um lugar cheio dos empregados dele, e ele não quer parecer estar agredindo uma mulher sozinha, ou algo parecido. Com isso em mente (isto é, todos os funcionários em volta), acabo parando e me viro para olhar para ele, porque não quero envergonhá-lo. Bem, é óbvio, eu quero, *sim*, envergonhá-lo, porque, caso contrário, não teria nem vindo aqui. Mas não quero causar uma *cena*, com transeuntes olhando e filmando com seus iPhones e tudo mais. Basta que Joel perceba que se comportou mal; não preciso que todos os funcionários dele também percebam isso.

— Foi como um conto de fadas — diz ele.

— O quê?

— Conhecer você. Sem você saber quem, o que, eu sou. Foi como um conto de fadas. Você sabe… do tipo em que o príncipe se disfarça de pastor de porcos e…

— Espere aí, espere aí. — Ergo a mão para interrompê-lo. — Se você é o príncipe disfarçado de pastor de porcos, qualquer que seja o cenário maluco que criou na sua cabeça, o que isso faz de mim? Alguma espécie de camponesa ingênua incomum?

— Não! Bom, tudo bem, entendo que pareça isso, mas…

— Obrigada, Joel. Tenha uma ótima vida.

— Libby, por favor. A sua vida é tão cheia de encantamento e magia que você pode se dar ao luxo de ignorar quando o destino a presenteia com algo fantástico?

Dou as costas de novo, porque consigo sentir minha determinação vacilando.

— Tchau, Joel. Vou deixar você fazer aquela ligação para Palo Alto agora.

— Libby…

— Por favor, não me ligue mais.

Passo pela porta giratória.

E erro a saída, então preciso dar toda a volta de novo naquela maldita coisa, enquanto Joel fica parado ali me observando.

Acerto na segunda vez, graças a Deus, e saio na rua.

Ele não tenta me seguir.

Evito ir para casa pelo máximo de tempo que consigo.

O clima lá está triste, agora que estou começando a encaixotar tudo e que tudo deu tão errado, tanto com Ben e Elvira e, depois de tanta esperança, com a Pressley/Waters.

E com Joel. Com quem, agora percebo, eu estava bem mais empolgada do que me permitia admitir.

Além disso, estou meio que evitando voltar porque não quero ser confrontada pelo Chesterfield, não quero ter a constatação de que talvez não esteja mais funcionando.

Especialmente quando, de todas as ocasiões em que talvez a opinião de Grace Kelly pudesse ser um pouquinho duvidosa, a situação em que você poderia realmente querer ouvir o que ela tem a dizer (se conseguir fazê-la parar de ficar tagarelando sobre si mesma tempo suficiente para conseguir chegar lá) é aquele momento em que descobre que o cara de quem você gosta é, na verdade, um bilionário.

Para todos os efeitos, nos dias de hoje, ele é praticamente um príncipe, certo? Esqueça o fato de que ele não tem um título de verdade. Ele tem uma fundação de caridade, que semeia a generosidade em forma de doações enormes de dinheiro para os pobres, os necessitados e as vítimas de desastres naturais. Esqueça o fato de que ele não tem um castelo. Ele tem casas por todo o mundo, algumas das quais provavelmente têm o *tamanho* de um castelo (eu teria certeza se eu tivesse a audácia de pesquisar isso no Google — o que suponho que é exatamente o tipo de coisa que minha mãe está fazendo nesse exato momento).

Enfim, ele mesmo disse. Ele era um príncipe disfarçado de pastor de porcos. Realeza dos tempos modernos, misturando-se aos comuns.

Mato o tempo dando uma volta no setor de alimentos da Marks & Spencer perto da estação de Notting Hill, escolhendo uma salada de macarrão deprimente e um único pãozinho ainda mais deprimente para comer de janta. Então, eu me rendo, bem quando chego perto dos caixas, e volto para adicionar uma garrafa de vinho tinto, um pacote de minifolhados glaceados e um pote de umas coisinhas crocantes de flocos de cereais de chocolate à minha cestinha.

Levemente impelida por essas compras de porcarias alimentícias e álcool, tenho estômago (sem trocadilhos aqui) para voltar pelas ruas secundárias até o meu apartamento — digo, até o apartamento da Elvira.

Oh, meu Senhor, tem *outra* figura sombria espreitando na entrada do prédio.

Será que Dillon escapou da clínica assim tão rápido? Ou será que não é ele...?

— Tash? — pergunto, incrédula, quando chego perto o suficiente para reconhecer quem é.

— Libby, oi. — Ela está usando uma jaqueta quente, mas está fresco para uma noite de verão e ela parece com frio. — Ainda bem que você finalmente chegou em casa.

— Desculpe... Você está esperando há muito tempo?

— Só alguns minutos. Mas eu não sabia quanto tempo você ia demorar. Procurei o endereço no seu site. Espero que não se importe.

— Ah, não... Não, eu não me importo. — Apesar de isso me lembrar, aleatoriamente, de que é melhor eu atualizar meu site o quanto antes e tirar esse endereço dele. — Você deve estar congelando... Hum... Quer entrar?

— Se você não se importar.

— É claro que não. — Remexo meu bolso em busca das chaves. — Desculpe, Tash — continuo, enquanto passamos pela porta da frente —, mas era alguma coisa... particular? O que você queria discutir comigo?

— Não exatamente. Só achei que talvez você quisesse ajuda para encaixotar as coisas, como eu disse ontem.

— Certo. — Tento não parecer tão perplexa, mas aí solto: — São nove da noite, Tash. Não me leve a mal, fico grata pela oferta de ajuda, mas com certeza você tem lugares melhores para estar! Você só vai ficar em Londres por alguns dias... não quer ficar com Olly?

— Ele fica no restaurante até dez e meia. São os riscos de surpreender um dono de restaurante com uma visita inesperada, suponho.

Levo-a pelas escadas até a sala de estar escura e acendo as luzes...

...Nenhum sinal de Grace Kelly. O que é, na verdade, um alívio enorme, dadas as circunstâncias, porque eu não pensei nessa possibilidade antes de trazer Tash aqui em cima.

— E olhe — digo —, como você pode ver, eu não tenho muito o que fazer. Isto é, muito o que encaixotar. Bom, agora que você está aqui, é mais que bem-vinda para ficar e tomar uma taça de vinho.

Me arrependo, mais do que nunca, da minha sacola da Marks & Spencer cheia de comidas e bebidas para minha noite em casa de solteirona patética, porque sem dúvidas, quando Tash está em casa sozinha em Glasgow, ela prepara refeições edificantes e saudáveis do zero, com direito a verduras e quinoa. Contudo, felizmente, ela não parece tão interessada assim no conteúdo da minha sacola quando a coloco no chão, perto do sofá.

— Estou bem sem vinho, para falar a verdade — diz ela. — Tomei ontem à noite e tento não beber mais do que uma vez por semana. Você já tentou isso?

— Não. Nunca.

Respondo à pergunta na lata e imediatamente depois de falar, me pergunto: aquilo foi uma alfinetada?

— Ah, bem, você realmente deveria tentar também, Libby. Olly está fazendo o mesmo que eu, evitando ingerir álcool seis noites por semana, então agora que você vai morar com ele...

— Ficar na casa dele por um tempo!

— ...será uma oportunidade de fazer o mesmo. E isso só vai lhe dar muito mais energia e ajudar a se livrar daqueles três quilinhos que você parece nunca conseguir perder.

Certo, isso definitivamente pareceu uma alfinetada.

— Na verdade — continua ela, antes que eu possa dizer qualquer coisa —, eu ficaria realmente grata se você *não* o incentivasse a beber enquanto estiver morando no apartamento dele, Libby. Tenho certeza de que você entende do que estou falando.

Congelo por um momento.

Esse é o motivo pelo qual ela veio até aqui essa noite, com aquelas explicações dissimuladas sobre me ajudar a encaixotar minhas coisas?

— Então, me conta — acrescenta ela, novamente antes que eu consiga falar. Ela senta no braço do Chesterfield. Não está tirando o casaco, nem fazendo nada que possa fazer com que a tensão na sala fique menos palpável. — Como foi o seu encontro de hoje?

— Meu encontro?

— Sim. Você disse que ia sair com... Joel, é isso?

— Ah, sim. Foi... — Não tenho energia para mentir. Mais precisamente, estou inquieta demais para mentir. Tash está me olhando com aquele tipo de expressão analisadora que imagino preceder interrogatórios formais em delegacias, seguida por algumas horas de questionamentos agressivos. — Estou em casa às nove horas — respondo —, com uma garrafa de vinho e um pacote tamanho família de folhados glaceados. Como acha que foi?

— Ah. Que pena.

— Bem, você sabe — digo, exausta. — Namorar é difícil.

— Céus, sim, como sei. Mas você não deveria desistir tão fácil assim, Libby. Bem, talvez não tenha dando certo com esse tal de Joel, mas isso não significa que você deveria parar de procurar por... outra pessoa.

Eu sei, sem que ela precise deixar explícito, que ela não está dizendo que eu deveria encontrar outra pessoa que não seja Joel.

Ela está me dizendo que eu deveria ficar longe de Olly.

Mesmo com todo meu esforço para disfarçar a maneira como ainda me sinto com relação a ele, ela conseguiu perceber, não foi?

— Na verdade — continua Tash —, se você vai sassaricar por aí atrás de namorados e tal, talvez fique mais confortável morando em um apartamento só seu. E talvez você deva dizer a Olly que não vai morar com ele.

— Eu... hum...

— Quer dizer, eu sei que ele está mais que disposto a oferecer ajuda a você num piscar de olhos e tudo mais. Mas esse é Olly. Ele gosta de ajudar as pessoas. Pessoas carentes. Isso não significa que seja sempre uma boa ideia se aproveitar disso.

Certo, isso já foi longe demais. Entendo por que ela veio aqui esta noite (para me deixar ciente de que sabe dos meus sentimentos inadequadamente enterrados por Olly), mas agora ela está me chamando de *carente* e dizendo que estou me aproveitando dele e não vou aceitar isso. Sem contar o fato de que se vamos ter essa conversa, acho que devemos ter "a conversa", e não ficar rondando o elefante na sala, cutucando-o com uma vara pontuda de um jeito ameaçador.

— Tash. — Olho bem nos olhos dela. — Se você não quer que eu vá ficar com Olly, poderia só falar?

— Eu disse isso?

— Não. Você muito cautelosamente não disse. — O que, presumo, explica toda aquela animação excessiva à la Julie Andrews quando Olly sugeriu que eu fosse para lá. Ela não quer que ele saiba como ela se sente na verdade. — Olha, Tash, a última coisa que eu quero é irritar você...

— Oh, Libby. Não fico irritada com coisinhas como essa! — Ela sorri. — É sério, isso é bem mais para benefício seu do que meu ou de Olly! Eu só acho que, se você está determinada a se virar sozinha, você deveria mergulhar de cabeça nisso. Mesmo que isso signifique sair de Londres por um tempinho. Pode ser uma coisa boa, às vezes, ter uma mudança total de cenário. Fazer novos amigos. Começar do zero.

Certo, isso agora está ficando um pouquinho assustador. De repente, estou torcendo para que os Willington-Jones, no apartamento ao lado, estejam com os ouvidos pressionados na parede para tentar me pegar fazendo qualquer barulho suspeito indigno da nossa localização salutar. Por que, ao menos desse jeito, se essa conversa terrível com Tash piorar, eles estarão lá para testemunhar.

Tento, uma última vez, falar do elefante.

— Tash, por favor. Você não precisa se preocupar, nem por um minuto, que eu um dia vá agir...

— Não estou preocupada, Libby. Acredite em mim. Não há nada que você possa fazer ou dizer que poderia me preocupar.

— Mas, mesmo assim, você não quer que eu me mude para a casa de Olly — digo, incisivamente. — Certo.

O sorriso dela congela, fazendo a temperatura da sala cair mais alguns graus.

— Bem, foi só um conselho amigável, Libby, só isso. Que você pode acatar ou não.

— Tudo bem. Vou acatar. — Engulo em seco. — Vou encontrar outro lugar para ficar por um tempo.

— Ah, bem, se houver algo que eu possa fazer para…

— Está tudo bem — concluo. — Você já ajudou o suficiente, Tash. Obrigada.

Ela não diz mais nada. Apenas se levanta e desce as escadas.

Um momento depois, a porta da frente se fecha com um ruído.

10

Olly não atendeu o celular a manhã toda.

Nem respondeu as duas mensagens de voz e uma de texto que enviei pedindo para ele me ligar de volta, o que é mais preocupante.

E é por isso que estou aqui agora, a caminho do restaurante dele, para conversar antes que o almoço comece a ser servido. Não posso deixar um recado de voz ou mandar uma mensagem de texto para avisar que vou recusar a oferta generosa dele de hospedagem. Se parecer que eu o estou evitando ao repassar uma informação tão importante, isso só vai deixá-lo preocupado. E a última coisa que quero é deixá-lo preocupado.

Na maior parte porque tenho um pouquinho de medo de Tash, é claro.

Mas também porque talvez leve a uma conversa com Olly — e eu preferiria enfiar agulhas quentes nos olhos a ter essa conversa.

Então, vim até o Nibbles na esperança de que ele esteja ocupado demais e distraído demais pelo fato de o restaurante abrir em cinco minutos e que, dessa forma, ele aceite a explicação que vou dar: vou ficar no apartamento de Dillon para ajudá-lo assim que ele sair da clínica de reabilitação.

Isso não é, devo acrescentar, totalmente mentira. Eu *vou* mesmo ficar no apartamento de Dillon. É só que não é especificamente para ajudá-lo assim que ele sair da clínica. No mínimo, vou ter que estar bem longe do apartamento dele quando ele tiver alta da clínica, porque sei que vai ser, na verdade, muito importante para ele ter seu cantinho quando sair de lá e não me encontrar lá como uma espécie de bengala codependente para se apoiar. Mas, fora isso, esse é um plano bastante bom. Dillon me ligou cedo essa manhã por FaceTime (sua ligação diária permitida na Grove House, me deixando bastante lisonjeada por ter sido para mim) e depois de resmungar algumas respostas relutantes às minhas perguntas sobre o bem-estar dele e rapidamente desviar o foco da conversa dele mesmo, mencionei a visita de Tash.

— Puta que pariu, Lib — disse ele, depois de ter me feito contar a história toda (seu apetite por fofocas relacionadas a Olly aparentemente não tem limites) —, vá para o meu apartamento, em vez disso. O lugar vai ficar vazio até eu sair daqui. E eu prometo que não vou deixar nenhuma das *minhas* namoradas malucas aparecer por lá e te ameaçar para sair.

— Olha, eu não disse que Tash é maluca — falo com firmeza. — Só não acho que seja certo ir morar com Olly sendo que... Bem, provavelmente não foi a melhor ideia desde o começo.

— Acredite em mim, querida, morar com Olly Walker vai *sempre* ser uma ideia péssima. Aposto que ele é o pior colega de quarto que existe, de qualquer forma. Deixa cabelo no ralo do banheiro. Mistura manteiga no Marmite. Deixa freadas nas...

— Está bem, Dillon. Você não precisa me persuadir.

— Sem contar o fator da atração sexual gerada por toda aquela domesticidade aconchegante — continua ele, claramente achando que, apesar do que acabei de dizer, ele *precisa* me persuadir, afinal de contas. — Imagine, lá estará você de manhã, toda limpinha e úmida do banho, sedutoramente lambendo migalhas de torrada e geleia dos seus lábios, se tocando por acidente ao passar um pelo outro com seus roupões... O pobre homem não vai conseguir se conter.

Dou uma olhada severa para ele.

— De que diabos você está falando? Ele não gosta mais de mim. Está com Tash, lembra?

— Ora, por favor. Você não acha que ver você com a torrada e a geleia, lambendo... Não acho que isso vai fazê-lo retornar à estaca zero?

— Certo, bom, tudo que estou achando agora é que você é quem tem algum tipo de fetiche envolvendo torradas e geleia — falo apressadamente, porque estou achando esse assunto todo um tanto desconfortável e prefiro não me demorar nele. (Digo, nunca se sabe, quando se trata de Dillon, se ele está pensando aquilo que está dizendo ou se é tudo apenas uma provocação e uma brincadeira.) — Mas, se não houver problema algum com você, ficar no seu apartamento por algumas semanas seria maravilhoso. Prometo que terei encontrado algum outro lugar quando você sair daí.

— Ei, sem pressa. De qualquer forma, há uma boa chance de eu sequer voltar para o apartamento por um bom tempo depois de sair daqui. Minha agente me ligou ontem com uma oferta potencial para uma nova série de TV, filmada em Vancouver.

— Uau, Dillon, essa é uma notícia ótima!

— Pois é, foi inesperada, isso é certo. Achei que eu nunca mais fosse trabalhar de novo, para ser sincero. Mas, de qualquer forma, você pode ficar pelo tempo que precisar. E prometo a você que, se acabar morando com você, vou ser o melhor colega de quarto do mundo. Banheiro sempre limpinho. Pote de Marmite imaculado. Posso até prover serviços adicionais completos em que vou esquentar você na cama à noite…

Que é, obviamente, o motivo pelo qual eu preciso sair de lá bem antes de ele voltar para casa.

Enfim, é isso (ou uma versão disso) que estou aqui para explicar a Olly agora.

Empurro a porta do restaurante e entro.

Eu adoro esse lugar.

O negócio é que ele é basicamente do jeito exato que sempre imaginei que o restaurante de Olly fosse ser, bem antes de a ideia se tornar realidade. É aconchegante sem ser pequeno, descolado sem forçar a barra. Há mesinhas com bancos confortáveis para casais se acomodarem e algumas mesas grandes para grupos ou para as pessoas compartilharem. Tem um pequeno bar que sei que Olly adoraria expandir derrubando a parede do imóvel desocupado ao lado, assim que puder bancar sem dificuldades. O salão é bem-iluminado e, de alguma forma, ensolarado, mesmo nesse dia cinza de junho, e há tudo quanto é tipo de ruídos e barulhos provocados pelos funcionários quando entro.

— Oi — falo, com um sorriso, quando um do garçons se aproxima de mim com um *desculpe, ainda não estamos abertos* se formando em seus lábio. — Sou amiga do Olly. Ele está por aí?

— Ah, desculpe, sim, está na cozinha. — Ele sorri de volta. — Vou dar um pulo lá e avisar que você está aqui, que tal? Desculpe, pode me dizer seu nome?

— Libby.

— Ah! Libby! Já ouvi falar muito de você.

Pisco para ele.

— Já?

— Sim, você é, tipo, a melhor amiga do Olly, certo?

— Sim, suponho que sim… Não nos vemos mais tanto quanto costumávamos, infelizmente, mas…

— Ah, bem, ele ainda fala de você o tempo todo. Era com você que ele costumava viajar e tudo mais, não era?

— Hum, bem, sim, fizemos umas viagens de trem pela Europa por alguns verões seguidos.

— É, foi isso que ele me contou. Vocês foram a um bar de *tapas* em Madri que serviu de inspiração para esse restaurante, ele disse.

— Ah, sim, me lembro daquele lugar... — Engulo o nó que surgiu repentinamente na minha garganta. — Céus. Já faz tanto tempo.

— Bem, ele obviamente se lembra. Enfim, vou lá buscá-lo, está bem? A não ser que você mesma prefira ir até lá.

— Ah, sim, se não tiver problema, vou fazer isso — respondo, e já estou na metade do caminho para a cozinha quando me lembro de que alguns dos cozinheiros do Olly tendem a ser meio arruaceiros, se comportando como se fossem ex-detentos soltos recentemente que não veem uma mulher desde que foram presos por lesão corporal qualificada cinco anos atrás. De qualquer forma, é tarde demais para mudar de ideia agora, porque eu já disse ao garçom que ia lá atrás do Olly, então abro a porta e dou uma espiada.

Como sempre, está quente aqui atrás, cheio de vapor, com frigideiras respingando e sibilando e pessoas usando roupas brancas de chef, conversando alto umas com as outras em uma mistura de italiano com espanhol (italianol?)... E consigo ver Olly, bem lá no fundo, perto da câmara fria, com uma lista na mão e parecendo um pouco estressado.

— Tudo bem, Jorge — ele está dizendo a um dos cozinheiros. — Se temos tanto ruibarbo assim, então concordo com você, precisamos encontrar outra maneira de colocá-lo no cardápio de hoje. Será que pode fazer um pouco de sorvete com ele essa tarde para servirmos com a torta de amêndoas no cardápio do jantar, em vez do simples de baunilha... Libby! — Ele se interrompe, com uma voz assustada, quando me vê espiando. — O que você... Desculpe, Jorge, podemos terminar isso depois?

— Não, não, não se preocupe, vou ficar só dois minutinhos — digo rapidamente. — Se você está lidando com uma emergência de ruibarbo, isso é bem mais importante.

— Ah, é que o fornecedor entregou umas quatro toneladas disso essa manhã, em vez do que pedimos. Vamos dar um jeito, não vamos, Jorge?

Jorge não responde, apenas fica olhando para mim por um longo momento antes de erguer a mão, me cumprimentando.

— *Hola*, Libby — diz ele. — Ouvimos falar tanto...

— Vou lá fazer um cafezinho rápido para você — fala Olly apressadamente, vindo até mim e segurando a porta aberta para que eu voltasse para a área do bar. — É ótimo ver você — continua ele. — Faz um tempão que você não vem ao restaurante!

— Eu sei. Está incrível, Ol.

— Ah, vai ficar ainda melhor se conseguirmos a licença para expandir na sala ao lado... Criar um bar de verdade, mais mesas para comer, até expandir a cozinha, se não estourar o orçamento... Na real, preciso te mostrar o planejamento, Lib. Um dia de manhã, depois que você se mudar, vamos tomar um café da manhã gostoso juntos e aí você pode dar uma boa olhada enquanto eu empanturro você com umas batatinhas e bacon...

— Na verdade, foi isso que vim aqui avisar — interrompo. Mantenho meu tom casual. É mais fácil de falar do que de fazer, sinceramente, visto que ele acaba de me trazer à cabeça aquela imagem exata do café da manhã de lambidas de torradas e geleia que Dillon fez para me provocar. — Só queria dizer, Ol, que sou eternamente grata pela oferta, mas acabei fazendo outros planos.

Ele se vira para mim.

— Como é?

— Outros planos quanto a onde ficar. Para não atrapalhar você, digo.

— Mas eu já disse que não me atrapalharia. — A testa dele se enruga em confusão. — É sério, Lib, não é problema algum, mesmo.

— Isso é muito legal da sua parte, Ol, mas, para falar a verdade, vou ficar no apartamento do Dillon por um tempo. Quero dizer, está vazio no momento, o que é bom, porque aí posso esparramar todo o meu trabalho sem ter que me preocupar com...

— *Dillon*?

— Sim. — Limpo a garganta. — Ele está, hum, resolvendo alguns problemas no momento, mas vai ser muito bom para ele me ter por perto quando voltar para casa.

— Ele está se tratando na clínica de reabilitação, você quer dizer. — A voz de Olly é ríspida. — E quer que você esteja lá para mimá-lo e inflar o ego dele assim que sair.

— Não! Não é nada disso.

— Ah, então ele *não* gosta de ser idolatrado manhã, tarde e noite por uma linda mulher. Me enganei.

Estou pronta para retrucar, asperamente, que eu não *idolatro* Dillon, mas a outra parte do que Olly acaba de dizer me faz congelar.

— Linda? — pergunto, a palavra saindo da minha boca antes que eu possa impedi-la.

Olly parece apavorado por um instante, então se vira bruscamente de volta para a cafeteira.

— Bem, você, óbvio, é uma menina muito atraente, Libby. Mulher. Pessoa. Preto?

— O quê? Não, eu estou…

— Café. Café preto. É isso que estou perguntando — gagueja ele, sem conseguir montar uma frase completa. — Ou será que era cappuccino? Céus, espere aí, isso não faz nenhum sentido. Era cappuccino que você queria?

— Ah! Não, pode ser preto… Na verdade, acho que não tenho mesmo tempo para um café, Ol. — Consigo sentir meu coração palpitando; a conversa não está progredindo da maneira que eu queria, nem um pouco. — Olha, eu só queria dizer a você o quanto eu sou imensamente grata pela sua oferta. É só… melhor que eu fique na casa do Dillon, só isso.

— Tudo bem. Se é melhor para você. — Olly não se vira de volta para mim. — Era tudo que eu queria — continua ele —, apenas um lugar para você ficar. Se é melhor para você ficar no… *dele*… então, obviamente, não é problema. O que for melhor. Aqui está o seu café.

— Ah, mas eu deveria deixar você continuar com…

— Por favor — diz ele, virando-se —, tome um café. — Ele está com um sorriso levemente tenso estampado no rosto. — Por favor, Libby. Só enquanto eu… Bem, enquanto eu digo isso.

— Diz o quê?

— Essa… coisa que eu tenho para dizer. — Ele ergue a mão, abre a boca, a fecha, e abre de novo. — Só tenho uma coisa para dizer a você. Está bem?

— Sim, Olly, é claro, você pode dizer… qualquer coisa. Você sabe disso.

— Ótimo. Porque eu… — Ele para. — Eu… Eu tenho um novo fornecedor de café.

— Ahn?

— Tenho um novo fornecedor de café — repete ele.

Não sei o que eu estava esperando (algo um pouquinho mais importante, quem sabe, por causa do tom de voz dele) e estou contente por saber que ele encontrou outro fornecedor de café, considerando como o café é importante para Olly. Mas eu não esperava que se tratasse de um fornecedor de café.

— Isso é, hum, bom saber — respondo, um tanto rouca.

— Sim. Tem sido uma dificuldade. Encontrar o cara. O cara certo, digo.

— Posso imaginar.

— Eles são de Verona — continua ele, repentinamente se alvoroçando para me dar uma colher de que não preciso e um biscoitinho de amêndoas de um pote grande ao lado da cafeteira. — E são lotes bem pequenos, então é bem carinho, mas acho que vale a pena. Eu adoraria ter a sua opinião.

— Hum, certo... — Tomo um gole do café. — Delicioso! — minto. (Quero dizer, provavelmente *não* é uma mentira, o café *é*, quase certamente, delicioso, mas estou tensa demais para conseguir sentir o gosto de qualquer coisa agora.) — Tem bastante... hum... gosto de café.

— Bem, sim. Digo, era o que eu esperava. — Olly solta uma risada um tanto melancólica (como diria Dillon). — Mas você acha amargo demais? Forte demais?

— Ah, não sei, Olly! É exatamente o que falei sobre a questão do queijo: não entendo dessas coisas todas!

Ele não responde por um momento. Então, diz:

— Você sabe mais do que pensa, Lib. Sobre café, digo. E queijo. E... — Ele para. Na verdade, ele meio que congela, antes de dizer, tenso, alguns instantes depois: — Para falar a verdade, eu deveria voltar para a cozinha e falar com Jorge.

— É claro! Nunca quis atrapalhar você!

— Não, Lib, não tem problema. Nunca tem problema. Fique, por favor, e curta o seu café. Fico muito feliz que você tenha vindo.

— Bem, eu só queria contar a você pessoalmente.

— Eu sei. E obrigado.

Ele sai de trás do bar e dá um passo na minha direção. Por um momento esquisito, penso que ele vai apertar a minha mão ou, sei lá, me dar um soquinho amigável no ombro, ou algo assim. Mas estou completamente errada, porque o que ele está fazendo é colocar os dois braços em torno de mim e me envolver em um abraço enorme e longo.

Longo *mesmo*. Porque conto uns bons dez segundos (contar os segundos é a única maneira que eu instintivamente conheço para me impedir de me aconchegar no pescoço quente com aroma de limão dele, entende?) e depois mais dez segundos…

Ele não diz nada, mas consigo sentir o coração dele palpitando em seu peito.

Ou talvez seja o meu coração. Muito provavelmente é o meu coração.

Antes que eu possa definir com certeza qual dos dois é, ele se afasta de mim.

— Me avise — murmura ele, enquanto se vira e segue na direção da cozinha — se você ainda precisar de ajuda para levar suas coisas até o apartamento do Dillon.

E então ele desaparece pelas portas vaivém, retornando à sua crise de ruibarbo.

Encaixotar minhas coisas me deu a melhor desculpa do mundo para ignorar o celular o resto do dia.

Tanto para receber ligações (mãe, Cass, Bogdan, mãe, mãe de novo) quanto para fazer. O que, tudo bem, não é a coisa mais sensata a se fazer quando tenho clientes para atender. Mas todos eles podem esperar. Como eu disse, arrumar minhas coisas para minha segunda mudança no prazo de um mês é uma explicação perfeitamente razoável.

E estou me consolando, para ser sincera, com o silêncio. Afinal de contas, já tive tantas conversas difíceis, desagradáveis e totalmente malucas o suficiente nos últimos dias que desligar por um tempo de tudo isso é alívio puro.

O que requer certo esforço, para ser sincera, quando se trata da conversa que tive com Olly mais cedo essa manhã. Na verdade, não acho que eu tenha consigo mesmo *desligar* disso, e sim mais *reprisado continuamente na minha cabeça, tentando entender se a raiva dele realmente significa alguma coisa.*

Significa alguma coisa além de sua antipatia antiga por Dillon, no caso. Uma antipatia que era — até onde sei — motivada pelo ciúme. Uma antipatia que é de se pensar que ele já teria superado, agora que já *me* superou.

E aí teve aquele abraço. Aquele abraço que — na hora — eu tive bastante certeza de que *devia* significar alguma coisa, mas que, desde que aconteceu, convenci a mim mesma, durante o decorrer do dia, que foi só a maneira dele de deixar claro que ele sempre estará lá por mim. Nada mais.

O problema é que não posso perguntar a ele, certo? Não posso nem tentar ter o tipo de conversa aberta e sincera pela qual anseio, não com alguém que está tão terminantemente comprometido com outra pessoa. Isso me tornaria tão ruim quanto minha irmã pistoleira, não é verdade? Se eu começasse um interrogatório furtivo com Olly para descobrir por que ele...

— Ah, então é você de novo, pelo que vejo.

A voz, vinda do Chesterfield, me faz pular.

Me viro e vejo Grace Kelly, resplandecentemente de volta em seu vestido de noiva, sentada no sofá.

— Você está aqui! — exclamo.

— Sim. Assim como você. — Ela suspira, um tanto irritada. — Preciso ser sincera, eu estava esperando que aquele moldavo maravilhoso aparecesse de novo. As coisas não... *progrediram* com ele antes. Quer dizer, ele era afetuoso e foi tudo muito bacana, mas fiquei um tanto decepcionada por não ter passado disso. É só um sonho, afinal de contas. De que servem os sonhos, se você não pode ser gloriosamente arrebatada por um estranho galante?

— Não, bem, não fico surpresa por as coisas não terem acabado... indo além com Bogdan. — Olho para ela. — Caramba. É muito bom ver você. Eu não achava que você voltaria.

— Voltaria? De onde? Na verdade, esqueça isso — acrescenta ela rispidamente quando abro a boca para responder. — Quem sabe quanto tempo temos antes de eu acordar? Prefiro terminar a conversa que estávamos tendo antes, se você não se importar. Bem, é claro que você não vai se importar, porque você *sou* eu... — Ela para, me dando uma olhada um tanto penetrante. — Apesar de que preciso confessar que estou um pouco surpresa com o fato de meu subconsciente ter escolhido me representar com alguém tão... desleixada.

— Ei! Estou encaixotando minhas coisas — explico, indignada. — Esse é o único motivo pelo qual estou usando isto. — Aponto para meus shorts largos e minha camiseta. — Acredite em mim, se eu pudesse ficar pavoneando por aí com um vestido de noiva de alta costura, eu faria isso. Eu não ficaria tão bem quanto você, admito...

— Era exatamente disso que eu estava falando. De qualquer forma, talvez você só seja um alerta salutar do que pode acontecer comigo se eu me descuidar. — Ela está com uma postura empresarial quando se levanta do Chesterfield e começa a andar de um lado para o outro. — Agora, por falar em alertas salutares — continua ela, fazendo a cauda de seu vestido sibilar quando se vira —, na última conversa que tivemos, você estava me contando sobre um rapaz chamado… Joe, era isso? John?

— Joel.

— Isso mesmo, Joel. Vamos continuar chamando-o desse jeito, que tal? Em vez de… Bem, Rainier, obviamente.

— Sim, olha, ele não representava Rainier, garanto a você. E não importa muito mesmo, porque ele já está fora da jogada.

— Como assim, fora da jogada?

— Isso mesmo. Não vou mais sair com ele. Ele mentiu para mim, sabe, sobre ser um bilionário e…

— Espere aí. — Seu sotaque norte-americano é imperioso. — Ele disse a você que era bilionário, mas não era?

— Não, ele me disse que não era bilionário e era. Ou melhor, para ser mais precisa, ele não me disse que era bilionário. Não é como se ele…

— O que você está dizendo não faz sentido algum. — Agora ela parece realmente irritada. — Por que é que qualquer garota do mundo em sã consciência dispensaria um bilionário?

— Ora, francamente. — Eu mesma soo um tanto irritada, apesar de não ser tão boa nisso quanto ela. Só pareço petulante e rabugenta, em vez de majestosamente irada. — Esse é o pior motivo do mundo para ficar com alguém!

— É mesmo? — pergunta ela. — Você não acha que é tão fácil se apaixonar por um bilionário quanto por um homem que não tem um centavo no bolso?

— Não se trata do fato de ele ser bilionário ou não. Trata-se do fato de ele ter mentido.

— E daí? — Ela ergue a sobrancelha. — Os homens mentem, querida. Isso não é suficiente para rejeitar um homem que tem todas as outras qualidades a seu favor. Ele é bonito? Divertido? Bom?

— Ah, sim, tudo bem, ele é…

— Meu Senhor do céu, então, não prejudique a si mesma por causa de um ressentimento! Corra atrás dele! Envolva-o! Foi exatamente isso que eu fiz com o príncipe! Eu não ia deixar outra menina aparecer toda exibida e abocanhá-lo, não quando eu tinha uma chance… Não falei exatamente a mesma coisa para você antes? Que a vida é para os que correm atrás?

— Sim, falou. Mas não estou prejudicando a mim mesma por causa de um ressentimento. Prefiro ficar sozinha pelo resto da vida a ficar com alguém em quem não posso confiar plenamente.

— Ora, francamente. — Grace se vira, jogando a cauda do vestido para trás dessa vez. Ela parece bastante agitada, preciso dizer, talvez porque acha que existe um tempo máximo para nossos encontros e que, a qualquer minuto, eu vou desaparecer com o nascer do sol e nunca mais vou repassar a ela quaisquer mensagens que ela ache que estou filtrando de seu subconsciente. — Você só está dizendo isso porque ainda está de luto por causa daquele outro rapaz. Aquele com quem você queria estar, antes de o destino... O que foi que você disse? Ferrar com tudo?

— Sim, foi isso que eu disse. — De repente, estou me sentindo um tanto desesperada, e é provavelmente por isso que solto: — Veja... Sei que você é impecavelmente lúcida e racional quanto ao amor, Grace...

— Srta. Kelly.

— Srta. Kelly... Sei que você é feliz pensando no romance como uma espécie de transação comercial, mas nem todo mundo consegue agir assim da maneira que você consegue.

— Ora, espere um pouco! Isso não é justo. — Ela me encara. — Eu nunca disse que penso no romance como uma transação comercial. Só disse que não acredito em deixar algo tão importante quanto o amor nas mãos do destino. Francamente, não consigo acreditar que qualquer pessoa um dia faça algo tão tolo. O destino é instável, cruel e estúpido. Se eu tivesse aceitado cegamente o que o destino tinha reservado para mim, eu ainda seria a pequena e magricela Grace da Filadélfia, a menos bem-sucedida dos meus irmãos extremamente prósperos e destinada a uma vida de decepções para meu pai e minha mãe. Se existe alguém que é a propaganda perfeita de quem se fez sozinho na vida, esse alguém sou eu. Agora, concordamos que você está fazendo a coisa certa ao se envolver com esse bilionário ou não?

— Não! Não estou envolvida com ele. E nem vou ficar. E isso não tem nada a ver com você, justificando sua escolha de se casar com o príncipe! Esta é a minha vida, está bem? — Agora que ela está permitindo que eu fale mais que duas palavras em sequência, não pareço conseguir parar. — Não sou algum tipo de cifra de todas as suas esperanças e sonhos. Coisa que, por sinal, não sei se você é tão boa assim em defender. Para alguém que tem tanta certeza de estar fazendo a coisa certa ao se casar com seu príncipe amanhã, você passou um tempão falando de todos os outros que escaparam.

De repente, parece que eu lhe dei um soco forte no estômago.

— Desculpe — digo. — Eu... não devia ter dito isso.

— Não. Não devia. — Ela me olha incisivamente de novo e, então, parece desistir. Ela se dobra, de alguma forma, ao meio e acaba sentando novamente no Chesterfield. — Minha nossa — diz ela, com uma voz baixinha —, estou exausta.

— Eu sei. — Me aproximo, pensando em me sentar ao lado dela, mas aí penso melhor. Ela pode parecer vulnerável, mas ainda assim é Grace Kelly, afinal de contas. Escolho um lugar a uma distância respeitável no sofá e me acomodo ali. — Posso imaginar.

— Obrigada. — Ela permanece em silêncio por um momento, então continua: — Se parece que não consigo parar de falar de... bem, certas pessoas do meu passado, é só porque você é a única pessoa com quem posso falar sobre isso. — Ela solta uma risadinha meio fraca. — Absurdo, não é? Ter chegado a esse ponto. Só conseguir ter uma conversa sincera com a menina imaginária da minha cabeça.

— Eu não me sentiria tão mal quanto a isso — digo. — Algumas das melhores conversas que tive na vida foram com pessoas que não estavam realmente aqui.

— Entendo — fala ela, apesar de não estar prestando atenção de verdade. Seus olhos azuis brilhantes estão um pouco enevoados e ela parece tão exausta quanto diz se sentir. — É claro que penso nos homens que amei antes — continua ela, mais para si mesma do que para mim. — Esta noite mais do que nunca. Mas se existe uma coisa que tenho certeza é que partir para outra é a melhor coisa a se fazer. Para que perder um único instante chorando por um caso de amor fadado ao fracasso quando a chance de tecer um novo romance está bem debaixo do seu nariz?

Há uma batida forte na porta de entrada do prédio lá embaixo.

E assim, simplesmente, Grace Kelly some.

Fico sentada no Chesterfield, um tanto atordoada, por mais um momento.

Aí as batidas recomeçam, então me levanto para ir atender.

— Libby? — Posso ouvir, enquanto me aproximo da porta, que é Cass do outro lado. — Puta que pariu, está congelando aqui fora!

Abro a porta.

— Cass, oi. Não é… uma hora muito boa.

— É, está bem, eu devia ter ligado. Mas, falando sério, Lib, estou aliviada por ter saído de lá inteira! Ah, você tem um dinheirinho para o cara do Uber? — continua ela, apontando por cima do ombro para onde um homem está tirando algumas malas de um Prius levemente sucateado ali perto. — Ele foi um amor, colocando todas as malas no carro e emprestando o ombro para eu chorar… Esse é o tipo de situação que deixa a gente *superconfiante* na bondade das pessoas. Além do quê, ele é romeno e não tem *nada* de bom a dizer sobre os búlgaros, acredite em mim. Não é isso mesmo, Corneliu?

— É certo — concorda Corneliu, o motorista aleatório do Uber, enquanto caminha com dificuldade até a porta com uma mala em cada mão e mais duas bolsas enormes nos ombros. — Ela tem sorte de escapar desse homem com vida.

Ainda estou atordoada demais por causa do meu encontro com Grace para fazer qualquer coisa além de dar umas notas para Corneliu do bolso do meu moletom e então empurro eu mesma as malas de Cass pela porta para que não fiquem bloqueando a calçada e provocando a ira dos Willington-Jones… É só quando a porta se fecha e que vejo Cass subindo as escadas à minha frente que consigo formar um pensamento coerente o bastante para fazer uma pergunta.

— Desculpe, Cass… O que você está fazendo aqui? Com todas as suas malas?

— Não é óbvio, Libby? Estou escapando! Fugindo enquanto minha sanidade e meu amor próprio ainda estão intactos! Enquanto ainda resta alguma coisinha — ela faz uma pausa dramática — de *mim*.

— Espera: você deixou Zoltan?

— Deixei!

— No *seu* apartamento?

— Sim. — A testa dela se enruga, só por um instante, quando ela percebe a besteira que acabou de fazer. — Mas — continua ela, se recuperando rapidamente — essa é justamente a questão. Depois de todo aquele tempo me sentindo tão arrasada com tudo, eu nem mesmo sabia se aquele *era* mesmo o meu apartamento. E eles tomaram conta de tudo, Libby. Não *parece* mais o meu lar.

— Certo… Hum… E então você apareceu aqui com as suas malas porque…?

— Porque vou ficar com você!

Fico olhando para ela.

— Cass, você só pode estar brincando.

— Por quê?

— Porque você sabe que estou de mudança, certo? E que eu, atualmente, não tenho outro lugar onde morar? Bom, vou ficar na casa do Dillon por algumas semanas, até…

— Mas e Joel Pereira?

— O que *tem* Joel Pereira?

— Bem, ele não vai querer que você fique *na rua*, né? Quero dizer, que impressão isso passaria se o *Daily Mail* ficasse sabendo? A namorada sem-teto de um bilionário?

— Não sou namorada dele.

— Está bem, está bem. Pode ser que *ainda* não seja, mas se você sair com ele mais algumas vezes… e não sei se já fez sexo com ele ou não, Lib, mas, se não fez, talvez essa seja uma boa maneira de fechar o negócio…

— Você não ouviu o que eu disse aquele dia? — pergunto, inutilmente, porque, convenhamos, quando foi que Cass um dia ouviu qualquer coisa que eu tenha digo? — Não vou mais sair com ele. Eu terminei.

— Libby Rose Lomax!

— Meu segundo nome não é…

— De todas as coisas estúpidas, egoístas…

— Ah, desculpe. Eu devia saber que você ia dar um pé na bunda do seu namorado e precisar de um lugar para viver?

Ela fica olhando para mim.

— Eu preciso que você me apoie neste momento. Acabei de escapar de uma situação muito *abusiva*…

— Cass, não seja ridícula. Não era abusiva.

— Eu estava *com medo pela minha coleção de sapatos*! Quanto mais — pergunta ela, arfando — você acha que eu deveria estar disposta a aguentar? Quero dizer, os sapatos são onde tudo começa, não é?

— É?

— Sim! Um dia, elas estão escarrando nas suas novas sandálias de tiras Kurt Geiger e a próxima coisa que você percebe é que está com medo de dormir à noite caso elas entrem no seu quarto e a ataquem enquanto você está deitada… Chama-se *agravamento*, Libby. Estou surpresa por você não ter ouvido falar disso.

Não estamos chegando a lugar algum.

— Certo — digo —, mas, Cass, falando sério, você não pode ficar comigo. Eu mesma estou procurando um lugar para morar. Possivelmente em Stevenage.

— Onde fica Stevenage?

— Importa? — Consigo me ouvir perdendo o controle, então respiro fundo para me acalmar. — Olha, você pode passar a noite aqui, já que ainda estou aqui, mas, depois disso, vai ter que encontrar outro lugar para morar. Ou, já que é o seu nome que está no contrato de aluguel, mande Zoltan e as crianças embora para que você possa voltar para casa!

— Pois é, como eu disse, sinto que não quero fazer isso... — Cass se acomoda no Chesterfield, no lugar onde Grace estava agora há pouco. — Sabe, se você *estivesse* namorando com Joel Pereira, Lib, e se ele *realmente* decidisse colocar você em um lindo apartamento, eu poderia ir morar com você!

O real motivo para a fuga repentina dela está ficando depressivamente claro.

— Pense no assunto! — continua ela, seus olhos brilhando. — Você e eu nunca dividimos um apartamento. Poderia ser uma verdadeira oportunidade para nos conectarmos! Além disso, seria em um lugar superbacana, é claro, então, ficaríamos perfeitamente alocadas para fazer compras e ter almoços das meninas, e dias no SPA... Ooooh, é ele? — pergunta ela quando meu celular começa a tocar na mesa de centro. Ela o pega antes de mim. — Ah. — Ela parece decepcionada. — É só a mãe. Oi, mãe — atende ela, antes que eu possa impedi-la. — Não, sou eu... Não, estou no apartamento da Libby... Sim, vejo você em um minuto.

— Ela está vindo para cá? — pergunto, horrorizada, quando Cass joga o celular de volta na mesa.

— Não, não está vindo para cá. Ela está aqui na frente. Bom, ela não sabia exatamente qual era o número do apartamento... Deve ser ela — acrescenta Cass quando ouvimos uma batida na porta. — Melhor ir abrir a porta para ela, Lib. Ah, e acho que ela disse que estava trazendo vinho, mas, se ela não trouxe, será que não vale a pena mandá-la de volta para comprar uma garrafa?

— Vá você atender à porcaria da porta! — esbravejo furiosamente.

— Ah, estou *entendendo*. — Cass me fita, estreitando os olhos. — Você é diva demais para atender à própria porta, agora que se arranjou com um bilionário?

— Não, não é isso, Cass. É que a mãe não veio me visitar nenhuma vez, nunquinha, em nenhum dos apartamentos que já aluguei, e agora, só porque ela acha que estou namorando com Joel Pereira, ela aparece do nada? Com uma garrafa de vinho?

— Ah. Certo. É, isso vai ser uma chateação para você agora, Lib. Pessoas tentando sugá-la porque você é namorada de um bilionário. Mas relaxe — fala ela, cantarolando de um jeito que não tem nada a ver com sua voz de sempre, enquanto se levanta, me leva até o sofá e me empurra para baixo para que eu me sente — que *eu* vou lidar com a mãe. Estou aqui para apoiar você, Libby. Nunca duvide disso.

Eu cubro o rosto com as mãos por um momento, chafurdando na escuridão e pensando se a melhor saída agora seria fingir um ataque repentino de infecção alimentar, ou suspeita de ebola, quem sabe, para me livrar das duas e poder *pensar*.

— Libby — diz a voz da minha mãe de algum lugar do outro lado do paredão das minhas mãos, quando ela entra na sala de estar. — Oh, querida, tem sido puxado demais para você? Encaixotar todas as suas coisas, digo. Foi por isso que eu vim! Direto do hospital, por sinal. Bem, eu saí essa manhã, mas, de qualquer forma…

— Para me ajudar a arrumar as minhas coisas? — Tiro as mãos do rosto. — Você nem sabia que eu estava de mudança.

— Bem, está certo, eu só vim oferecer meu apoio *no geral*. Porque você está passando por uma fase difícil, querida. Insegura quanto aos seus sentimentos por esse… Desculpe — acrescenta ela, de um jeito convincentemente casual —, o nome dele é Joel?

— Sim, mãe — diz Cass de um jeito mandão, vindo se sentar ao meu lado no sofá e colocando o braço em torno dos meus ombros em um gesto que acho que deveria me fazer sentir apoio e fraternidade, mas que, na verdade, passa mais uma sensação imoral e possessiva. — E nós não queremos que se faça nenhum alvoroço só porque ele está sentado na nota e tudo mais, né, Lib?

— Alvoroço? Não estou fazendo alvoroço algum! Eu só sei que, quando uma garota está enfrentando dificuldades amorosas, a pessoa que pode ajudá-la de verdade é a mãe. Eu ainda gostaria de ter tido o benefício de um conselho de mãe quando fui me casar com seu pai, querida. Mas minha própria mãe, como sabe, é uma pessoa egoísta e egocêntrica, então eu nunca poderia contar com ela para me *ouvir*. Simplesmente *ser uma mãe*.

Me levanto.

— Preciso de uma bebida.

— Aaaaah, bem, eu trouxe vinho, querida! — avisa minha mãe, enfiando a mão na bolsa e tirando uma sacola da Waitrose com uma garrafa de vinho tinto dentro. — O que seria de uma noite das meninas sem vinho?

— Não estou falando de vinho. Estou falando de algo mais forte. — Pego minha bolsa do chão. — Já volto.

— Ah, se você vai comprar vodca, Lib, é melhor comprar umas águas tônicas também. As de baixas calorias. Ah, e, quem sabe, suco de *cranberry*. Até que estou bem a fim de um drink de *cranberry* com vodca essa noite. E você, mãe?

— Na verdade, agora que você tocou no assunto, estou com bastante vontade de um *screwdriver*. Então, se você puder trazer um suco de laranja também, querida, seria perfeito. Ah! E já que você está indo, estou tentando tomar bem mais suco de romã desde que saí do hospital... É *tão* terapêutico e regenerativo... Até mesmo misturado com vodca — acrescenta ela, levemente defensiva.

— Está bem. Vou lá comprar uma seleção variada de sucos para agradar a todos os paladares. — Desço as escadas pisando duro. — Isso pode levar *um bom tempo*.

Porque preciso de um pouco de ar fresco, longe do egocentrismo asfixiante delas, e vou caminhar feliz por toda porção oeste de Londres até existir a possibilidade de elas terem ficado cansadas de tanto fofocar sobre Joel uma com a outra e optado por assistir à TV.

Ou, melhor ainda, até elas voltarem para a casa da minha mãe e me deixarem em paz.

Sigo na direção de Notting Hill, caminhando o mais rápido que consigo sob o ar frio da noite. Eu saí usando apenas um moletom e meus shorts jeans folgados-e-confortáveis-para-arrumar-as-coisas e já começo a me arrepender quando chego na rua principal.

Estou debatendo comigo mesma se devo voltar e encarar o desafio de ver minha mãe e Cass de novo só para poder colocar uma calça jeans e uma jaqueta e, dessa forma, conseguir ficar mais tempo na rua sem morrer de frio quando, de repente, um carro para ao meu lado.

É Joel, no banco do motorista de um... Bem, não sou nenhuma especialista, mas acho que é um Bentley conversível.

— Libby! — Ele parece extasiado por me ver. — Eu estava indo até o seu apartamento!

— Mas... Eu falei que não queria te ver.

— Sim, falou. Mas será que pode entrar e conversar comigo?

Fico olhando para ele.

— Tenha pena de mim — acrescenta ele. — Por favor. Parei em local proibido.

— Eu não me preocuparia. Tenho certeza de que você pode bancar a multa.

— Ah, mas como vou conviver com a mancha no meu senso de responsabilidade cívica? Quero dizer, vou atrapalhar um ônibus a qualquer minuto, Libby. Um ônibus com pessoas comuns dentro dele, Libby. Almas honestas que babacas capitalistas como eu comem no café da manhã. Com uma pitada de diamantes, para ficar mais crocante.

— Joel, não sei bem de onde você tirou a ideia de que sou alguma espécie de comunista raivosa — digo. — Minhas objeções à sua riqueza estão relacionadas unicamente ao fato de você ter mentido para mim e me feito parecer uma palhaça. Não estou nem aí para se você come trabalhadores honestos no café da manhã. Com ou sem diamantes.

— Ora, isso é muito desalmado da sua parte. Você não pensa no povo?

Me recuso a ser seduzida.

— Na verdade, Joel, não acho que eu queira falar com você. Acho que você disse tudo que precisava dizer.

— Ei. — Há uma pitada, apenas uma pitada, de irritação na voz dele. — Isso não é justo. Você não pode presumir o que eu precisava dizer, Libby. E você não vai nem deixar que eu me explique? Você não me deve ao menos isso?

— Tenho certeza que não.

— Nesse caso, tudo que posso fazer é apelar para a sua humanidade. Por favor, Libby, se você me escutar, talvez o que eu diga acabe fazendo sentido para você.

Eu vacilo.

Grace — maldita! — me fez pensar.

E Joel (provavelmente com o mesmo instinto que o fez conquistar 2,6 bilhões de dólares desde que largou Harvard aos vinte anos para fundar a própria empresa de software) se aproveita do meu momento de fraqueza.

— Talvez você não deva isso a mim. Mas não deve a *si mesma*? Ter a resposta que você merece?

Ele é bom. É claro que ele é bom.

E o que ele não sabe, naturalmente, é que, do outro lado dessa equação em particular, enquanto faço os cálculos rápidos na minha cabeça, estão minha mãe e Cass, plantadas no meu apartamento, pensando em maneiras de me fazer botar a coleira em um homem que eu mal conheço.

— Está bem — concordo. Abro a porta do carro e entro. — Certo. Estou ouvindo.

11

Como tenho a sensação de que a explicação do Joel vai levar um tempinho, aproveito a oportunidade, enquanto ele espera para fazer o retorno em meio a um trânsito caótico na rua Bayswater, para mandar uma mensagem de WhatsApp para Cass.

Encontrei um amigo e vamos tomar alguma coisa rapidinho. Sintam-se em casa.

Cass responde antes mesmo de Joel conseguir fazer o retorno.

É Joel?????

Seguida, alguns segundos depois, por uma mensagem da minha mãe.

Não se preocupe em vir para casa esta noite, querida, se você está se divertindo com Joel. Tenho certeza de que Cass não vai se importar de você passar a noite fora.

Não me importo nem um pouquinho, confirma a mensagem de Cass, quase simultaneamente, *que você passe a noite toda fora. Isto é, se a noite se transformar em uma maratona sexual. Ah, e se virar mesmo uma maratona sexual, então se lembre de que ele é BILIONÁRIO, então deve estar acostumado com mulheres que oferecem de tudo e mais um pouco. Só estou dizendo que não é para ser tímida esta noite.*

Estou enfiando meu celular na bolsa com raiva quando vejo uma última mensagem da minha mãe aparecer.

Concordo totalmente com Cass, querida. Não sei que tipo de coisas você está acostumada a fazer entre quatro paredes, mas pode ser que você precise ir um pouco além com um homem do mundo como Joel Pereira (espero ter escrito no nome dele certo!).

Estou imensamente contente, agora mais do que nunca, por ter escapado do apartamento por um tempinho. Toda essa conspiração começa a fazer você entender por que as Anas Bolenas do mundo acabam sendo decapitadas, não é? Levando em consideração os membros antiéticos da família tentando se posicionar de modo a conquistar "vantagens", com acredito que diziam antigamente. Minha mãe e Cass teriam sido aquelas que se emperiquitavam com rubis e diamantes, sentadas em seus castelos amuralhados novinhos em folha, enquanto eu seria a pobre coitada que seria obrigada a casar com algum rei velho com sífilis que vivia de olho nas damas de companhia e mantinha o carrasco local sempre a postos caso eu olhasse torto para ele por cima do cisne assado durante o almoço.

Não que Joel tenha sífilis, obviamente. Ou melhor, suponho que não tenha.

E não que ele tenha um carrasco sempre a postos também. Novamente, estou supondo. Apesar de imaginar que, quando se é rico como ele é, você pode ter praticamente qualquer coisa — por um preço.

— Obrigado, Libby. — Joel conseguiu fazer o retorno e agora está voltando na direção de Holland Park. A mão direita dele, repousada sobre o volante, é muito sexy; a mão esquerda, repousada no câmbio, é ainda mais sexy. — Estou muito feliz por você ter entrado. E então, gostou do carro?

Oh, *Céus*. Talvez eu devesse ter optado pela noite com minha mãe e Cass.

— Joel, tenha santa paciência! Não estou impressionada com o seu maldito carro!

— Ah. — Ele parece decepcionado. — Nem se eu tiver comprado para você?

— Como assim?

— Bem, comprei este carro algumas horas atrás. Para você. Se quiser.

Sinto meu estômago revirar de horror.

— Você comprou um Bentley para *mim*?

Ele confirma com a cabeça.

— Joel…

— Ah, e se você abrir o porta-luvas, vai encontrar outra coisa que comprei para você na mesma hora.

Com mãos trêmulas, abro o porta-luvas.

Dentro, tem uma caixinha de colar quadrada, achatada e vermelha-vibrante da Cartier.

— Joel…

— Abre.

— Não vou abrir.

— Abre — insiste ele. — Vai.

Por pura curiosidade mórbida, mais do que qualquer outra coisa, abro a caixa.

E sou quase cegada — é sério — pelo milhão de Watts emitidos pelos diamantes, que me fazem piscar: um colar de duas voltas de diamantes perfeitos, lapidados de forma arredondada.

Não precisa ser nenhum especialista em joias para saber que tem mais de meio milhão de libras em diamantes aqui.

— Você só pode estar de brincadeira. — Fico olhando para Joel. — Você acha que pode me persuadir a esquecer tudo comprando o equivalente a meio milhão de libras em diamantes para mim?

— Mais de um milhão, na verdade. Essas pedras são particularmente perfeitas, como acho que você vai conseguir ver melhor com mais luz.

Me sinto fraca e enjoada demais para falar.

— Mas não, em resposta à sua pergunta, Libby. Duvido muito que eu consiga persuadir você a esquecer tudo com um milhão de libras em diamantes. Suponho, na verdade, que eu esteja apenas usando o Bentley e o colar como ilustrações de como é, realmente, ser eu.

Não estou entendendo.

— Então, você está dizendo que ser bilionário significa que você pode dirigir carros caros e comprar joias caras? Você acha que eu sou idiota, Joel? Estou ciente de que você pode comprar todas essas coisas, se quiser.

Contudo, preciso confessar que ver tudo isso ao vivo me faz compreender de verdade isso, com um abalo verdadeiramente alarmante.

— Não estou me explicando direito. O que eu deveria dizer é que essas coisas, esse carro e esse mesmo colar, são coisas que me foram pedidas recentemente. Por mulheres que eu estava namorando na época.

— Desculpe, você namorou mulheres que pediram por um carro esporte de luxo?

— Sim.

— E diamantes da Cartier?

— Sim.

— Entendo. — Fecho a caixinha da Cartier e a enfio de volta no porta-luvas. — Bom, a primeira coisa que me vem à mente, Joel, é que você deveria tentar arrumar uma maneira de conhecer uma classe melhor de mulheres.

— Eu conheci. Você. — responde ele. — Esse é o motivo pelo qual sustentei aquele teatro bobo de ser um *personal trainer*. E o motivo pelo qual eu teria continuado por semanas, provavelmente, se você não tivesse me descoberto. — Ele para por um instante, então solta um longo suspiro. — Todas as mulheres que eu conheço, Libby, sabem quem eu sou. Ou, se não sabem logo de cara, sabem cinco minutos depois, quando buscam pelo meu nome no Google. E você... Bom, você foi a primeira mulher que conheci nos últimos, ah, sei lá, dez anos ou algo assim, que não sabia. — Ele respira fundo, então fala superlentamente e com muita clareza, para dar ênfase. — Você. *Não. Faz. Ideia.* De. Como. Isso. É. Revigorante. É sério. Foi como tomar água gelada depois de uma década no deserto.

— Se você não tivesse bebido nada em dez anos em um deserto, estaria morto.

— Sim, bom, acredite em mim, há vezes em que é bem assim que eu me sinto: morto. Quero dizer, a desgraça absoluta e previsível: toda mulher que eu conheço, fazendo "a cara".

— A cara?

O sinal de trânsito fica vermelho e ele para o carro, aproveitando a oportunidade para fazer uma imitação bastante precisa da expressão praticamente exata no rosto de Cass quando contei a ela o nome do cara com quem eu estava saindo: olhos arregalados, queixo caído, algo levemente distorcido com relação às bochechas.

— Sabe aquele ditado que diz que todas as mães são iguais, só moram em endereços diferentes? Bem, comecei a achar que os rostos de todas as mulheres eram iguais, parecidos com peixinhos dourados assustados. E não tenho ilusão de achar que é minha beleza ou minha personalidade contagiante que faz com que elas se derretam como gelatina. — Ele parece depreciado, até mesmo triste, de repente. — É o fato de que elas parecem não conseguir olhar para mim sem enxergar montanhas de dinheiro. A última mulher que me olhou direito foi minha ex-mulher, e isso é porque nos conhecemos quinze anos atrás, antes de tudo decolar.

Não quero dar a essa comovente história (por mais genuína que pareça) muita oportunidade para me dobrar, então me distraio perguntando:

— Então, a ex-mulher na Austrália é real?

— Certo, era por isso que eu sabia que precisava conversar com você! Tudo que eu disse, todas as informações que eu mesmo dei, são cem por cento reais. Sim, tenho uma ex-esposa. Sim, ela mora em Sidney. Sim, temos uma filha de cinco anos. — Ele engata a primeira marcha quando o sinal fica verde. — Eu não conheço meu pai, que é brasileiro de verdade. Minha mãe é uma eslovaca que faz trabalho humanitário de verdade. Bom, ela é quem comanda a Fundação hoje em dia, mas é basicamente a mesma coisa. Ah, e o aniversário dela está chegando de verdade. E eu quero comprar alguma coisa para ela no seu site de verdade.

Consigo sentir minhas bochechas queimarem ao lembrar disso.

— Para ser sincero, não consigo descrever — continua ele — a alegria que foi ter uma noite longe de toda aquela *merda*. E eu gostei de você de verdade. Me senti atraído por você de verdade. E eu não queria estragar tudo permitindo que essas porcarias de sempre se metessem no caminho. Além disso, o que é que eu ia fazer? Esperar até servir o vinho no bar e dizer: "Ah, por sinal, só para você saber, por acaso sou bilionário"? Isso não teria feito com que eu parecesse um idiota premiado antes mesmo de começarmos?

— Sim. Suponho que sim.

— Então, por favor, me dê mais uma chance. Me deixe provar a você — pede ele — que eu sou apenas... eu. E que por acaso valho uns trocados.

— Joel, você não vale *alguns trocados*...

— E daí? Se o dinheiro não importa para você, então, não permita que importe. — Ele dá de ombros. — Se você não se impressiona com ele, não seja consumida por ele. É claro que tenho casas caras e uso roupas caras e vou para os lugares no meu próprio helicóptero...

— Você tem um *helicóptero*?

— Está bem, está bem, sei o que isso parece, mas, com toda a sinceridade, Libby, é só pela praticidade. Preciso supervisionar muitas pessoas em vários países diferentes...

— Existe uma coisa chamada Skype, sabe? Videoconferência?

— Sim, mas nenhuma dessas coisas é, nem de longe, tão incrível quanto sobrevoar o local no seu próprio helicóptero.

Rio, sem conseguir me conter.

— Olha — digo —, acredite ou não, eu entendo. Posso imaginar que não deva ser tão legal assim ter todo mundo avaliando você com base apenas no tamanho do seu saldo bancário. O que, por sinal, eu teria entendido mesmo se você não tivesse feito essa brincadeira boba com o Bentley e os diamantes de um milhão de libras.

Ele se encolhe.

— Você acha que foi bobo?

— Só um pouquinho, Joel, sim.

— Não, você tem razão. Eu não sei o que eu estava pensando. Eu teria me saído melhor se tivesse me focado no ângulo do *apenas um cara normal*?

O mero fato de ele ter falado que isso é um *ângulo* é, se eu tivesse tido tempo e espaço para pensar no assunto, prova de que ele não é apenas um cara normal.

— Joel, não se trata de ser um cara normal ou um cara fora de série... A questão é que, de uma forma ou de outra, eu não conheço você.

— Claro, mas é assim em todos os relacionamentos recentes, não é? Conhecer alguém aos poucos? Digo, idealmente, as pessoas vão contar somente a verdade... Olha, tenho uma sugestão. Por que não vem comigo para a minha casa agora?

— Oh, Joel, hum, não sei...

— Não vai ser só você e um homem que você mal conhece em uma velha casa grande. Tem os funcionários.

— Uau. Você tem funcionários.

— Bem, é a casa que eu uso para jantares formais e tudo mais, para a Fundação, então preciso manter o lugar sempre tinindo... Me sinto muito mais à vontade em minha casa em Sussex...

— Joel. Está tudo bem. Não precisa explicar tudo.

— Obrigado.

Ele estende o braço e coloca a mão na minha, acariciando minha palma com muita, muita delicadeza com o polegar.

O impulso de me atirar por cima do câmbio no colo dele é completamente arrebatador.

Culpo Cass por isso. E minha mãe. Com a mera menção das palavras *noite inteira de maratona sexual*, elas fizeram minha mente se aventurar no caminho das... possibilidades. Se a sensação da mão do Joel na minha já é boa desse jeito, como seria em outras partes do meu corpo... Como aquele corpo sólido, esculpido a krav magá fica sem camisa...

E também, é claro, tem o fato de que eu não faço sexo desde que terminei com Dillon, há quase um ano e meio.

Quero dizer, vamos dar nomes aos bois aqui.

Isso sequer tem a ver com o que Grace Kelly estava me dizendo mais cedo. Talvez o conselho dela quanto a partir para outra e seguir em frente seja seguro; talvez não seja... Mas, agora, tudo em que consigo pensar é no fato de que eu adoraria arrancar as calças de Joel Pereira e daria tudo para cair na cama com ele nesse exato momento.

— Então — continua ele depois de um momento. — Você quer ir para a minha casa ou...

— Sim. — Minha voz ficou bastante rouca, permeada por um desejo explícito, e sei que ele consegue perceber. — Sim, Joel, vamos para a sua casa.

— Essa é a melhor notícia que tive — responde ele, sua voz ficando repentinamente um pouquinho embargada de desejo também — desde que deixei minha empresa flutuar no mercado de ações quinze anos atrás e ganhei meus primeiros cem milhões.

Espere aí, será que isso tudo é um grande erro...?

— Estou brincando — completa ele —, por sinal.

Então, ele pisa só mais um pouquinho no acelerador para chegarmos mais rápido à casa dele.

Bem, em se tratando de conhecê-lo melhor, acabar na cama juntos três minutos depois que chegamos possivelmente foi a maneira mais eficiente de alcançar esse respeitável objetivo.

E agora posso afirmar, com a nova informação que tenho, que a sensação das mãos do Joel *realmente* foi ainda melhor em outras partes do meu corpo e que o corpo esculpido a krav magá era *realmente* muito legal sem a camisa. Uma camisa que, por acaso, estou usando agora, sentada na cama.

Isto é, tem muitas outras coisas que eu podia reportar também (e todas elas bastante espetaculares), mas, nesse exato momento, eu prefiro apenas me esbaldar no deleite disso tudo.

O mais delicioso de tudo, para meu constrangimento, são as torradas com ovos mexidos que ele acaba de preparar na cozinha e trouxe para mim na cama para um lanchinho noturno (e para uma dose extra de energia para uma segunda rodada — não consigo evitar ter esperanças).

(Digo *para meu constrangimento* não apenas porque estou tão morta de fome que estou curtindo ovos mexidos quase tanto quanto o sexo fantástico que fizemos, mas também porque Joel parece ser perito na cozinha, o que me lembrou, desconfortavelmente, de Olly. Que, como imaginei vezes demais, daria sequência a uma noitada dos sonhos na cama preparando algum prato delicioso. Ou, mais provavelmente, conhecendo a preferência de Olly por comidas estilo petiscos, várias coisinhas deliciosas em vários pratos. E se houver alguma coisa mais inapropriada que *ainda* permitir que Olly surja na minha cabeça depois da última meia hora maravilhosa que passei na cama de Joel... Bom, vou ter que pedir ajuda para Cass, a rainha do inapropriado.)

— Mais champanhe? — pergunta Joel (porque sim, é claro, estamos tomando champanhe para acompanhar nosso banquete da meia-noite; esta noite é praticamente um conto de fadas). — Ou, se preferir, posso ligar para a casa principal e pedir para alguém ir até a adega e trazer um vinho tinto.

— Não, champanhe está maravilhoso, Joel, obrigada. — Tomo um gole da taça que está ao lado da cama. — Mas você vai ter que me explicar toda essa coisa de "casa principal". E, para ser sincera, me explicar onde estamos agora.

— Ah. É claro. É um pouco confuso no escuro. E também havia o fato de que você mal conseguia se conter para não pular em cima de mim assim que parei o carro na entrada... — Joel sorri. Ele está absurdamente lindo, com um roupão enrolado frouxamente em seu corpo, enquanto se levanta e vai até a janela próxima. — Certo, lá — diz ele, puxando a cortina — é minha residência oficial em Londres.

Mesmo com a escuridão lá fora, consigo ver, adiante de uns dois mil metros quadrados de jardim, uma mansão branca ameaçadora que registrei vagamente quando entramos na via de entrada da casa quase uma hora atrás.

E é realmente ameaçadora: enorme, pelo menos quatro andares de altura, e meio que amuralhada.

— Hum... É...

A palavra *linda* morre nos meus lábios.

— Monstruosa? — pergunta Joel. — Obscena? Beirando o ofensivo?

— Eu... Bem, quero dizer, todos nós gostamos de coisas diferentes, obviamente...

Ele sorri.

— A gentileza em pessoa. Mas eu, por acaso, concordo com você. Eu só comprei a casa para funções formais. Podemos fazer tudo quando é tipo de eventos beneficentes aqui, para a Fundação, e é grande o suficiente para uma cozinha profissional... Mas o motivo principal pelo qual escolhi essa monstruosidade em particular, em vez de outras monstruosidades que meus contadores estavam ávidos para que eu comprasse, foi este lugar. — Ele aponta para o quarto onde estamos. — Não sei se era, originalmente, alguma espécie de casa dos funcionários ou o quê, mas quando vi que a propriedade incluía um chalé inteiramente separado no mesmo terreno, tive que abocanhar.

Tenho vergonha de admitir que, em minha avidez por sair do carro e arrancar as roupas de Joel o quanto antes, eu *não* reparei que estávamos em um chalé totalmente separado.

Apesar de que, dando uma olhada em volta, agora que estou menos atordoada pelo desejo, faz muito sentido. Porque o quarto, apesar de lindamente decorado e com algumas obras de arte moderna bastante luxuosas nas paredes, o local é, afinal, apenas um quarto de tamanho normal. Grande o suficiente para uma cama *king size*, um guarda-roupa de estilo escandinavo (que não deve, contudo, ser da IKEA) e duas poltronas pequenas.

— Minha filha tem um quarto do outro lado do corredor. Não se preocupe, ela não está aqui agora! — diz Joel. — E lá embaixo tem só uma cozinha e um pequeno escritório. Aliás, venha até a cozinha comigo agora — pede ele, vindo até o meu lado da cama e estendendo a mão — enquanto pego outra garrafa de champanhe na geladeira. Venha ver onde passo boa parte do meu tempo.

Saímos do quarto, descemos um lance pequeno de escadas em espiral e atravessamos o estreito corredor de entrada que leva à cozinha.

Novamente, é uma cozinha singela, em termos de valores. Nunca estive na cozinha particular de um bilionário antes (é claro), então, não tenho nada com que compará-la, mas se eu tivesse imaginado torneiras de ouro puro e quadros inestimáveis de Picasso sendo usados como azulejos, eu teria me enganado. Os armários são de estilo simples e pintados com um tom suave de cinza, e o piso é de ardósia, aquecido por baixo por algum tipo incrivelmente delicioso de aquecimento de piso. Há uma mesa grande de carvalho no meio do cômodo, com bancos compridos dos dois lados. Tem uma grande geladeira de estilo americano, coberta com ímãs de letras e números e alguns desenhos de cores primárias que acredito terem sido feitos pela filha de Joel. E há pelo menos meia dúzia de fotografias da menina em diferentes prateleiras da maravilhosa cristaleira no canto.

Parece (mesmo o anticapitalista mais raivoso precisaria admitir), nada mais, nada menos, do que um lar muito amado.

— E então? — Joel está pegando uma garrafa de champanhe na grande geladeira de estilo americano. — O que achou? Alguma chance de eu, afinal, ser mesmo aquele cara normal que você achava que tinha conhecido aquele dia?

— Sim. Está bem. Você venceu. Você é normal.

Ele faz uma reverência.

— Obrigado.

— E, como eu disse no carro, eu entendo que você só estava me enrolando com um monte de mentiras...

— Sendo econômico com a verdade — interrompe ele, uma levíssima pitada de rispidez em sua voz.

— ...porque foi pavorosamente desiludido por todas aquelas interesseiras horrorosas que tinham cifrõezinhos nos olhos toda vez que você tirava o American Express Titanium para pagar por uma xícara de café.

Joel ri.

— Ah. Talvez esse tenha sido o problema. Os últimos dez anos poderiam ter sido muito diferentes para mim se eu tivesse tido o bom senso de pagar em dinheiro.

— Mas a questão, Joel — continuo, sentando-me, por um momento, em um dos bancos de carvalho ao lado da grande mesa —, é que eu tenho a impressão de que você está procurando por um relacionamento sério.

— Sim. Eu estou. — Ele dá de ombros. — Isso não é segredo. Acredite em mim, já tive minha cota de ficadas casuais...

— Tenho certeza que já — digo rapidamente, porque *realmente* não quero ouvir sobre as ficadas casuais dele (e, mesmo que quisesse, por algum motivo masoquista, é um pouquinho insensível da parte dele trazer o assunto à tona apenas 15 minutos depois de termos acabado de curtir nossa ficada estendida).

— ...mas posso perguntar, Libby, se você acredita em almas gêmeas?

— Almas gêmeas? — repito.

— Sim. — Ele se senta ao meu lado, seu corpo quente debaixo do roupão. — Sei que algumas pessoas acham que é só um conceito bobo e romântico. Que existem centenas, milhares, de pessoas no mundo por quem qualquer um de nós poderia se apaixonar. Não apenas uma única pessoa especial.

— Não. Digo, não acho que seja um conceito bobo e romântico. Eu acredito em almas gêmeas. Cem por cento.

— Parece que você tem uma.

— Tenho — solto. — Ou melhor, tinha. É... irrelevante agora.

— Isso é bom. Porque eu acho que você pode ser a *minha* alma gêmea, Libby. Apesar de eu só tê-la conhecido alguns dias atrás.

Pisco para ele.

— Mesmo?

— Sim. Mesmo. Você não acha que temos uma ligação? Algo especial? Não estou só falando, aliás, do fato de eu desejá-la ardentemente e de você ser, como muito alegremente acabei de descobrir, incrível na cama. Mas eu já disse a você que achei que havia algo mágico no ar quando nos conhecemos. E sou um tecnólogo de coração, Libby. Não uso palavras como *mágico* por nada. Sem contar que sei que tudo isso faz com que eu pareça mais do que um pouquinho maluco.

— Você não parece tão maluco assim. Acredite em mim.

— Pois bem. Você vai entender por que acho que você está destinada a ficar comigo. Agora, não sei qual era a sua estratégia para persuadir Dillon de que ele deveria ficar com você...

— Não era Dillon!

— Não?

— Não! Eu já disse, ele é só um ex. E olhe lá. — Me afasto dele alguns centímetros para poder olhar para ele com mais facilidade. — Por que você está aficionado por Dillon?

— Não estou. Eu só pensei... Olha, tudo que estou dizendo, mesmo, é que não sou o tipo de pessoa que fica sentado passivamente observando das coxias. Se vejo uma chance de felicidade, eu a agarro. A vida se resume a aproveitar o momento.

— Sim... Ouvi um conselho bastante parecido de... uma amiga. — Engulo em seco. — É um bom conselho.

— É um ótimo conselho. Eu nunca teria alcançado todo o sucesso que alcancei na minha vida profissional se não tivesse corrido atrás das coisas que quero. Das coisas que acredito serem certas para mim. Então, falando sério, Libby, tudo que você precisa saber é que tenho total intenção de cortejar você com cada fibra do meu corpo.

Não consigo evitar um sorriso.

— Me cortejar?

— Te cortejar. — Ele parece, por um instante, levemente consternado. — Essa é a palavra, certo? Não estou cometendo algum erro de vocabulário?

— Não, Joel. Não está. É só uma palavra engraçada, só isso. — Estendo a mão para tocar no rosto dele. — Você é incrivelmente perfeito — digo de repente. — Você é, Joel, de verdade.

Ele abaixa a cabeça para dar um beijo suave no meu pulso.

— Não tão perfeito quanto você.

Meu celular, de algum lugar no corredor, onde larguei minha bolsa quando entramos, começa a tocar.

É o toque de Nora.

— Desculpe, Joel, mas eu devo atender.

— Mesmo? — Ele parece levemente irritado por estar sendo interrompido no meio de seu cortejo. — É urgente?

— É minha melhor amiga. Ela está de férias na França, longe da bebê pela primeira… — Paro, porque, obviamente, não preciso justificar para Joel porque vou atender meu telefone. — Sim, é urgente. — Digo. — Ou melhor, poderia ser. Não vou saber a não ser que atenda.

— É claro. Vá em frente. Vou servir mais champanhe para nós. E provavelmente tenho morangos em algum lugar da geladeira. — Ele se levanta. — Podemos comê-los com chantilly fresco.

É melhor que o que Nora quer seja mesmo urgente, é só o que posso dizer. Cá estou eu, aconchegantemente tomando champanhe pós-sexo com um homem lindo, que já provou ser uma dinamite na cama antes que morangos e chantilly entrassem na equação…

Corro até o corredor, pego meu celular na bolsa e atendo.

— Nora? Desculpe, mas essa não é uma hora muito boa. Bem, na verdade, está tudo ótimo, mas…

— Libby? Você está com eles?

— Com quem?

— Olly e meu pai! No Central Middlesex!

— O *hospital*?

— Sim, o hospital. — Ela parece desesperada. — Mark está tentando conseguir um voo para a gente, mas não tem nada até cinco da manhã e estamos nessa *porra* dessa vila, a quilômetros de tudo…

— Nora, o que está acontecendo?

— Clara. E minha mãe. Minha mãe caiu na escada levando Clara para tomar a mamadeira duas horas atrás.

— Meu Deus. — Sinto o chão se mexer debaixo dos meus pés. — Nora, eu… Elas estão bem?

— Eu não sei, cacete! Essa é a questão! Olly me ligou meia hora atrás do pronto-socorro e disse que eles tinham levado Clara direto para a UTI pediátrica… Nem sei como está minha mãe, não perguntei. — Um soluço escapa; a Nora tranquila e calma de sempre está mais desesperada do que eu jamais vi. — Mas ela tem 75 anos e a escada é íngreme… Eu fico tendo visões da cabecinha da Clara batendo no chão… Ela devia estar morrendo de sono, então deve ter sido um choque horrível…

— Certo, não entre em pânico — digo, apesar de eu mesma estar bastante apavorada, e isso porque a filha nem é minha. — Vamos tentar pensar com clareza. Vocês conseguem alugar um carro? Pegar um trem noturno?

— Nada até amanhã de manhã! — Nora está chorando agora, mal consigo entendê-la. — Não sei o que fazer, preciso voltar… Se eu não estiver aí…

— Está tudo bem?

Esse é o Joel, entrando no corredor com um prato de morangos em uma mão e uma tigela de chantilly na outra. Fico apenas olhando para ele por um instante, meu cérebro confuso incapaz de computar por que, em meio a uma crise, ele está perambulando por aí com frutas frescas, até me lembrar de que ele não sabe o que aconteceu.

— A bebê da Nora — falo. — Ela caiu nas escadas… Bom, a mão dela caiu nas escadas, segurando a bebê…

— Puta merda.

— Quem é esse? — pergunta Nora, arfando. — É um médico? Ele acha que parece tão grave quanto eu acho?

— Não, ele não é médico, ele é… Nora, por favor, tente ficar tão calma quanto você conseguir. Ela está presa no meio do nada na França — conto a Joel desesperadamente. — Eles não conseguem voo nenhum até daqui a… — Olho para meu relógio — … seis horas.

— França? Onde na França? — Joel se vira e volta até a cozinha. Ele larga o prato e a tigela e pega um telefone que está no balcão. — Posso mandar meu helicóptero.

Fico olhando para ele.

— Helicóptero? — grita Nora ao telefone. — Quem é esse cara que está com você, Libby? Ele acha que isso é engraçado?

— Não, não, ele realmente tem… hum… um helicóptero.

— Vou ligar para a Sav imediatamente — diz Joel, já fazendo a ligação. — Sav, oi, sou eu — fala ele um momento depois. — Preciso mandar o helicóptero para uma busca de emergência. Está na termelétrica de Battersea, certo?

De alguma forma, consigo notar que ele não a cumprimentou com nenhum tipo de *boa noite* ou um *desculpe o adiantado da hora*, mas ele, obviamente, está querendo agilizar as coisas. E também, suponho, se você trabalha como assistente pessoal de um bilionário, ligações com exigências tarde da noite são apenas parte do trabalho.

— Então, podemos conseguir um piloto a essa hora? — pergunta ele. — Não, não é uma viagem longa, só até a França... — Ele olha para mim. — Onde, exatamente, a sua amiga está agora, Libby?

— No sul — soluça Nora do outro lado da linha. — Perto de Arles.

— Certo, essa é uma boa notícia, tem um monte de heliportos nessa região — informa Joel, perspicazmente. — O que você acha, Sav, podemos conseguir que alguém chegue lá em uns... noventa minutos? — Ele ouve a resposta. — Certo, vou fazer isso... Sim... Obrigado, Sav, vou deixar você trabalhar. — Ele desliga o telefone e vem até mim, então pega o iPhone da minha mão. — Muito bem, Nora — diz ele, olhando para a câmera —, vou ligar de volta para minha assistente, Savannah, em cinco minutos para passar o seu número. Ela vai ter resolvido tudo até lá e vai ligar diretamente para você. Só fique com o celular na mão. Ah, e já deixe tudo arrumado porque ela vai mandar um carro buscar vocês a qualquer minuto. Tudo bem?

— Sim, ótimo, na verdade. — Só consigo ouvir a voz de Nora do outro lado da linha. — Eu... Eu não faço ideia de quem você seja, mas... Isto é... Obrigada. *Muito* obrigada.

— Não tem de quê, mesmo... Olha, organizem-se aí e mantenha a linha desocupada para Sav ligar, ok?

— Sim. Sim, vamos fazer isso. Libby, dê meu número para ele — grita ela, e então a ligação é encerrada.

Com a mão trêmula, anoto o número de Nora em um pedaço de papel que Joel está me entregando. Se eu não estivesse tão terrivelmente chocada pelo horror de toda essa situação, preciso dizer que estaria ainda mais ansiosa com o comando rápido que ele assumiu da situação. Quero dizer, é claro que é mais fácil estar no controle de uma situação como essa quando se tem um helicóptero e uma assistente assustadoramente eficiente à sua disposição... Mas esse não é o ponto.

— Então, você quer ir também?

— Como?

— No helicóptero. Para buscar a sua amiga. Caso ela queira você lá? Quero dizer, levar você até Battersea vai atrasar a decolagem em mais ou menos meia hora, porque, caso contrário, acho que eles conseguem ter alguém no ar em uns quinze minutos…

— Não, não, não quero atrasar nada… Mas eu gostaria de ir para o hospital, na verdade. Para estar lá quando ela chegar e… Bem, a família dela é como uma família para mim também, Joel…

— Tudo bem. Sem problemas. — Ele coloca a mão no meu ombro. — Vamos até lá de carro. Eu mesmo vou dirigindo. Só tomei meia taça de champanhe. Se você não se importar.

— Pode ser. Está ótimo.

— Muito bem. Vamos pegar algo um pouco menos aberto do que aquele Bentley ridículo. Vamos lá — acrescenta ele, me empurrando na direção do quarto. — Vá se vestir enquanto eu ligo para Sav para passar os detalhes da sua amiga. Aí podemos ir.

— Você está… Isso é muito legal da sua parte, Joel.

— Não é nada.

— É, sim.

— Não é, não. Quero dizer, a única utilidade real para toda essa quantia ridícula de dinheiro é se você pode, afinal, ajudar as pessoas quando elas precisam. Ah, deve ser Sav — avisa ele quando o telefone toca. — Vou passar o número da Nora agora mesmo. Vá se vestir. E relaxe, Libby. Tenho certeza de que tudo vai ficar bem. E entrar em pânico — completa ele, antes de atender o telefone — não vai ajudar em nada.

12

Mandei algumas mensagens para Olly para avisar que estou a caminho do hospital, mas visto que tudo que recebi como resposta foi um sucinto *OK*, não espero que ele dê gritos e pulos de alegria ao me ver enquanto corro do estacionamento na direção do prédio do pronto-socorro com Joel ao meu lado.

Olly está esperando do lado de fora, dando uma olhada na escuridão para ver se me encontra.

— Libby — diz ele, correndo na minha direção quando nos aproximamos. É difícil dizer, no escuro e com as luzes amarelas ofuscantes da entrada, mas ele parece uns dez anos mais velho do que da última vez em que o vi.

— Nora acabou de ligar. — Ele olha para mim, depois para Joel, e depois volta a olhar para mim. — Ela está vindo… de *helicóptero*?

— Sim. É do Joel. Como está Clara? E a sua mãe?

— Clara está bem, nós achamos. Muito sangue por todos os lados e alguns pontos e eles querem fazer uma tomografia nas próximas horas, só para garantir que não tem nenhuma hemorragia dentro da cabecinha dela. Mas ela está desperta e parece bastante feliz… Tash está com ela lá dentro agora, por sinal… Desculpe — acrescenta ele, analisando Joel mais de perto. — Você é… Você tem um *helicóptero*?

— Sim. — Joel estende a mão para Olly apertar. — Fico feliz por ter sido útil para vocês. A sua mãe está bem?

— Quebrou o pulso, deslocou o ombro, quebrou algumas costelas… Ela deve ter se contorcido para receber a maior parte do impacto da queda, coitada. — A voz de Olly vacila, mesmo que de leve. — Eles estão fazendo uma tomografia dela agora mesmo, aliás. Eu não a vi ainda, mas meu pai está com ela. Fiquei encarregado do telefone. — Ele sacode o celular para nós. — Estou quase sem bateria, para falar a verdade.

— Ah, acho que tenho um carregador portátil no carro, em algum lugar — diz Joel. — Posso pegar para você.

— Isso seria ótimo, parceiro — responde Olly. — Se você não se importar.

— Claro que não. Existe alguma cafeteria aberta em algum lugar aqui por perto a essa hora da noite?

— Sim, logo depois da entrada do prédio principal — informa Olly, apontando. — Bem ali.

— Certo, por que não vão tomar um café e eu encontro vocês com o carregador daqui a alguns minutos?

Nós o observamos voltar na direção do estacionamento.

Ele está nos dando alguns minutos juntos para conversarmos, o que é adorável da parte dele.

Na verdade, ainda estou bastante admirada com a amabilidade de Joel a noite toda.

— Ele é... algum tipo de super-herói? — pergunta Olly, de um jeito confuso, assim que Joel não consegue mais nos ouvir.

— Não. Eu não acho que seja, pelo menos. Vamos — acrescento, pegando-o pelo braço e guiando-o na direção do prédio principal do hospital. — Ele tem razão, você deveria tomar um café. Você comeu alguma coisa desde que recebeu a ligação do seu pai?

— Não... Eu tinha tirado a noite de folga do restaurante para que eu e Tash pudéssemos passar a noite juntos... Preparei um tagine, mas acabamos, bem, nos distraindo um pouco... aí meu pai ligou...

— Certo, então você precisa mesmo comer. — Tento alvejar meu cérebro da imagem de Olly e de Tash *se distraindo* de sua noite de jantar romântico em casa enquanto aponto uma cadeira de plástico para Olly ao lado de uma mesinha de plástico, então vou até o balcão para pedir um expresso duplo para ele, uns sanduíches e alguns biscoitos de wafer com recheio de creme. Meu celular está tocando quando abro a bolsa para pagar, mas uma olhada rápida me mostra que é Cass, então eu (sabiamente, acho) ignoro. Essa não é a hora (como se sequer *houvesse* uma hora) para ela ficar me pedindo atualizações da maratona sexual com Joel.

— Certo, então, sei como você é exigente com relação a qualidade — digo a Olly quando volto para a mesa com a bandeja —, mas você precisa comer alguma coisa dessas opções aqui. E não reclame do café também.

Estamos no Hospital Central Middlesex à meia-noite, não em Verona em uma tarde quente de primavera. Você vai tomar o que vier.

— Sim, senhora. — Olly, na verdade, vira o expresso duplo em praticamente dois goles sem fazer nenhuma reclamação e então pega um dos pacotes de wafer. — Muito, muito obrigado, Libby.

— Pelos wafers? Não seja ridículo. Custaram setenta centavos.

— Não pelos wafers. Por ter vindo. E por... Joel. Pelo helicóptero. Eu nem consigo descrever o estado que Nora ficou quando falei com ela pela primeira vez... — Ele literalmente treme. — E agora ela está a caminho e pode ser até que chegue a tempo da tomografia... Está tudo muito, muito menos apavorante do que uma hora atrás.

— Não me agradeça por isso. Eu não fiz nada, Ol. Foi pura sorte eu estar... com Joel quando Nora ligou.

— Sorte — repete ele. — Você estar com Joel.

— Sim. Você não acha?

Ele não diz nada. Sua testa se enruga com uma expressão exausta.

— Olly?

— Sim, desculpe. Você tem razão. Foi... sorte você estar com ele. — Ele pega o copo quase vazio de café e ergue em um brinde. — À pura sorte. Ou vamos chamar de destino. Soa melhor, né?

— Sim. Como se os deuses estivessem do nosso lado.

— Pelo menos uma vez — sussurra ele.

Como a gente deveria estar fazendo um brinde, nós deveríamos os dois tomar um gole de café agora. Mas não tomamos. Só ficamos olhando um para o outro por um longo momento.

— E que bom — me forço a dizer, antes que esse momento continue por mais tempo e, sei lá, saia de controle ou algo assim — que Tash estava com *você*. Ter uma médica lá deve ter tornado as coisas um pouquinho mais fáceis.

— Sim, ela tem sido incrível, obviamente. — Olly morde o lábio. — E Clara a adora, então é ótimo que ela consiga segurar as pontas até Nora chegar. Além do quê, os médicos estão contando as coisas para ela, sabe, em vez de supor que precisam nos dizer: "Bem, obviamente, o bebê teve um dodói feio...".

— É claro. Mas que fim terrível para a sua noite romântica mesmo assim.

— Ah, acho que vamos sobreviver. Vamos ter muitas outras pela frente. — Ele respira fundo. — Na verdade, mais ou menos uma hora antes de eu receber a ligação do meu pai, decidimos que vamos nos casar.

Que bom que estou sentada, porque, caso contrário, tenho certeza de que minhas pernas teriam cedido.

Fico olhando para ele.

— Casar?

— Sim. — Ele está observando meu rosto com atenção. — Desculpe, esse deve ser o momento menos apropriado do planeta para fazer esse anúncio.

— Mas... você quer dizer... casado do tipo... na igreja e tudo?

— Ah, não, não, nada disso.

Uma enxurrada de alívio me inunda, apesar de eu ainda não entender bem o que ele está dizendo, até ele falar de novo.

— Quer dizer, nós ainda não discutimos esses detalhes, mas não acho que vamos fazer algo tão formal quanto um casamento na igreja. Vamos manter tudo pequeno e simples, acho. Tash tem algumas ideias quanto ao que ela quer exatamente. — Ele interrompe o olhar intenso que tinha fixado em mim e se ocupa com o copo de café. — Bem, tenho *certeza* de que ela tem algumas ideias quanto ao que quer! Você conhece ela!

Não consigo responder.

— Mas é isso que é legal nela, sabe? — Ele ainda está ocupado com o copo. — Digo, é só uma das muitas qualidades dela. O fato de ela saber o que quer da vida, sabe? Ela estimula isso em mim, sabe?

É a terceira vez que ele me pergunta "sabe?", então me sinto obrigada a formular uma resposta.

— Ora, Olly. Você é dono de um restaurante incrivelmente bem-sucedido! Não é alguém que precisa de ajuda para saber o que quer da vida.

— Sim, tudo bem, profissionalmente está tudo certo. — Ele me olha novamente por um momento fugaz. — Mas, sabe, na minha vida pessoal eu tendo a... ser passivo. Deixo as coisas passarem. Até que fica tarde demais.

Meu coração está na garganta.

— Olly...

— Mas chega disso — acrescenta ele com firmeza. — Tash precisa de um comprometimento da minha parte, e eu entendo isso, sabe? Entendo por que ela quer isso e não vou deixar as coisas escorrerem pelos meus dedos só porque... — Ele para, passa a mão pelos olhos e a mantém ali. — Cacete, Libby. Sabe, não consigo nem acreditar que estou sentado aqui falando sobre tudo isso sendo que quase perdi minha mãe e Clara esta noite. É o choque, eu acho. Você pode manter isso em segredo? Até a gente garantir que está tudo bem?

— Você diz... — Minha voz mal sai, minha garganta parece ter sido lixada. — Você diz não contar que vocês estão... *noivos*.

— Sim. Apesar de que *noivos* parece um pouco errado. — Ele solta uma risada constrangida. — Quero dizer, eu não me ajoelhei, nem dei uma aliança a ela, nem nada assim...

— Isso parece...

— Romântico, né? — completa ele. — Já estou meio que me arrependendo, para ser sincero.

— Ora, então você pode voltar atrás! — Sem pensar, estico o braço por cima da mesa, pelo meio dos sanduíches, dos wafers e dos copos de café, e coloco minha mão na dele. — É sério, Olly, não seria vergonha alguma. Veja... Você mesmo disse que nem mesmo foi um noivado propriamente dito e só faz algumas horas... Outras pessoas fazem coisas bem mais vergonhosas o tempo todo. Quero dizer, Kim Kardashian ficou casada por apenas 72 dias e Britney Spears...

— Argh, não, Libby, espere! — Ele parece mais desconfortável do que nunca. — Isso não é... Oh, céus. Isso não é o que eu estava dizendo.

— Ah!

— Não, só quis dizer que me arrependo de ter feito de um jeito nada romântico! É só isso. — Ele aperta minha mão, de repente, mas de um jeito involuntário, quase como um espasmo. — Você está dizendo que eu não deveria?

— Não, não. — Puxo minha mão como se a mão dele tivesse se transformado em lava derretida de repente. Estou mais que mortificada agora. Ele está furioso comigo (aquele aperto forte que acabou de me dar foi mais que um indício da raiva dele) e acho que não posso culpá-lo. Ele acaba de dar uma grande notícia e cá estou eu, sugerindo que ele desista antes mesmo de eles começarem. — Me desculpe mesmo, Ol. Eu não devia ter dito... nada daquilo.

— Mas você acha que estou cometendo um *erro*, ou algo assim? — pergunta ele. Suas bochechas estão ficando muito vermelhas, do jeito que costumam ficar quando ele está muito irritado com alguma coisa. — Quero dizer, para ser sincero, você parece ser bem *contra*, Lib, e...

— Não! É sério, Olly, esqueça que eu disse qualquer coisa! Você sabe, toda aquela baboseira da Kim Kardashian e tudo mais... — Meu celular começou a tocar de novo dentro da bolsa, então eu poderia muito bem me livrar desse beco sem saída horroroso atendendo… Ah, não, espere aí, ainda é Cass. Deixo tocar. Respiro fundo. — Só estou surpresa, está bem? É muita coisa para assimilar e… Olha, mesmo se nada tivesse acontecido com Clara e a sua mãe, a noite foi muito, *muito* estranha. E você despeja isso em mim… e parece bastante repentino.

— *Repentino*? Estamos juntos há um ano, Libby! Tenho 34 anos. Tash tem 35. Está na hora de nos comprometermos de verdade um com o outro. O que mais deveríamos fazer? Perambular por aí juntos cantarolando, enquanto todas as outras pessoas mergulham de cabeça no casamento e nos filhos como se suas vidas dependessem disso?

— Não…

— É isso que as pessoas *fazem*, sabe, Lib? Conhecem alguém, se… se apaixonam. Passam o resto da vida juntas.

— Sim. Eu sei. Eu sei disso, Olly. E estou… Olha, estou muito, muito feliz por você. Simplesmente ignore todas as coisas idiotas que eu disse. Por favor. *Por favor*.

Há um silêncio breve.

— Então — continuo, com uma voz bem baixinha, tentando nos arrastar de volta para algo que se aproxime da amabilidade —, onde vocês vão morar?

— Meu Deus, Libby, sei lá! — Ele parece irritadiço agora. Então, suspira. — Desculpe. Eu não queria perder o controle. Foi uma noite esquisita, como você disse. E acredite em mim, onde vamos morar é, sinceramente, a menor das minhas preocupações agora, sabe, depois de quase ter perdido minha mãe e minha sobrinha e tudo mais. Mas só me sinto mal por Tash, pela noite ter sido maculada para sempre por essas coisas. Ela é uma pessoa maravilhosa. Merece mais.

— Oh, Olly. — Estendo a mão, hesitante, e toco na dele delicadamente de novo. — Você tem razão. Ela é uma pessoa ótima.

Porque ela está lá dentro com Clara agora, fazendo a ponte entre os médicos e a família de Olly, de um jeito que eu jamais conseguiria fazer. Não consigo nem fazer Clara sorrir para mim, meu Deus. E ela é do tipo de pessoa adulta, bem-resolvida, que não precisa de nenhum romance bobo, nem de corações e flores, quando fica noiva de alguém. Isso é raro. Admirável.

E, se ignorarmos aquela partezinha levemente assustadora em que ela foi ao meu apartamento para me mandar ficar longe de Olly aquela noite (ou até mesmo considerarmos que foi apenas uma mulher forte reivindicando seu homem), então não tenho nada que possa dizer contra ela. Nada que eu ao menos consiga *pensar* contra ela.

Além disso, acho que o destino praticamente me deu sua palavra final quanto a esse assunto agora, não é?

— Essa é uma ótima notícia — digo. — E não importa o que aconteceu essa noite. Vocês têm… Bem, uma vida inteira juntos pela frente. — Tomo um gole escaldante de café. — Uma noite não é nada.

— Acho que sim. E, hum, parece que as coisas estão correndo bastante bem para você também! Esse tal Joel…

— Ainda é cedo.

— Olha, salvando o dia com o helicóptero dele e tudo mais… Que cara incrível. — Ele pega um pacote de wafers e se atrapalha para abri-lo. — Incrível.

— Bom, você acabou de conhecê-lo…

— Sim, mas ele foi um verdadeiro herói essa noite. E parece ser "o cara" em outras esferas da vida também, pelo que Tash leu sobre ele no celular essa noite.

— Ah. É claro. Google.

— Desculpe. — Ele parece envergonhado. — A espera foi longa, antes de eles nos deixarem entrar para ver Clara. E nós estávamos um pouquinho confusos quanto a quem, exatamente, Nora disse que mandou um helicóptero para buscá-la… Você não precisa atender?

É meu celular, tocando pela terceira vez.

— Não, é só a minha irmã…

De qualquer forma, Joel está caminhando por entre as mesas de plástico para se juntar a nós.

— Aqui está o carregador — diz Joel a Olly, entregando a ele um carregador portátil brilhante. — Deve dar uma carga completa. Alguma novidade quanto às pacientes, aliás?

— Não, mas é melhor eu voltar e ver o que está acontecendo… Lib, você se importa em pegar um café para Tash e um chá para o meu pai? Encontro vocês na recepção do pronto-socorro, se não se importarem.

— Sem problemas, Ol.

— Obrigado. E obrigado novamente, parceiro — diz ele a Joel, apertando sua mão e dando um tapinha excessivamente masculino e levemente constrangido nas costas dele. — Por tudo.

Fico observando Olly, por um momento, enquanto ele caminha de volta para as portas que levam lá para fora.

Quando chega lá, ele volta a olhar para nós. Penso que ele está prestes a acenar, mas ele só fica meio que… nos encarando.

Então, ele se vira de novo, abre a porta e desaparece.

É quando eu volto a olhar para Joel, envolvo a cintura dele com os braços e me ergo para beijá-lo.

E o beijo. E o beijo um pouco mais.

Me sinto como uma mulher afogada, desesperadamente tentando lutar para retornar ao mundo dos vivos com o beijo da vida.

Meu celular toca de novo… É Cass *de novo*.

Não quero falar de nada disso agora.

Pego o celular e coloco no silencioso.

— Eu sei — murmura Joel quando nos afastamos por um momento. — Eu sei. Tudo isso foi um choque terrível para você…

Mas ele não sabe, é claro, que esse não é o verdadeiro motivo pelo qual estou me agarrando a ele com todas as forças para conseguir uma espécie de conforto.

E então volto a beijá-lo, como se minha vida dependesse disso.

É só quando estou quase em casa, perto das seis da manhã, que lembro que coloquei o celular no silencioso.

Mas Nora chegou, e passei algumas horas com ela enquanto esperávamos pela tomografia de Clara, e também fiquei com sua mãe por um tempo para que o pai dela pudesse dar um pulo em casa para tomar banho e trocar de roupa, e nem me lembrei de aumentar o volume de volta.

Então, fico alarmada quando tiro o celular da bolsa e ver 17 ligações perdidas de Cass entre 11 e pouco da noite e três da manhã, e quase o mesmo número de mensagens no WhatsApp.

E nenhuma delas é para bisbilhotar a suposta maratona sexual da noite passada.

Certo, bom, o cheiro de fumaça é realmente horrível, então vou dormir na casa da mãe.

Esta é a *última* mensagem que ela me mandou, às 3h07.

Que cheiro de fumaça?

Rolo a tela para chegar ao início das mensagens para ver que merda aconteceu no meu apartamento (digo, no apartamento da Elvira) na minha ausência.

Meu Deus, Libby, que diabos você derramou no seu sofá?????

Por que você não está atendendo o telefone?????

Joguei um monte de água, mas não está dando certo

Estou do lado de fora agora, a mãe está batendo na porta dos vizinhos para ver se eles têm um extintor de incêndio

Atenda a porra do TELEFONE!!!!!!!!

Só para você saber, foi ideia da mãe acender aquela maldita vela. E foi uma das velas que VOCÊ deixou espalhadas pelo apartamento, então você também precisa assumir um pouco de responsabilidade por isso. E eu ainda não faço ideia de que merda havia naquele sofá. Mas explodiu como um foguete. Eu podia ter ficado TERRIVELMENTE QUEIMADA

Meu coração está se transformando em gelo quando coloco a chave na porta com a mão trêmula.

O sofá explodiu como um foguete? Incendiado por uma das velas da tia Vanya? Depois de ter virado superinflamável, é claro, por causa da água benta cheia de álcool dela…

Seus vizinhos esnobes tinham um extintor de incêndio, afinal, diz a mensagem de Cass das 23h32. *Então conseguimos apagar sem precisar chamar a brigada de incêndio. Mas o sofá está bem destruído. Mas foi um favor para você, né?*

Chego no alto da escada.

Lá, no meio da sala de estar, não há nada além de uma carcaça carbonizada em que meu Chesterfield mágico costumava ficar.

Seis meses depois

13

Obviamente, vai ser tudo incrivelmente romântico quando acontecer. Quer dizer, um casamento no inverno londrino — praticamente um casamento natalino, para falar a verdade —, na pequena capela escondida no terreno da casa de campo deslumbrante de Joel em Sussex… A previsão do tempo para amanhã, o Grande Dia, é de um dia frio mas e ensolarado, com a possibilidade até de um pouquinho de neve.

Mas, neste exato momento, meu nível de estresse se encontra na escala Defcon 1. Ou Defcon 5. Qualquer que seja o nível perigoso e assustador dessa escala, aquele em que o mundo está praticamente perto do fim, é desse que estou falando. E nunca me imaginei capaz de ser qualquer tipo de noiva neurótica. Um dos propósitos de ter um casamento tão pequeno — só nossos familiares e amigos mais próximos, um grande total de 27 pessoas — foi tentar minimizar ao máximo todo o típico alvoroço que precede os casamentos.

Mas hoje, de alguma forma, dois dias antes do evento principal, parece que tudo que podia dar errado *está* dando errado.

E tudo, é claro, tem a ver com a minha família. Tenho, no momento, minha mãe esbravejando no telefone fixo enquanto Cass está me mandando uma de suas mensagens quase constantes no WhatsApp desde seis e meia da manhã.

— Olha, tudo bem, *tecnicamente*, ele é seu pai, mas ainda não entendo por que você iria *querer* que ele fosse ao seu casamento — minha mãe está dizendo, pelo que parece ser a milionésima vez durante o curso de quinze minutos dessa ligação. — Quanto a convidar a nova esposa…

— Mãe, olha, só estou tentando fazer a coisa certa, ok? E vocês estão separados há mais de 25 anos. E se casaram de novo desde então! Não há necessidade alguma de ser agressiva com Phoebe. Ela foi amigável comigo quando eu a conheci no casamento dos dois e me manda cartões de Natal e de aniversário gentis.

O que, por acaso, é mais (bem mais) do que meu pai jamais fez.

— Exatamente! — grita minha mãe. — Tentando dar um jeito de ganhar a sua afeição, agora que você está casando com um bilionário!

— Não — digo com firmeza, enquanto as palavras *sujo* e *mal-lavado* vêm à minha mente. — Ela faz isso desde que eles se casaram. E, francamente, mãe, não é como se você fosse ter que interagir com ela de qualquer forma! Vai ser uma cerimônia curta, vamos tirar umas fotos enquanto os drinques são servidos, e depois vamos jantar. Eu não coloquei você sentada nem perto dela no planejamento das mesas, então…

— Espero que não! Ora, quantos anos ela tem, 35, 36? Vai me fazer parecer uma anciã! Vai ofuscar completamente a mãe da noiva!

— Ela tem quase cinquenta anos, mãe — respondo, firme mais uma vez, momentaneamente distraída por uma mensagem de Cass que aparece no meu celular.

Não passei o último mês inteiro levantando às seis da manhã todo santo dia para ir à academia só para você me dizer que prefere que eu não use hot pants no seu jantar de ensaio.

Começo a respondê-la: *Cass, você pode usar hot pants todos os dias, pelo resto da sua vida. Será que pode POR FAVOR atender esse único pedido meu na véspera do meu casamento? A avó de Joel vai estar lá, ela tem 91 anos e sobreviveu ao campo de concentração de Treblinka, então não acho que seja demais pedir que você…*

— Bem, acho que você está sendo bem incisiva, Libby — fala minha mãe. — Você pensou em como isso faz eu me sentir?

— Olha — digo, me esforçando muito para não perder o controle —, já lhe ocorreu, mãe, que pensei muito antes mesmo de convidar o pai e…

OK, diz a nova mensagem de Cass, antes mesmo de eu ter mandado minha resposta para a anterior, *estou tentando ser sensata. SE você me PROMETER com 100% de garantir que vai me colocar BEM AO LADO do padrinho do Joel amanhã à noite, vou repensar as hot pants e usar, em vez disso, algo bem decotado. Afinal de contas, é um evento para ficar sentado, certo?*

Estou avaliando se eu causaria um estrago muito grande nas paredes imaculadas dessa linda sala de estar se eu jogasse tanto o celular quanto o telefone fixo nelas, um após o outro, quando a porta se abre e Joel enfia a cabeça por ela.

— Está livre? — faz ele com a boca, sem falar.

Confirmo com a cabeça e me levanto.

— Preciso ir, mãe, Joel acaba de chegar.

— Ah! — O tom da minha mãe muda, imediatamente, do choramingo com o qual convivi durante a maior parte da minha vida para a voz alegre, descontraída e feliz-em-poder-ajudar que ela tende a usar comigo hoje em dia e que *sempre* usa quando Joel está presente. Ou é mencionado. — Então, você precisa cuidar dele! Pratique seus afazeres de esposa! Afinal — vibra ela —, faltam só 48 horas para que tudo esteja assinado e lacrado!

Momento em que, presumivelmente, ela poderá relaxar, sabendo que (já que não haverá nenhum acordo pré-nupcial) ainda tem uma chance de ter a aposentadoria mais confortável do mundo. Desde que, você sabe, eu não faça nada que ela considere certificadamente maluco, como não pedir nenhum centavo do dinheiro de Joel para ele, ou algo parecido.

Caso as coisas não deem certo, é claro. O que é um pensamento bastante deprimente que ela está tendo, apenas 48 horas antes de dizermos nossos votos. Mas também, ela mesma nunca conseguiu fazer um casamento dar certo, então, não é preciso nem dizer que ela tem uma visão bastante cínica de toda essa empreitada, mesmo que a esteja corajosamente escondendo por trás da fachada tradicional de mãe da noiva.

— Mande um beijo para ele! — acrescenta ela, efusiva. — Diga a ele que estou ansiosa para vê-lo no jantar de ensaio amanhã!

O que me lembra, quando desligo, de que preciso mandar uma resposta rápida para Cass.

Cass, pela última vez, o padrinho de Joel não é — repito, não é — bilionário também

— Oi!

Cumprimento Joel com um abraço e um longo beijo (o que possivelmente não se enquadra nos termos de "afazeres de esposa" que minha mãe está pensando; imagino que ela preferiria que eu o cumprimentasse com um coquetel recém-preparado em uma mão e minha calcinha na outra) e inspiro o aroma suave de combustível de helicóptero em sua jaqueta.

Sim, minha vida se tornou absurda desse jeito desde que aceitei o pedido de casamento de Joel, dois meses atrás; agora consigo identificar o cheiro de combustível de helicóptero.

Apesar de eu ainda não entender exatamente por que ele precisa usar o helicóptero com *tanta* frequência quanto usa, para ser realmente sincera (sei que fizemos piada sobre isso uma vez, pouco antes de dormirmos juntos pela primeira vez, mas, falando sério, tenho certeza de que Skype ou algum tipo de videoconferência de ponta seria mais que suficiente para suprir algumas necessidades dele), mas não vou dizer nada sobre isso. Joel é surpreendentemente defensivo quando se trata do helicóptero. Na verdade, ele é surpreendentemente defensivo com relação a várias coisas para as quais ele dizia não dar bola, alegando serem adornos bobos de sua fabulosa riqueza. Minhas suspeitas quanto a isso foram concretizadas apenas duas semanas atrás, quando vi uma fatura de 11 mil libras de um novo terno que ele mandou fazer para usar na festa de Natal anual que ele dá para os filhos de seus funcionários britânicos. No começo, eu só o estava provocando (eram 11 *mil* libras. Por um terno. Como é que alguém pode falar isso com uma expressão séria?), mas ele ficou tão irritadiço se defendendo que acabamos tenho uma discussão de verdade quanto à coisa toda. Ridículo da parte dele, sinceramente, ficar tão defensivo, visto que, como ele me lembrou repetidamente durante a discussão, não é como se ele não doasse milhares de vezes aquela quantia para vestir crianças necessitadas por meio da Fundação todos os anos. Mas ele ficou na defensiva. E não apenas na defensiva, mas também agressivo, porque, de alguma forma, se engajou em toda uma argumentação sobre como eu deveria começar a pensar melhor nas minhas necessidades de vestuário, "porque as pessoas vão esperar certas coisas de você, Libby, agora que vai se casar com um homem como eu".

Fizemos as pazes depois e ele me garantiu que me ama do jeito que sou e que não estava me dizendo que eu precisava perder uns quilinhos — como acho que a maioria das mulheres em sã consciência pensaria instantaneamente. O problema é que isso tudo veio junto com uma garantia de que ele não se importaria nem um pouquinho se eu gastasse quanto quisesse "quando" precisasse me abastecer com alguns vestidos suntuosos para "todos os eventos que vamos organizar depois que estivermos casados".

(Quando fala em *eventos*, por sinal, ele não está se referindo apenas a festas. Quando Joel faz *um evento*, é algo bem mais parecido com o que uma celebridade talvez chamasse de marcar presença. Há muitos apertos de mãos, muitos tapinhas nas costas e, com bastante frequência, ele é chamado para fazer discursos. Sei disso porque já fui a alguns eventos e me senti extremamente mal-preparada assim que cheguei, para ser sincera. Digo isso porque, se Joel tivesse me *avisado*, com antecedência, que eu precisaria trocar figurinhas dignas de especialista sobre acordos de negócio anglo-americanos e conseguir manter a compostura durante um debate regado a champanhe sobre a política na Nicarágua, eu teria mergulhado de cabeça da Wikipédia por três dias antes do evento e absorvido o máximo de informações que fosse humanamente possível.)

— Oi — responde ele, me beijando de volta. — Você parece mais estressada que eu, e olha que acabei de voltar de uma reunião de diretoria explosiva em Luxemburgo.

— Você sabe, coisas de família. Casamentos não trazem à tona o melhor da minha mãe e da minha irmã.

— Ah, eu não me preocuparia com isso. Acho que casamentos não trazem à tona o melhor das mulheres. Ponto.

— Ei! — Dou uma olhada incisiva para ele, enquanto ele se senta no sofá de couro próximo, pegando seu iPad sempre presente para checar os e-mails (um procedimento que, irritantemente, ele conduz quase a cada dois minutos, apesar de eu supor que você não tenha o luxo de alguns minutos consecutivos de folga quando é responsável pelos empregos de 17 mil pessoas ao redor do mundo e de incontáveis acionistas). — Isso não é justo! Nem comigo e nem com as mulheres em geral!

— Está bem, está bem, desculpe. Só me lembro da minha ex ficando superestressada logo antes do casamento também. E já estive com minha mãe, no telefone durante boa parte do trajeto de volta de Luxemburgo, fazendo tudo quanto é tipo de pergunta maluca sobre o que a sua mãe vai usar no jantar de ensaio e que cor ela vai usar no casamento... Veja bem, essa é uma mulher que passa seus dias dando vacinas emergenciais contra o tétano em crianças em zonas de desastres, ou organizando a distribuição de pacotes de comida para vítimas da fome! E agora ela está tentando descobrir se vai entrar em conflito com a mãe da noiva se as duas usarem roxo!

Fugazmente — e sem me surpreender —, desejo que Joel não precisasse mencionar as virtudes de sua mãe toda *santa* vez que toca no nome dela. Mas isso, provavelmente, é apenas o meu próprio nervosismo falando: amanhã à noite, afinal de contas, nossas mães vão se encontrar pela primeira vez e a comparação entre elas será odiosa. A mãe de Joel é toda boas ações e devoção altruísta ao bem-estar dos outros e a minha... não.

Eu ficaria bem feliz se as duas *realmente* usassem roxo, já que isso daria a elas uma mísera coisinha em comum durante o dia todo.

Sem contar que *eu* mesma ainda não conheci a mãe de Joel pessoalmente, então meus nervos estão à flor da pele com relação a isso.

— Bem, eu não estou estressada — digo (sim, minto) —, então você pode deixar as suas generalizações radicais lá fora. Senti a sua falta — acrescento, abaixando-me para me esmagar ao lado dele no sofá (não tão esmagável assim). — Você vai ficar aqui agora, certo? Até o casamento?

— Vou ficar aqui. — Ele envolve meus ombros com um braço e dá um beijo no topo da minha cabeça. — Só tenho uma teleconferência esta tarde, que vai durar algumas horas, e uma reunião com meus advogados amanhã de manhã. Mas isso vai ser aqui. Na verdade, nós vamos manter as coisas bem casuais e jogar golfe ao mesmo tempo, então, estou cem por cento aqui agora, Lib. Você não precisa se preocupar que eu vá abandoná-la com a minha família e meus amigos e funcionários às vésperas do nosso dia.

Estou secretamente aliviada, porque eu estava um pouquinho preocupada com essa questão. Não tanto com os amigos de Joel, porque eles só vão chegar amanhã à noite, e nem mesmo com a família dele (apesar de a mãe virtuosa e da avó sobrevivente de Treblinka serem uma perspectiva bastante intimidadora), mas, sendo sincera, mais com os funcionários.

Ele tem *muitas*... pessoas trabalhando para ele.

Aqui, na abadia de Aldingbourne, na casa de Joel (logo, suponho, *nossa* casa) em Sussex, por exemplo, ele tem 22 empregados em tempo integral. Jardineiros, jardinistas (que são, aparentemente, duas coisas diferentes), uma governanta, um pequeno exército de faxineiras... E, é claro, aonde quer que Joel vá, uma de suas três assistentes pessoais vai junto: Savannah, Rachael e Rebecca. Nunca sei ao certo qual a diferença exata entre os trabalhos específicos de cada uma e, para minha vergonha, frequentemente me confundo quanto à diferença *real* entre as próprias Rachael e Rebecca. Há, também (e, graças a Deus, apenas ocasionalmente), seguranças pessoais como Esti, que aparecem quando uma das ameaças de morte que Joel recebe no Twitter, mais ou menos umas cem vezes por semana (algumas pessoas não gostam de bilionários, aparentemente, nem quando eles doam milhões para caridade e lutam pelos direitos das mulheres oprimidas e das crianças ao redor do mundo), parece menos com a bravata de algum maluco distante e mais como um plano real para matá-lo quando ele menos esperar. Tem os funcionários da Fundação, que costumam viajar para onde ele vai como uma espécie de corte medieval acompanhando seu rei, e que totalizam entre cinco e 15 pessoas, dependendo do evento que vai acontecer. Geralmente tem um ou dois advogados na área, acompanhados por um ou dois contadores com aparências exaustas...

É mesmo de se admirar que nós dois quisemos manter o casamento o menor e mais simples quanto humanamente possível? Só de pensar em algum tipo de equipe de planejamento de casamento se metendo nas nossas vidas, além de *todos os outros*, é apavorante demais para imaginar.

Eu sinto, sim, umas ondas de tristeza ao pensar no assunto, por não poder perguntar a Grace Kelly como ela planejava lidar com a invasão de uma legião de empregados em sua vida. Ela, sem dúvidas, fez um trabalho muito, muito melhor do que eu. Digo, eu só acho essa coisa toda tão horrivelmente constrangedora e vivo com tanto medo de dizer alguma coisa que poderia ser interpretada como remotamente rude ou arbitrária que eu passo a imagem da maior coitadinha que já existiu.

— Na verdade, por falar em funcionários — continua Joel —, Savannah estava comigo agora há pouco no caminho de volta de Luxemburgo e queria saber se poderia se encontrar com você por alguns minutos hoje. Só para uma conversa geral sobre os próximos dias e quem precisa estar onde, quando e como ela pode ajudar com qualquer coisa de que você precise.

— Ah, isso é muito legal da parte dela. Você acha que ela estaria disposta a assumir o trabalho de lidar com a minha mãe e a minha irmã durante as festividades?

Joel sorri para mim.

— Não acho que eu a pague o suficiente para isso. Mas ela gosta de você, então talvez esteja disposta a fazer algum acordo.

Fico bastante surpresa por saber que Savannah gosta de mim, porque ela sempre tem uma aura tão séria e hostil que nunca imaginei que ela gostasse de mim mais do que gostaria de ter piolhos.

— Na verdade, se vocês duas se conhecerem um pouquinho melhor nos próximos dias, Lib, quem sabe você possa considerar pegá-la.

— Pegá-la? — Isso parece levemente alarmante. Será que ele pensa que só porque vou me casar com ele, vou começar a satisfazer esse tipo de fantasia masculina? Além do quê, Savannah pode até gostar de mim, mas não acho que iria tão longe assim só para agradar o patrão. — Como assim?

— Como sua assistente.

— Profissionalmente? Hum, não sei se você lembra, Joel, mas eu não preciso de uma assistente no momento.

Isso, por sinal, se dá porque a Libby Goes To Hollywood não existe mais — ao menos no nome. Depois de todo aquele drama com Elvira, Ben e eu (de forma relativamente amigável), concordamos em cortar relações alguns meses atrás, mas o fato de que eu estupidamente um dia dei 65 por cento da empresa a Ben em troca do investimento dele significa que ele efetivamente ficou com o que restou dela. Eu poderia — segundo Joel, *deveria* — ter usado os advogados caros que Joel me ofereceu, na lata, para lutar e vencer, mas usar o dinheiro de Joel para financiar essa batalha era a última coisa que eu iria fazer. Mas a gente faz o que precisa ser feito (quero dizer, um dia quero retomar a empresa, com meu próprio dinheiro), então, engoli meu orgulho e aceitei o trabalho de consultoria na Pressley/Waters. O que, preciso admitir, tem dado bastante certo, no fim das contas. Sim, foi Joel quem arquitetou a primeira reunião, mas elas adoram as coisas que estou criando para elas e acabaram de sugerir que a gente renove o contrato de consultoria por mais um ano além dos seis meses originais. Também estou aprendendo muito com elas e tem sido muito legal conhecer todas as outras pessoas do escritório... E, falando sério, o fato de não existir nem sombra de uma tiara de noiva *vintage* na minha vida há meses é tão revigorante que não dá nem para imaginar.

— Não profissionalmente! — Joel para de olhar para o iPad e coloca uma mecha de cabelo meu atrás da orelha. — O que vai fazer no cabelo para o casamento, aliás?

Fico levemente chocada com a mudança de assunto.

— Bogdan vai vir aqui esta tarde. Ele deve chegar a qualquer minuto, na verdade, para testar alguns penteados. Foi por isso que deixei crescer um pouco nos últimos meses. Por quê? — Passo a mão pelos cabelos. — Você não gosta mais comprido?

Ele dá de ombros.

— Não adoro. Quero dizer, está um pouquinho mais desgrenhado que de costume, não acha?

— Bem, para falar a verdade, não, eu tenho gostado bastante...

— Enfim, qualquer penteado vai ficar maravilhoso em você... Olha, você não precisa de uma assistente profissional, Lib, mas não acha que pode querer alguém para dar uma mão com todo o resto?

Dou risada. Porque ele está brincando, certo?

— Joel, não consigo nem largar um copo vazio por aí sem que alguém materialize dos móveis para levá-lo embora! Quanto mais de ajuda você acha que eu preciso?

— Sim, Libby, eu sei. — A voz dele fica mais brusca, mesmo que bem de leve. — Sei que você não gosta disso tudo.

— Não é que eu não goste — respondo, cautelosa, porque já foi um ponto delicado entre nós antes. — É só que você disse que gostava de vir para Aldingbourne para ficar longe de tudo isso… e parece que sempre trazemos "tudo isso" junto.

— Bom, não sei se você reparou, Libby, mas estamos organizando um casamento aqui para depois de amanhã! Além disso, parte do motivo pelo qual eu *posso* ficar longe de tudo isso é porque todo mundo mantém as coisas funcionando perfeitamente. Ei, nós dois tivemos momentos fantásticos aqui, não tivemos, sem ter que nos preocupar com as chatices do dia a dia?

— Sim — respondo secamente. — É como ter seu próprio hotel de luxo. Mas o que você estava dizendo agora há pouco sobre eu precisar de mais ajuda?

— Para administrar tudo! — diz Joel. — E organizar o lado social das coisas! Se Sav pudesse cuidar da maior parte disso, não seria um grande alívio para a sua cabeça?

— Ah, você quer dizer… Hum, eventos e tudo mais?

— Sim, eventos e tudo mais… — Ele sorri ironicamente para mim. — E, obviamente, você vai querer assumir um papel bem maior na Fundação, Lib. Isso vai tomar uma parte enorme do seu tempo.

— Ahn… Desculpe, eu *vou* querer assumir um papel maior na Fundação?

— Por que não iria querer? Há tudo quanto é tipo de projeto lá que é bem a sua área. Sav é a pessoa que vai poder lhe contar bem mais sobre tudo isso, mas sei que acabamos de iniciar um projeto em Madagascar para criar condições decentes de trabalho para a indústria mineradora de safiras. E, por um bom tempo, lideramos uma campanha para dar um fim à exploração infantil nas minas de diamante na Índia… Na verdade, você pode discutir isso com a minha mãe amanhã, quando vocês se encontrarem, porque esse tem sido o bebê dela nos últimos três ou quatro anos.

— E isso tudo é incrível, Joel. — Eu aprendi, com Joel, a escolher minhas palavras com bastante cuidado. Quando ele está estressado (como obviamente está, com o casamento se aproximando, e cansado como está, já que levantou às quatro da manhã para ir a Luxemburgo depois de ter retornado de Nova York ontem às 11 da noite), ele tende a ficar sensível se sentir que não está sendo compreendido. — Mas não sei absolutamente nada sobre desenvolvimento internacional, nem nada nesse sentido. Eu sequer saberia por onde começar com essas coisas. E é tudo muito sério para alguém como eu aparecer e estragar tudo!

— Mas você aprenderia. Esse é todo o propósito — acrescenta ele — de pedir a Sav que assuma o trabalho de ajudar você. Ela trabalha com esse tipo de coisa há algum tempo agora. E achei — diz ele, colocando outra mecha de cabelo atrás da minha orelha — que você ficaria superfeliz com a prospecção de fazer parte de tudo isso.

— Ah, é claro. E fico feliz por você achar que posso contribuir. Mas não quero afastar Sav de todas as coisas importantes que ela faz para você só para me ajudar em um papel de coadjuvante.

— Lib, não quero que você seja uma coadjuvante! — Ele tira os braços dos meus ombros, para que eu possa olhar direito para ele. — Eu adoraria se você se engajasse em alguns desses projetos! Pois, você não faz ideia da satisfação que é lidar com essas coisas de verdade. E é muito mais impressionante, para os meus doadores, se minha esposa estiver em campo algumas vezes, fazendo bom uso do dinheiro deles, por assim dizer. Eu consigo visualizar você — continua ele, aconchegando-se no meu pescoço — toda sexy e dinâmica de bermuda cáqui e chapéu panamá, conhecendo e cumprimentando os trabalhadores da mina de safiras em Madagascar...

Me afasto, porque ele está, para falar a verdade, me deixando excitada e eu acho que essa é uma conversa que eu prefiro ter quando estiver totalmente no comando de todas as minhas faculdades.

— E apesar de eu ficar extremamente feliz por satisfazer todos os aspectos possíveis dessa, hum, fantasia sua, como é que vou encaixar essas idas a campo bem longe daqui com o meu trabalho?

Ele para de acarinhar meu pescoço.

— Que trabalho?

— Na Pressley/Waters? — Fico com um pouco de medo que as poucas horas de sono tenham provocado nele alguma espécie de amnésia. — Estou trabalhando em tempo integral para elas agora, lembra?

E muito contente, eu deveria acrescentar, especialmente agora que relaxei quanto àquela conexão delas com Joel. Porque, como Caroline Pressley me garantiu todas as vezes que tocamos no assunto, ela *já* me conhecia e admirava meu trabalho antes de Joel ter falado de mim para ela. O fato de ele ter mencionado meu nome só me tornou prioridade em sua cabeça, assegurou ela, e, depois de conhecê-la melhor nesses últimos meses e ter visto sua paixão por buscar novos talentos, eu acredito nela.

— Ah, isso! Ah, bem, tenho certeza de que isso pode se tornar secundário ao trabalho na Fundação, Lib, não acho que qualquer pessoa lá se importaria.

— *Eu* me importaria.

— Certo, se você está preocupada com como vai dar conta de tudo, então você pode dizer a elas que não quer renovar o contrato de consultoria no final dos seis meses.

— Joel, eu já renovei o contrato por mais um ano… Eu contei por Skype semana passada, quando você estava em Tóquio.

— Ah, sim, isso não me é estranho. Mas, de qualquer forma, Libby, não acho que isso seja um problema. Isto é, mesmo que você passe a trabalhar apenas uma vez por semana com elas e dedique o resto do tempo à Fundação…

Há uma batida na porta e, em resposta ao "Entre" brusco de Joel, Rachael coloca a cabeça para dentro da sala. Ou talvez seja Rebecca. De qualquer forma, eu não sabia que *todas* as assistentes estavam aqui agora.

— Um sr. Bogdanovich e um sr. O'Hara acabaram de chegar da estação — anuncia ela. — Não sei se são convidados do casamento ou empregados de Libby…?

— São convidados — esclareço. — Ao menos, Bogdan é…

Não sei ao certo o que o sr. O'Hara (isto é, Dillon) está fazendo, aparecendo aqui com Bogdan desse jeito. Não é como se ele tivesse sido banido do casamento por ser um ex, nem nada assim (apesar de Lilian, ex-mulher de Joel, não participar por esse exato motivo, ainda que vá chegar esta noite em Londres com Julia, que vai ser minha daminha de honra), mas como estamos mantendo tudo sucinto, não havia espaço para ele na lista de convidados. Sem contar o fato de que eu mal o vejo ou tenho notícias dele no dia a dia… Mas aí, é claro, como quem é vivo sempre aparece, cá está ele, chegando sem avisar logo antes do meu casamento.

— É melhor você ir, então — diz Joel, um tanto bruscamente. Ele volta a olhar para o iPad. — Estarei aqui, se precisar de mim.

— Mas você não quer vir dar "oi"…?

— Estou ocupado.

Que ótimo. Agora, ele está amuado, apesar de eu não saber se é por causa da chegada inesperada de Dillon (o que seria estranho, porque Joel nunca se mostrou do tipo ciumento antes) ou da minha reação ao trabalho novinho em folha que ele acaba de, unilateralmente, arranjar para mim na Fundação dele.

E nem posso perguntar, porque Rachael/Rebecca ainda está aqui e agora está indo até Joel, na verdade, com seu também sempre presente iPad em mãos, perguntando se ele tem cinco minutos para conversar sobre o itinerário para Genebra, o que quer que isso signifique.

Então, eu faço um showzinho passivo-agressivo, batendo a porta com certa força, engolindo o desconforto que cresceu dentro de mim, e saio até a via de entrada da casa para cumprimentar Bogdan e Dillon.

Eles estão saindo do Land Rover preto que um dos (incontáveis) jardinistas usa para buscar as pessoas na estação. Meu coração inflama de alegria e tenho que literalmente conter um soluço repentino e súbito enquanto corro na direção deles. Quero dizer, eu vi Bogdan há dois dias, pelo amor de Deus, quando ele me acompanhou à minha última prova do vestido. Não faço ideia de por que parece que já se passaram duas eras.

— Oi, meu amor. — Dillon me agarra primeiro, colocando os dois braços em torno do meu corpo para um abraço enorme, de trincar as costelas. — Que tal a surpresa?

— Você não disse que vinha.

— Essa é a definição de "surpresa", Menina do Fogo. Eu estava com Bogdan ontem e ele falou que vinha para cá hoje, então pensei em vir com ele antes que as coisas fiquem sérias amanhã. — Dillon sorri para mim. Ele está, ainda bem, bem melhor do que antes de voltar para a clínica de reabilitação, seis meses atrás: mais magro e mais saudável e com os olhos menos inchados. — Você está magra.

— Isso é um elogio ou uma crítica velada?

— Ainda não sei. — Ele me analisa com mais atenção. — Depende de se você perdeu peso para caber em um vestido de noiva deslumbrante ou porque o sr. Bilionário Celebridade quis que você perdesse.

— Dillon! Pelo amor de Deus! — Eu o encaro. — Joel está ali dentro! Será que você pode tentar ser um pouquinho menos rude?

— Estou podendo informar a você que Libby está perdendo quilos para estar ficando bonita em vestido de noiva — explica Bogdan, aparecendo do outro lado da Land Rover. — Estou dizendo a você, Dillon, você nunca está vendo nada tão deslumbrante quanto esse vestido. É Jenny Packham, é enviesado, o que obviamente está ajudando Libby no quesito do corpo…

— Ela não precisa de ajuda alguma com relação ao seu corpo — interrompe Dillon, sendo leal (e nada correto). — Mas aposto que ela vai ficar maravilhosa nele.

— Estou ajudando Libby a escolher — conta Bogdan. — Se tivesse que escolher sozinha, ela com certeza estaria entrando em igreja de moletom cinza e calça de agasalho.

— Obrigada, Bogdan.

— Não tem de quê. Agora, você pode estar me mostrando onde devo estar deixando malas...?

Ele para assim que repara na casa à nossa frente.

Bem, chamar de "casa" é certo eufemismo.

A abadia de Aldingbourne, a casa que eu achava (que Joel me fez pensar) ser apenas um refúgio rural simples, até mesmo sucateado, é, na verdade, quase tão impressionante quanto a mansão em Holland Park. Só que, ao contrário da mansão, Aldingbourne é maravilhosa. É do final do período georgiano (com alguns acréscimos eduardinos, como Rachael ou Rebbeca me contou quando vim aqui pela primeira vez quatro meses atrás; acho que ela tem intenção de escrever sobre a história oficial da casa, depois das informações intermináveis que me deu) e construída em pedras cinza-claro. Tem 14 quartos na casa principal e mais ou menos uma dúzia espalhada pelos pequenos chalés no restante da propriedade. O terreno tem mais de seis hectares de terras formalmente ajardinadas, 16 hectares de "jardim" e o próprio bosque. Tem um lago, grande o suficiente para pescar, se você estiver com vontade. E tem vistas incríveis de South Downs.

É verdadeiramente extraordinária.

— Bem — diz Bogdan após um longo momento durante o qual ele e Dillon ficaram olhando para a casa da entrada enorme e ampla —, como Dorothy estaria dizendo, estou achando que não estamos mais no Kansas.

— Com toda certeza — concorda Dillon. Ele parece irritada e deliberadamente não impressionado. — Então, esta é a casa da qual você vai ser... Como se chama mesmo? Castelã?

— Ah, não acho que haja necessidade alguma para palavras como essa — digo.

— Muito bem, então. Senhora. De tudo que a vista alcança.

— Ou essas — digo, dando uma olhada severa para ele. (Apesar de ele estar, por mais que eu odeie admitir, mais perto da verdade do que eu jamais vou admitir. Outra discussão que eu e Joel tivemos recentemente — outra discussão um tanto *acalorada*, diga-se de passagem — foi com relação a Aldingbourne e a como ele adoraria que eu cuidasse dos planos para algumas reformas a serem iniciadas na próxima primavera. Juntamente com a política da Nicarágua e certo conhecimento sobre acordos de negócios internacionais, aparentemente espera-se que eu me sinta confiante para assumir o controle do plano de reparar alguns estragos na alvenaria e remodelar a novíssima cozinha de uma mansão georgiana histórica com um nível profissional. Sei que Joel só estava sendo legal, do jeito dele, porque quer que este lugar seja como uma casa para mim e quer que eu possa me sentir à vontade para imprimir minha própria marca nele, mas mesmo assim. Eu nunca consegui nem reformar um apartamento xexelento de um quarto só com sucesso, então essa é uma perspectiva assustadora.) — Na real, se você veio até aqui só para ser agressivo...

— Nada disso. Estou realmente feliz por você, querida. Desde que você esteja feliz.

— Muito. — Tiro o braço dele do meu ombro. — De qualquer forma, vamos acomodar você, Bogdan, e daí quem sabe podemos dar uma caminhadinha ou algo assim... Acho que foi reservado um quarto para você em um dos chalés, mas vou só checar com Rachael.... Ou, hum, Rebbeca...

— Não é problema. Mas você está se importando se eu der um pulo em casa principal por um instante, Libby? Só estou querendo checar uma coisa.

— Ah... Hum... Não, acho que não tem problema. Mas o que é que você quer...

Tarde demais, porque ele já saiu em busca do que quer que seja que ele quer "checar".

Estou prestes a sair correndo atrás dele — porque, sinceramente, ele é um perigo, perambulando pela casa sem fazer ideia de para onde está indo — quando Dillon me para.

— Se importa se eu fumar aqui?

— Oh, Dillon. Você voltou a fumar?

— Bom, é isso ou acordar de manhã e cheirar uma linha de coca e virar três doses de vodca antes mesmo de tomar banho, então...

— Está bem, está bem. Fume uma porcaria de um cigarro.

— Obrigado. Vai me matar um pouquinho menos rápido que o álcool e as drogas.

— É muito reconfortante ouvir isso.

Ele tira um cigarro do bolso, acende e se apoia na Land Rover, expirando.

— Então. Você está mesmo fazendo isso.

— Estou mesmo fazendo isso.

— Casando. Com esse tal de Joel.

— Sim, Dillon. Casando. Com esse tal de Joel. Por quem eu, por acaso, estou apaixonada, por sinal. Só para o caso de você estar pensando em mencionar... qualquer outra coisa.

— Ei, eu não ia mencionar mais nada. Nem ninguém.

— Ótimo. — Eu o observo soprando uma nuvem de fumaça no ar frio por um momento e então, apesar de não estar planejando dizer nada, continuo: — Olly também vai se casar, aliás.

— É, eu lembro que você contou quando foi me buscar na clínica em julho. Então, isso ainda está de pé?

— É claro que está! Bom, eles ainda não marcaram uma data, nem nada assim, até onde sei... Não tive muitas chances de falar com Olly nos últimos meses. Ele vai para Glasgow com bastante frequência e tem o trabalho... Na verdade, acho que a última vez que o vi mesmo foi pouco antes de eu ficar noiva.

— Certo... Aliás, como foi que isso aconteceu? Assim, não estou julgando, mas não foi meio *rápido*?

— Foi rápido, sim, Dillon. Mas sabe como é: quando você sabe, você sabe.

— Você acaba de usar a palavra "sabe" três vezes na mesma frase.

Eu ignoro essa informação e passo, delicadamente, a ponta do polegar pelo meu anel de noivado. (É uma aliança de ouro branco com um diamante perfeitamente lapidado, muito bonita e de um bom-gosto incrível — obviamente. Joel mandou desenhar e fazer em Londres, mas a pedra é de um dos projetos da Fundação na África Central.)

— E quanto a como o noivado realmente aconteceu — continuo —, foi bem aqui, aliás.

— Aqui na entrada da casa? — Ele ergue uma sobrancelha. — Que romântico.

— Perto do lago! — ralho. — Quando o sol estava se pondo. Então, sim, foi romântico pra cacete, tá? E se você só veio até aqui para encher o saco...

— É isso que parece?

— Sim, Dillon, é isso que parece. E, para ser sincera, não é totalmente irracional da minha parte pensar isso sendo que, convenhamos, você tem *experiência* no assunto.

— Ah, está se referindo a eu pegar no pé de Olly porque tinha ciúmes dele?

— Sim.

— Bom, isso era diferente.

— Ah, era?

— Sim. Não tenho ciúmes de Joel. Só acho que você está cometendo um erro tremendo ao se casar com ele.

— Obrigada, Dillon — digo friamente. — Se eu já não tivesse o bastante com que me preocupar, com minha mãe surtando por eu ter convidado meu pai, e Cass basicamente querendo dançar no colo do padrinho, e Joel dando piti porque acha que eu deveria começar a administrar a Fundação assim que nos casarmos...

— Você sabe que foi ele quem conseguiu o trabalho para mim em *Reis e Lendas*?

Paro.

— Como é?

— Joel. O seu noivo. Ele conseguiu o trabalho para mim em *Reis e Lendas*. A série que estou filmando em Vancouver.

— Não entendo.

— Só descobri duas semanas atrás. Eu estava conversando com o primeiro assistente do diretor. *Não* estou mais me envolvendo com nenhuma namorada dos assistentes, me apresso em acrescentar. E ele deixou escapar alguma coisa sobre a diretora de elenco ter recebido uma ligação do diretor da produtora falando sobre mim quando o papel surgiu... Foi um pouco esquisito, então, fui pesquisar sobre a produtora. Stellar Media. E o principal investidor deles é a Jansen-Pereira Ltda.

Minha cabeça está girando um pouquinho, com todas as ligações e associações e, preciso admitir, com o leve ar de teoria da conspiração que Dillon está impregnando nisso tudo.

— Desculpe, Dillon, mas você está dizendo que Joel deve ter... O quê? Ligado para o diretor da produtora e dito a ele para dar um papel a você no novo seriado deles?

— Sim, é isso que estou dizendo.

— E mesmo que seja verdade... existe algo de tão terrivelmente *sinistro* sobre isso?

— Bem, não sei. Me diga você.

— Eu adoraria, Dillon, mas... Eu não sei do que você está falando.

— Certo. Eu vou dizer. — Os olhos escuros dele se fixam nos meus. — Acho que ele me tirou do caminho.

Não digo nada por um momento. Então, respondo, em uma voz baixa, porém firme:

— Dillon. Como eu sempre digo à minha mãe, nem tudo gira em torno de você, sabe?

— Não foi isso que eu quis dizer! — Ele parece frustrado e dá uma tragada longa no cigarro. — É o momento em que aconteceu, Lib. Ele me conheceu, naquele estado, do lado de fora do seu apartamento. Menos de 48 horas depois, minha agente recebe essa ligação do nada da diretora de elenco dizendo que quer que eu vá para o Canadá para uma audição. Essa diretora em questão me odeia, por sinal, porque, uma vez, eu a deixei esperando por duas horas para uma audição de outra série depois de ter perdido um voo para casa de Ibiza…

— Ah, por favor! — grito, literalmente. — E você se pergunta por que alguém poderia pensar, por pura bondade, que talvez te dar uma mãozinha talvez seja um ato de generosidade? E não o crime do século…

Paro de falar, porque uma van branca está entrando na ruela de cascalhos.

É uma van sucateada, soltando uma nuvem de poeira de cor de estanho de seu escapamento. É por causa dela que a porta da frente da casa se abre de repente e — de onde é que eles *surgem*? — Esti e outro de seus colegas seguranças que parecem letais saem correndo.

A van para a uma pequena distância do Land Rover preto e a porta do passageiro se abre. Dela sai um homem de cabelos escuros usando um agasalho da Adidas e óculos escuros levemente sinistros.

Preciso ser sincera: a esquisitice está afetando até mesmo o cínico do Dillon, porque ele coloca o braço por cima dos meus ombros novamente e me puxa de leve para trás, atrás do Land Rover, enquanto Esti vai até eles.

— Posso ajudar? — pergunta ela em um tom de voz que sugere que ela está a uma mera fração de segundo de nocauteá-lo e sufocá-lo com um único e ágil movimento de krav magá.

— Estou aqui por Bogdan.

— Bogdan?

— Sim, Bogdan, filho de Bogdan. Ele está organizando para nós fazermos esta entrega…

— Entrega de…? — ralha Esti, um pouquinho mais perto de executar aquela manobra.

— De sofá.

— Sofá?

— Sim, sofá. De Chester.

O próprio Bogdan sai da casa agora, seguido logo atrás por Joel — que está apavorado. Ele desce as escadas e começa a falar em um moldavo super-rápido com o cara de agasalho, antes de ele dar a volta até a traseira da van e começar a abrir as portas.

— O que está acontecendo aqui? — pergunta Joel, também descendo as escadas. — Bogdan estava na sala de estar... hum... medindo...

Já consigo ver o que o cara de agasalho, com a ajuda de outro moldavo que acaba de sair do lado do motorista, está puxando da parte de trás da velha e duvidosa van.

É o Chesterfield.

— É presente de casamento para você, Libby — diz Bogdan, seu rosto se abrindo em um sorriso pequeno, levemente nervoso, pela primeira vez desde que o conheço. — Estou consertando depois de incêndio. Parte de estrutura pode ser salva. Parte de enchimento e resto é novo. Incluindo estofado. Não é exatamente mesmo tecido de antes — acrescenta ele, à medida que uma parte maior do Chesterfield emerge da van, exibindo sua cobertura de rosas bregas *cor-de-rosa*, em vez das rosas bregas *alaranjadas* de antes. — Mas é mesmo sofá. Em essência. Se você está entendendo o que estou querendo dizer.

Sem palavras, vou até Bogdan. Apoio minha cabeça no peito dele. E começo a chorar.

— Pronta, pronta — diz ele delicadamente, fazendo carinho nas minhas costas e querendo dizer, suponho, *pronto, pronto*. — Estou contente que isso está deixando você feliz.

Porque só alguém com uma alma como a de Bogdan perceberia que, apesar das lágrimas, eu estou feliz.

Quero dizer, não é *só* felicidade, obviamente. Há certo nervosismo misturado. Uma sensação generalizada de emoções à flor da pele, com o casamento, e minha mãe, e Cass, e Joel, e *Dillon*...

Mas estou tão, tão feliz por ver o Chesterfield de novo (por ter uma mera fagulha de esperança de que eu talvez tenha a mágica dele de volta) que é, em grande parte, o motivo de eu estar chorando.

— Bem, isso é muito gentil da sua parte, Bogdan, mas não sei onde o sofá ficaria na sala de estar — fala Joel, parecendo um pouco alarmado, enquanto os dois moldavos aleatórios começam a carregar aquela monstruosidade na direção da casa. — Libby, querida, você pode vir e resolver isso, por favor? Vai ter que ficar em um dos chalés, ou lá em cima, no ático, até definirmos um local melhor para colocá-lo...

— Pode ser no ático — respondo, com firmeza, secando as lágrimas com a manga e seguindo na direção da casa. — Venham. Vou mostrar o caminho. Volto em alguns minutos, Dillon. A não ser que você queira entrar para tomar uma xícara de chá?

— Não, não. Estou bem aqui fora, querida. — Dillon solta o cigarro no chão e pisa nele com o calcanhar. — Bom vê-lo novamente, Joel — acrescenta ele, amigavelmente. — E parabéns pelo casamento iminente.

— Obrigado, Dillon. É bom ver você de novo também. — Joel ainda está parecendo um tanto furioso com relação a, bem, tudo, mas suas ótimas maneiras não permitirão a ele nem uma demonstração de incivilidade. — Não quer entrar para tomar um chá?

— Estou bem, parceiro. Se importa se eu der uma andada por aí? Este seu lugar aqui é maravilhoso.

Sem esperar por uma resposta, ele começa a caminhar pelo gramado (muito) bem-cuidado, na direção do lago.

14

Apesar de tanto Rachael quanto Rebbeca terem se oferecido, muito gentilmente, para pedir que meu vestido fosse levado até Aldingbourne para mim, eu decidi ir até Londres esta manhã para pegá-lo eu mesma.

Quero dizer, não é como se houvesse uma quantia enorme de coisas que eu poderia, afinal, estar fazendo na casa hoje. As assistentes já têm tudo bem delegado e sob controle, desde a limpeza pré-casamento da pequena capela perto do lago até a organização das mesas para o jantar de ensaio na grande sala de jantar. As flores do evento desta noite estavam chegando quando saí para ir até a estação de trem e pude ver alguns dos chefs que foram chamados para a ocasião indo até o jardim murado para colher alguns legumes e verduras biodinâmicos e ervas que são cultivados ali.

Sinceramente, é melhor, para mim, ficar longe de todo esse alvoroço. Além disso, ir e fazer alguma coisa hoje vai manter meu nervosismo sob controle.

Não há bom motivo em especial para que eu ficasse na casa. Nem minha mãe, nem Cass, que certamente podem precisar de alguma supervisão, vão chegar até o final da tarde. Bogdan está alegremente acomodado em seu chalé, comprando — uma cortesia de Joel — filmes antigos no iTunes para assistir na tevê enorme que tem lá (ao menos espero, por tudo que é mais sagrado, que é isso que ele tenha comprado). Além disso, suspeito que ele vá entrar na casa principal mais tarde para ver se consegue encontrar o doceiro que viu ontem quando fiz com ele um tour pela casa. E, acredite em mim, você não vai querer ficar entre Bogdan e um doceiro gato.

E Joel... Bem, Joel tem a reunião-barra-jogo-de-golfe com os advogados hoje.

E ainda está um pouco irritado por causa da questão do sofá.

Que, devo dizer, não parece estar funcionando do jeito que costumava. Isso não muda em nada a gentileza de Bogdan em reformá-lo para mim. Mas, infelizmente — apesar de eu ainda não ter dito a ele —, a reforma não trouxe a magia de volta.

Subi até o ático assim que pude ontem, depois do jantar, e fiquei simplesmente... sentada lá por um tempinho. Mais do que um tempinho. Até peguei no sono, para falar a verdade. O novo estofamento do sofá o deixou bem mais confortável e o fato de que ele não tem mais cheiro de cachorro molhado (bom, quem sabe só um pouquinho, em algum lugar bem, bem lá no fundo da carcaça original) faz com que seja mais fácil de ficar mais tempo perto dele. Mas mesmo depois de eu ter ficado lá por umas duas horas, não teve efeito algum, afinal. Não havia nem um soprinho fraco do perfume de Grace.

Não havia ninguém além de mim. E meus pensamentos.

Que, provavelmente, não são muito diferentes dos que uma noiva prestes a se casar tem na penúltima noite antes de seu casamento. Nervosismo. Apreensão. Até mesmo umas pontadas bem, bem ocasionais de ansiedade quanto a se você está, com cem por cento de certeza, fazendo a coisa certa.

Só teria sido legal ter Grace ali no sofá comigo. Só isso.

Quero dizer, foi ela quem me motivou a ficar com Joel. Foi ela quem me apresentou as concepções de "partir para outra" e "aproveitar o dia" e me falou das virtudes daquela coragem típica de Grace Kelly, de ombros para trás e nariz empinado, que fez todo um reino se ajoelhar a seus pés.

Teria sido muito legal, agora que estou onde estou, ter a chance de contar a ela. Não que ela fosse prestar a menor atenção aos detalhes — apenas o que decidisse usar como uma nova mensagem de seu subconsciente. Mas mesmo assim. Teria sido legal tê-la por perto para conversar.

Mas, para ser sincera, poderei ter uma conversa calmante com Nora hoje, porque ela vai me encontrar na cidade para pegar meu vestido. Foi sugestão dela, porque — segundo ela mesma, não eu — ela tem sido uma "péssima madrinha", estando longe, lá em Glasgow, o tempo todo e com o trabalho, Clara e outro bebê, já com dez semanas, cozinhando bonitinho dentro dela (uma surpresa maravilhosa que ela me contou na última vez que conversamos).

Mal posso esperar para vê-la. Isso vai engatilhar a sensação superanimadora de que meu casamento vai acontecer amanhã, em vez de todas essas coisas estressantes de dar nos nervos. Vamos nos encontrar no The Wolseley do Picadilly para um *brunch* e uns mimosas — bem, só suco de laranja para Nora, obviamente — antes de irmos até a Jenny Packham, na chiquérrima rua Mount, para pegar meu vestido.

Estou saindo do metrô em Green Park quando meu celular toca.

Oh, meu Senhor. Minha mãe, de novo.

Atendo porque saber que, daqui a cinco minutos, vou estar bebericando (ou possivelmente me afogando) no meu primeiro drinque de suco de laranja com espumante, na companhia calmante de Nora, torna a perspectiva do último festival de lamentações da minha mãe mais suportável.

— Oi, mãe.

— Querida! Ótimas notícias!

— Ah! — Fico alegremente surpresa ao ouvir isso; nenhum festival de lamentações, aparentemente. — O quê?

— Decidi fazer uma transformação completa antes de amanhã!

— Hum... Quando você diz *completa*...?

— Bem, para começar, repensei aquela coisa velha da Jacques Vert que eu estava planejando usar. Então, dei um pulo na Selfridges assim que eles abriram essa manhã e presenteei a mim mesma com um Oscar de la Renta *fabuloso*...

— Caramba. Mãe, isso deve ter sido caro.

— Querida, com que frequência uma filha minha se casa? Ah, isso me lembra, você pode, *por favor*, se esforçar ao máximo para apresentar Cass a todos os amigos de Joel neste fim de semana? Sinceramente, se eu tiver que ouvi-la choramingar mais uma vez pelo fato de que nunca vai arranjar um bilionário para mantê-la aquecida à noite...

— Ela já me pediu isso, mãe. Mas falando sério...

— Enfim, comprei esse vestido rosa-claro e um casaco maravilhoso e aí, obviamente, tive que comprar uns sapatos novos para combinar com tudo, umas *pumps* cor *nude* da L.K. Bennet, porque a vendedora me lembrou que todas as mulheres de Middleton estão usando. E agora estou em uma cadeira no salão do Nicky Clarke! Eles deixaram meu cabelo com uma cor maravilhosa e estão terminando meu corte. Eles me encaixaram no último minuto, querida, não foi legal da parte deles? É claro que o fato de eu ter *por acaso* tocado no nome de Joel quando liguei provavelmente ajudou...

— Mãe — falo, ríspida. — Por favor. Não faça isso.

— É claro, querida — responde ela solenemente, apesar de eu não ficar nem um pouquinho convencida de que essa é a última vez que ela usa essa cartada. — De qualquer forma, eu só queria avisar você, porque sei que vai pegar o seu vestido aqui pertinho do salão em algum momento hoje...

— Sim. Dou um pulo aí se eu tiver tempo, mãe. Mas, caso contrário, você e Cass vão pegar o trem das cinco em St. Pancras, certo?

— Sim. Parecendo uma nova mulher! Isso vai mostrar àquela Phoebe quem é a bonitona do pedaço!

— Mãe...

— Só estou brincando, querida! — cantarola ela, novamente sem me convencer. — Tchau!

Com ou sem festival de lamentações, acho que ainda preciso daquela mimosa. Abri a porta de vidro do The Wolseley e entro no burburinho lá de dentro, dou meu nome ao homem que está na recepção e...

Ah.

Olly está sentado a uma mesa.

Por um instante, fico pensando se ele por acaso veio aqui por pura coincidência — para um almoço romântico com Tash, talvez, antes de pegarem o trem para Sussex esta tarde —, mas quando ele se levanta para me cumprimentar, percebo que, não, não é coincidência: ele ficou sabendo por Nora que nós íamos nos encontrar aqui.

— Libby. — O rosto dele se abre em um sorriso enorme. Ele está incrivelmente bonito, apesar de um pouco mais formal do que estou acostumada a vê-lo, com uma camisa elegante e seus cabeços geralmente bagunçado devidamente domados, para variar. — É maravilhoso ver você.

— Você também! — Eu o abraço forte e me recuso a inspirar o aroma delicioso e familiar ao fazê-lo. Contudo, ficamos agarrados um ao outro por mais tempo do que acho que qualquer um de nós pretendia. — Quer dizer — continuo, relutantemente me afastando dele —, é uma surpresa...

— Pois é, desculpe quanto a isso! Nora disse que ia encontrar você aqui... Ah, ela está atrasada, por sinal. Minha mãe ligou dez minutos atrás e disse que ela tinha acabado de sair da casa deles...

A proximidade da família Walker nunca deixou de me impressionar, mesmo vinte anos depois de ter conhecido todos eles. Às vezes, me deixa com inveja; em outras, acho um pouquinho claustrofóbica; e há vezes como agora, em que Nora e Olly e seus respectivos parceiros, *e* Clara, *e* os pais de Nora e de Olly estão todos se arrumando para ir até Sussex para o meu casamento, em que fico profundamente grata por ter todos eles na minha vida.

— Bem, que bom que você está aqui, então! — digo, sentando-me na cadeira de frente para ele. Vê-lo é um tônico tão poderoso, uma brisa tão refrescante de ar fresco e limpo que eu sequer sinto constrangimento ou o desconforto dos nossos últimos encontros. — Você pode me acompanhar em uma mimosa!

— Eu não deveria. Preciso voltar para o restaurante, para o final do almoço. — Ele parece dividido, pensando no assunto por um instante. — Apesar de que… Bem, acho que se eu mandar uma mensagem para Jorge e avisar que vou me atrasar…

— Exatamente! Você é o chefe.

— Sou mesmo. — Ele sorri para mim, pega o celular e manda a mensagem. — Vamos lá, então, Liberty. Vamos beber!

O fato de ele me chamar de Liberty — coisa que ele nunca faz — envia, por algum motivo, um pequeno arrepio pela minha espinha.

— Caramba — começo a falar, tentando esconder o fato de que ele está fazendo meu coração bater mais rápido de repente. — Não temos uma chance de sentar assim, de frente um para o outro, em uma mesa desde… Bem, se não contarmos aquela noite horrível no hospital, acho que foi aquela noite no bistrô. Quando tomamos aquele champanhe e… achamos que tínhamos encontrado o Queijo Misterioso.

— Meu Deus, Libby, parece que foi um tempão atrás.

— Parece mesmo.

— Um mundo diferente.

— Nem fale — respondo.

— Mas isso me lembra, aliás… Ótimas notícias. Acho que encontrei uma nova pista do Queijo Misterioso.

— Mesmo?

— Sim, eu ia mandar uma mensagem para você para falar disso, mas… Bom, você sabe como as coisas ficam conturbadas. Mas um colega meu, ex-chef, acabou de começar a comercializar no Bermondsey Market, importando queijo e vinho suíços… Fui até lá algumas semanas atrás e começamos a conversar sobre queijo, você sabe, como as pessoas costumam fazer.

— Como as pessoas costumam fazer.

— E eu contei a ele sobre o Queijo Misterioso. Digo, contei um *pouquinho* a ele. Não disse, para falar a verdade, que nós dois estamos tentando localizar o troço há mais de uma década, obviamente, mas ele disse que tem algumas ideias quanto a qual queijo pode ser. Enfim, ontem ele me ligou e disse que acabou de receber um carregamento grande e que eu deveria ir lá dar uma olhada em breve. Você vai sair em lua de mel, mas, sei lá, quem sabe depois que você voltar…

— Olly, eu adoraria! — Pego na mão dele. — Vamos ficar longe só por uma semana, até pouco depois do Natal… Joel não podia tirar mais tempo de folga. Então estarei por aqui.

— Ok, ótimo.

— Só prometa que vai me chamar, está bem?

— Claro. — Ele não me olha direito nos olhos. — Prometo que chamo.

— Por favor, Ol, não… Não parta do princípio que eu devo estar ocupada demais.

— Não, não. Não vou fazer isso. Mas, você sabe, se *estiver* ocupada demais, também não tem problema. Posso conferir por conta própria.

— Mas não vou estar. Ocupada demais. Não importa o que aconteça.

— Bom, está bem, então. É ótimo saber!

— Sim. Está combinado!

Um silêncio levemente tenso paira sobre nós, durante o qual chamo um garçom que está passando, peço duas mimosas e depois continuo, aleatoriamente:

— Então! Como está Tash? Ela está vindo de Glasgow agora ou veio ontem à noite?

— Ah, ela chegou tarde da noite, ontem.

— Ótimo! Estou ansiosa para vê-la!

— É… Quanto a isso, Lib. Acho que não… Acho que não vamos conseguir ir.

— Como é?

— Ao casamento. Acho que eu e Tash não vamos conseguir ir.

— Você… Como é? — repito, estupidamente. — Não entendo.

— Sei que é de última hora e eu não estaria fazendo isso se tivéssemos escolha. O pai dela vai fazer uma cirurgia de emergência de uma hérnia amanhã de manhã.

— Eu… Essa é uma péssima notícia… Mas não entendo…

— Bem, essas coisas podem ser meio perigosas.

— Cirurgias de hérnia? Mesmo?

— Ah, sim! Não fatais, nem nada assim, ao menos esperamos que não, mas ele está com 72 anos e não tem uma saúde muito boa há algum tempo e Tash quer estar lá para dar apoio à mãe...

— Certo. Entendo. — Limpo a garganta. — Mas *você* também precisa estar lá?

— Meio que preciso. — Ele se mexe de leve na cadeira. — Sei que parece desnecessário, mas... Bom, depois que ela foi tão incrível quando minha mãe e Clara sofreram aquele acidente, não quero simplesmente deixar Tash e a mãe dela para lidarem com tudo sozinhas. Veja, Tash é filha única e a mãe dela fica um pouco estressada com essas coisas...

— Mas é o meu *casamento*, Olly. — Fico olhando para ele. — Você não pode nem ir para Durham depois? A cerimônia é às duas e meia, então pode ir embora antes da festa e provavelmente ainda chegará lá à noite... Ah! Posso até ver se Joel não pode deixar você usar o helicóptero...

— Libby, por favor! — Olly parece mais desesperado do que nunca. — Não vou deixar que o seu noivo fique me carregando pelo país.

— Ele não se importaria!

— Mas eu me importaria! Olha, sei que o momento é horrível, eu reconheço. Mas dei uma olhada em todos os horários de trens e mesmo que eu fosse só para a cerimônia, não conseguiria chegar a Durham até já ser tarde demais para ter alguma utilidade prática para Tash e a mãe dela. E elas precisam de mim, Lib, elas precisam mesmo.

— *Eu* preciso de você — imploro, desamparada. E então, me sentindo como se fosse a noite mais neurótica imaginável, acrescento imediatamente: — Olha, entendo que o pai da Tash é velho e não está bem, e entendo que estão todos preocupados, mas ele vai estar em um ótimo hospital e Tash e a mãe dela podem se virar sozinhas por um dia e...

— Por favor! — diz Olly, parecendo angustiado. — Por favor, só... O momento é péssimo. E eu sinto muito, muito mesmo. Mas preciso estar lá. Não há nada mais que eu possa fazer.

Eu me recosto na cadeira.

— Tudo bem — falo. Me sinto, estranhamente, completamente sem emoção. Quase alvejada. — Está tudo bem. É só um momento péssimo. Como você disse.

— Olha, tem alguma outra pessoa que você possa chamar de última hora para ocupar nossos lugares? Quero dizer, sei que você está mantendo as coisas pequenas e não quero que a nossa ausência deixe um buraco no planejamento dos lugares...

— O planejamento dos lugares? Ah, não se preocupe, Ol. Essa é a menor das minhas preocupações.

— Como assim?

— Bem, você não estar lá é um certo "buraco". Independentemente do planejamento dos lugares.

— Ah. Eu sei. — Ele fica olhando para a mesa. — Mas estarei lá em espírito. Prometo. E... sei lá, suponho que vá ser tudo filmado... Meus pais vão munidos com sua câmera ancestral, já vou avisar, mesmo que haja um profissional lá.

— Isso é legal. — Eu quero, desesperadamente, afastar essa sensação horrível e vazia. — Estou ansiosa para vê-los.

— Não fique assim — pede ele. — Por favor.

— Não estou ficando nada, Ol! É claro que estou feliz por seus pais irem. É só que... eles não são... você.

O que eu não posso dizer a ele (o que sequer posso dizer a mim mesma, para falar a verdade, já que vai soar extremamente bobo já que vou me casar com Joel daqui a 24 horas) é que eu meio que tive essa fantasia estúpida algumas vezes recentemente. Mais do que estúpida. Ridícula. Uma fantasia sobre o momento no casamento em que o pároco pergunta se alguém sabe de algo que poderia impedir o casal de se casar.

Bom, eu não estava *realmente* esperando que Olly se levantasse e gritasse: "Sim! Eu sei de um impedimento! Parem este casamento imediatamente! Estou perdidamente apaixonado por ela!"

Eu já disse que sei que é ridículo.

Mas o fato de que ele não vai agora transforma uma fantasia ridícula em uma fantasia inexistente.

Nossas mimosas chegam, ainda bem, para interromper esse momento constrangedor.

Assim que o garçom as coloca na mesa e vai embora, nós dois pegamos as taças e praticamente viramos tudo em um único gole.

— Então! — diz Olly após um instante. — Você está... hum... animada para amanhã? Está tudo correndo bem? Nenhuma intempérie de última hora?

Eu quero desesperadamente colocar as coisas de volta nos eixos entre nós, e ele obviamente também quer, então, tento afastar minha sensação de decepção — ok, minha sensação de desespero arrebatador — e respondo, alegremente:

— Bem, a não ser que você conte cada coisinha que minha mãe e minha irmã estão fazendo…

— Entendi. — Ele termina o restante da mimosa. — Caramba, Libby — continua ele de repente. — Quem iria imaginar, quase vinte anos atrás, que um dia estaríamos sentados aqui desse jeito… Você prestes a se casar… Eu, noivo…

— Tem razão. Eu nunca teria imaginado. — Viro meu próprio drinque. — Mas cá estamos.

— Cá estamos, de fato.

Nós dois ficamos em silêncio de novo.

Acho que preciso dizer alguma coisa. Digo, dizer "alguma coisa".

Porque não posso simplesmente viver com essa sensação horrível. Essa sensação de que tudo está… *errado*. É como uma agitação, misturada com frustração, misturada com medo. É como o início da pior enxaqueca que você já teve, combinada com uma infecção gástrica iminente. Me sinto desconfortável, estressada e mais que um pouquinho agoniada, e não dá para viver assim. Não dá para viver assim por um dia, nem por uma semana, muito menos pelo resto dos seus dias nesse planeta.

É por isso que, ainda sem saber exatamente qual é essa "alguma coisa" que vou dizer, eu solto:

— Olly, eu só… Eu gostaria muito, muito mesmo que você pudesse vir.

Não. Não, essa não era a coisa certa. Eu preciso ir além, ser mais audaciosa…

— Eu sei. Eu também. — Olly parece um pouco angustiado agora, como se talvez houvesse um inseto em sua bebida e ele tivesse acabado de perceber que o engoliu. Ele limpa a garganta ruidosamente. — Mas eu preciso fazer a coisa certa com Tash, Libby, sei que você entende isso… Você não deveria atender?

— O quê?

— A ligação. Pode ser alguma coisa importante… Relacionada ao casamento…?

Olho para o celular. É minha mãe.

— Ok, um segundo. — Suspiro, pegando o telefone. — Mãe? É realmente importante?

Não há resposta. Ou melhor, não há *palavras* de resposta. Apenas um soluço reprimido.

— Mãe?

— Sim, sou eu… Oh, Libby, eu fiz uma coisa tão estúpida!

Como ela está no cabeleireiro, minha mente fica confusa por um momento. Será que ela deixou que eles fizessem um permanente? Cortassem curto e espetado? Fizessem um moicano?

— Foram todas aquelas compras que eu fiz essa manhã — continua ela. — Acho que foi um erro ter passado tudo no cartão de débito, mas sequer pensei em extrapolar o limite… E agora estou tentando pagar o salão e a conta deu mais do que eu pensava…

— Quanto?

— Setecentos e trinta.

— *Libras*?

O silêncio dela do outro lado da linha confirma.

— Como é que…?

— Bem, eu pintei, e eles me fizeram um tratamento de hidratação maravilhoso antes, e aí o corte em si custou 210, porque fiz com o cabeleireiro mais experiente… Bem, sem contar o próprio Nicky, é claro… Enfim, meu cartão foi rejeitado — fala ela, com uma vozinha fraca — e eu estava esperando, querida, que talvez você pudesse vir me ajudar.

— Mãe, meu cartão também vai ser rejeitado se eu tentar passar 730 libras nele!

— Mas, querida — ela abaixa a voz —, você está prestes a se casar com, bem, um homem muito rico.

— Sim, e ainda tenho minha própria conta no banco — respondo, irritada. — Com pouco dinheiro nela!

Só que, é claro, tenho um dos cartões de crédito de Joel na minha carteira, para fazer o pagamento do vestido Jenny Packham.

— Eu me sinto tão idiota — diz minha mãe, com a voz mais fraca e baixinha do que nunca; a voz mais fraca e baixinha que a ouvi usar na vida. — Isso tudo foi idiota. Fiquei meio frenética mesmo, porque não queria que o seu pai me visse toda velha e surrada. Já faz 25 anos que eu não o vejo e acho que eu só queria ter a mesma aparência daquela época. Como se ele fosse um dia perceber o erro que cometeu, me dispensando!

— Está tudo bem, mãe. — Já estou me me preparando para sair. — Fique aí e eu vou tirar você dessa, ok?

— Mesmo? — O alívio na voz dela é palpável. — Você pode fazer isso?

— Sim, posso fazer isso. Temporariamente, digo. Você ainda vai ter que me pagar de volta, ou melhor, pagar Joel.

— É claro! Francamente, Libby, o que acha que eu sou? Sei que posso parecer um pouco deslumbrada com a riqueza do seu futuro marido, mas…

— Estarei aí em dez minutos — interrompo ela. — Tchau.

Me levanto, empurrando a cadeira para trás e afastando, ao mesmo tempo, meu momento de loucura de antes da ligação da minha mãe. É claro que eu não posso dizer "alguma coisa". Que diabos eu estava pensando? O casamento é amanhã. O momento de dizer "alguma coisa" já passou.

— Desculpe — murmuro. — Preciso correr.

— Está tudo bem com a sua mãe?

— Está. Se não contar o fato de ela ser ridiculamente estúpida.

Contudo, ao mesmo tempo em que digo essas palavras, percebo que estou sendo um pouco dura com minha mãe. Apesar de todos os seus crimes maternais — e há uma infinidade deles, não me entenda mal —, acho que querer ficar linda e se sentir bem no meu casamento não é o pior deles. Quanto a ficar o mais linda possível na frente do meu pai depois de um intervalo de 25 anos… Entendo isso. Entendo como você ainda precise que a pessoa que um dia você amou se importe com você, mesmo depois de tanto tempo.

— Melhor eu ir — digo a ele. — Você pode esperar pela Nora aqui e dizer que eu volto em alguns minutos?

— Sim. E aí deixo vocês duas à vontade — fala ele, um tanto secamente.

— E olhe… Se alguma coisa mudar… Com o pai da Tash, digo…

— É claro.

Ele se abaixa e dá um beijo suave na minha bochecha.

E então eu fico na ponta dos pés e também dou um beijo no rosto dele.

E aí ele coloca os braços em torno de mim e, apesar de estarmos no meio de um restaurante movimentado e barulhento, de as pessoas estarem olhando, e de a minha mãe estar esperando para pagar a conta dela com o cartão de crédito de Joel, nós ficamos agarrados um ao outro.

Eu até que gostaria que o mundo parasse de girar agora, por favor. Qualquer coisa para fazer esse momento durar mais.

Mas o mundo não vai parar de girar e, mesmo que parasse, os garçons do The Wolseley não parariam com ele, porque uma garçonete está perguntado se poderíamos dar um passinho para o lado para que ela possa chegar à outra mesa…

— Sabe — diz Olly, um tanto apressadamente, quando nos afastamos —, você vai ter um dia tão maravilhoso amanhã, Lib, que não vai nem reparar em quem está lá e quem não está. Só vai ter olhos para Joel.

Não tenho nada a responder a isso e, mesmo que tivesse, não sei se conseguiria formular a palavras. Então, apenas concordo com a cabeça, dou um último apertão no braço de Olly e me dirijo para a porta sem olhar para trás.

15

O dia foi uma montanha-russa tão grande que acabei me esquecendo, até estar a apenas dez minutos da estação de Barham, de que deveria ligar para casa para avisar que estava chegando, para eles poderem mandar um carro me buscar.

Supomdo que o telefone vai ser atendido ou por Sav, ou por Rachael, ou por Rebbeca, fico um tanto assustada quando não reconheço a voz do outro lado da linha.

— Alô, como posso ajudar?

— Ah, hum... Aqui é Libby... Desculpe, com quem estou falando?

— Barbara. — Há uma pausa superbreve antes de ela continuar. — Sua futura sogra.

— Oh, céus! — Oh, *céus*. — Barbara, me desculpe, não reconheci a sua voz.

— Tudo bem. Eu nem deveria estar atendendo ao telefone, mas gosto de ser útil.

— Certo, mas... Bom, acho que vou tentar o celular de uma das assistentes... Só preciso que uma delas mande um carro para me buscar na estação.

— Ah, eu posso fazer isso.

— Não, não, Barbara, não quero incomodá-la. Tenho certeza que você tem coisas melhores a fazer do que procurar uma das assistentes.

— Não, quis dizer ir buscar você. Que horas o seu trem chega?

O quê? Não. *Não.*

— Não! — grito, literalmente, antes de perceber que essa é uma das coisas mais rudes que eu poderia ter dito a Barbara. Que, afinal de contas, não vai perceber que estou uma pilha de nervos com relação a encontrá-la e que meu plano (me arrumar impecavelmente e virar pelo menos uma dose dupla de vodca antes do grande encontro cara a cara desta noite) vai ser entravado se eu tiver que encontrá-la assim que sair do trem, sóbria, em dez minutos. — O que quis dizer, Barbara, é…

— Só me diga que horas o seu trem chega e eu estarei lá.

— Chego em uns dez minutos, mas…

Ela solta um *tsc* brusco.

— Você gosta mesmo de resolver as coisas em cima da hora, hein? Tudo bem, estarei lá.

E ela desliga.

Durante pelo menos sete ou oito minutos, fico sentada, congelada em meu assento duro e levemente encardido, vendo a paisagem de Sussex passar pela janela, sem conseguir pensar com clareza por puro pânico.

Com menos de três minutos para sair, a parte do "agora", da minha reação "agora ou nunca", finalmente entra em ação e tenho a chance de passar um pente nos cabelos, remexer minha bolsa em busca de um batom um pouco atarracado e corro para o péssimo banheiro do trem para dar uma checada no meu reflexo no espelho.

Para alguém que vai se casar em menos de 24 horas, eu poderia estar melhor. Pareço cansada, e um pouco esquelética. Pentear o cabelo também não ajudou muito (talvez Joel tenha razão ao dizer que o cabelo mais comprido não combina comigo), além do fato de que passei boa parte do trajeto de Victoria chorando…

Sei que não é como se eu tivesse dado adeus a Olly para sempre, nem nada assim. Mas parece que não consigo evitar me sentir dessa forma.

Contudo, *não* é hora de pensar nisso, porque o trem está desacelerando na estação de Barham e, a qualquer momento, vou sair dele para encontrar Barbara pessoalmente pela primeira vez.

Consigo vê-la, para falar a verdade, antes mesmo de o trem ter parado totalmente: a mulher alta e incrivelmente notável parada perigosamente perto da beirada da plataforma, falando ao celular.

Pego minhas coisas — bolsa, capa com o vestido Jenny Packham, minha coragem — e saio do trem.

Ela desliga o telefone assim que me vê e caminha cheia de determinação na minha direção.

— Libby. — Ela me beija dos dois lados do rosto. — Que bom finalmente conhecê-la. Venha — acrescenta ela, já caminhando na direção do estacionamento. — Está congelando e o carro estará quente.

Tenho certa dificuldade em acompanhar o ritmo dela, já que ela é muito alta e tem pernas longas e eu estou carregando todas as minhas coisas, mas consigo. Faço isso, em parte, para poder espiá-la sorrateiramente enquanto caminhamos com rapidez. Apesar de já estar escurecendo, é fácil ver como ela é bonita pessoalmente: cabelos negros presos em um rabo de cavalo elegante, os mesmos olhos azuis e as mesmas maçãs do rosto de Joel, que são ainda mais penetrantes assim, de perto, do que quando nos vimos pelo Skype na primeira vez em que a "encontrei". Ela está usando o que parece ser a jaqueta impermeável de Joel, por cima de uma calça jeans e botas pretas de cano alto que parecem ser caras, e parece ser mais ou menos uma década mais jovem do que (acho que) ela realmente é — ou seja, perto dos 65.

— Foi muito gentil da sua parte vir até aqui me buscar, Barbara — digo. — Especialmente porque você também deve ter acabado de chegar a Aldingbourne.

— Ah, nós chegamos umas duas horas atrás. Minha mãe está tirando um cochilo na casa, mas eu já estava subindo pelas paredes de tédio, esperando que tudo seja arrumado. Joel foi buscar Julia no aeroporto de Gatwick, como tenho certeza que você sabe, então sequer tive a chance de botar o papo em dia com o meu filho. E, sinceramente — acrescenta ela em uma voz que, apesar do leve sotaque eslovaco, de alguma forma me lembra a voz de Grace Kelly —, eu não iria conseguir passar mais um minuto sendo paparicada por qualquer uma daquelas assistentes. São meninas adoráveis, mas passam um pouco do ponto. Cá estamos. Entre.

Certo, bem, faz apenas 45 segundos que nos conhecemos, de fato, mas as coisas estão correndo melhor do que eu esperava até agora, nem que seja apenas porque fiquei secretamente feliz por saber que Barbara acha Sav, Rachael e Rebecca tão opressoras quando eu acho. Então, coloco a capa com o meu vestido no banco de trás e entro no Range Rover preto com um pouquinho mais de animação do que esperava sentir, colocando o cinto de segurança antes de a Barbara arrancar.

— Então! — diz ela, com o ar de alguém que vai dar início a uma conversa importante. — Finalmente estou conhecendo minha nova nora!

— Sim, isso é maravilhoso. Desculpe por ter sido tão difícil nos encontrarmos antes de agora, mas você sabe como é a agenda de Joel e...

— Ah, não se preocupe. Eu conheço meu filho! E eu mesma tenho uma agenda frenética. — Ela estala os dedos algumas vezes, como que para ilustrar a velocidade com que corre pelo mundo. — Ando por aqui, por ali, por todos os lugares recentemente. Mas é uma época animadora para a Fundação. Vamos dar início a vários projetos no próximo ano. Na verdade, nós duas precisamos sentar um dia, depois da lua de mel, e definir as coisas nas quais você tem interesse. Você é gemologista, certo?

— Hum... Não, sou designer de joias. Quero dizer, eu trabalho com pedras, obviamente, mas não posso dizer que sei tanto assim sobre...

— Perfeito! Você pode ir para o Afeganistão comigo em fevereiro e dar uma olhada no projeto que estamos começando por lá. Não sei se você já trabalhou com lápis-lazúli antes, mas existe uma série de preocupações quanto aos direitos humanos dos trabalhadores nas minas e estamos bem ansiosos para dar destaque ao trabalho infantil na...

— Afeganistão?

— Sim. — Ela olha para mim, tirando os olhos azuis claros da estrada por mais tempo do que me sinto confortável. — Qual o problema com isso?

— Hum... Bom, não estou muito atualizada quanto aos acontecimentos *bem* recentes por lá, mas não é um pouco... Hum... — Com certeza, estou tremendo sob o olhar atento dela. — Perigoso?

Ela franze a testa.

— Badakhshan é uma das regiões mais estáveis no Afeganistão.

— Tenho certeza que sim, mas... — Solto uma risada breve e nervosa. (E me pergunto como é que acabamos planejando o itinerário de uma viagem ao Afeganistão, depois de termos nos conhecido há apenas alguns instantes, em vez de, sei lá, as coisas normais que noras costumam discutir com suas sogras no dia antes do casamento. Quero dizer, não sou nenhuma noiva neurótica, mas a maioria das pessoas não se engajaria em conversas leves sobre as flores e os canapés?) — ... ainda é... Hum... O Afeganistão.

— Não entendo. Você está planejando estar grávida até lá ou algo assim?

— O quê? Não, não. Céus, não... — Consigo sentir minhas bochechas queimarem. (Na verdade, *essa* poderia ser uma conversa mais normal entre nora e sogra e não tenho certeza se gosto muito.) — Não é esse o motivo pelo qual eu estaria preocupada com a segurança.

Ela franze a testa ainda mais. Minha futura sogra parece conseguir dirigir pela estrada secundária cheia de curvas de Sussex sem precisar olhar para frente por mais de alguns segundos por vez. Uma vida inteira, não tenho dúvidas, dirigindo caminhões de auxílio pelas estradas de chão da África Central.

— A segurança é uma ilusão, Libby. Você poderia ser atropelada por um ônibus enquanto faz coisas do dia a dia em Chichester.

— Bem, sim, eu *poderia*. — Rio de novo, em uma tentativa inútil de amenizar o clima. — Mas as estatísticas apontam que é bem menos que... Bem, você sabe... *ser sequestrada pelo Talibã e acabar sendo apedrejada em praça pública até a morte nas ruas de Kandahar?* O tipo de coisa sobre o qual lemos que acontece, hum, naquela parte do mundo.

— Ah, bom, esse é o real problema, não é mesmo? — Barbara faz uma curva com um controle impressionante, visto que está dirigindo rápido e sem olhar direito para a estrada. — Ler sobre essas coisas, em vez de estar lá, *vivenciando-as*. Digo, sem ofensas, Libby, mas como é que você um dia vai conseguir falar sobre o seu trabalho com conhecimento de causa, com verdadeira *paixão*, se fica apenas regurgitando algo que outra pessoa mandou para você em um memorando?

— Falar?

— Aham. — Ela ergue o braço e abaixa o para-sol para proteger os olhos dos raios de sol do inverno que está começando a se pôr atrás do campo à nossa frente. — Sempre achei que a esposa de Joel deveria ser a testa de ferro da Fundação Pereira, alguém que possa se colocar à frente de uma plateia e dizer coisas que as pessoas precisam ouvir. Joel é soberbo nisso, é claro, mas vamos ser realistas, nunca é ruim ouvir a mesma mensagem de uma mulher jovem e atraente... — Outra olhada longa na minha direção, enquanto ela analisa se está sendo precisa ao me chamar de *atraente*. Ela parece estar tendo algumas dúvidas, porque, após um instante, continua: — Suponho que você tenha deixado o cabelo crescer para poder fazer um penteado no casamento? Acho que um corte um pouquinho mais curto ficaria mais chique em você, para falar a verdade, Libby. E alguém já lhe ensinou a fazer a própria maquiagem? É ótimo para turbinar a autoconfiança e vital se um dia se encontrar com os grandes doadores ou conversar com repórteres em áreas em que não pudermos levar nossos profissionais de maquiagem e cabelo. E, é claro, esse vai ser o caso do Afeganistão. Certo, vou conversar com a minha assistente Elena e me certificar de que ela vai combinar os planos de viagem com a *sua* assistente... Estou indo para Peshawar dia 18 de fevereiro e depois devo ir de lá para Kabul no dia 21, acho, então faz mais sentido que você vá para lá no...

— Barbara! — grito. — Não acho que a gente tenha concordado com essa viagem ainda!

— Ah, está bem, acho que você vai querer conversar com Joel antes. Suponho que ele vá insistir que você leve um dos seguranças dele junto, apesar de *eu* sempre ter conseguido me virar bem sem eles... Apesar de que houve aquele incidente no ano passado, em Angola, em que eu teria ficado contente se tivesse Esti e seu *expertise* em artes marciais comigo...

— Olha, será que podemos apenas... deixar isso em segundo plano, Barbara, por favor? — Fico olhando para ela. — Vou me casar amanhã, afinal de contas, e ainda nem terminei de arrumar a mala para a lua de mel! Fazer planos de viagem para o *Afeganistão* me parece um pouco... precipitado. Além disso — continuo, minha voz ficando um pouquinho mais forte, porque eu *tenho* que falar isso, não tenho? —, eu já comecei a explicar para Joel que não tenho certeza se sou a pessoa que vocês querem trabalhando em tempo integral na Fundação.

Barbara pisa com tudo no freio, apesar de eu não saber se é para não atropelar um coelho que está atravessando a estrada à nossa frente ou se é um ato de raiva. Ela não parece, na verdade, nem um pouco zangada, quando vira seu rosto deslumbrante para mim; meramente surpresa. Não: perplexa.

— Mas por quê?

— Bem, para começar, já tenho um emprego! De que eu gosto muito e no qual sou muito boa. E não acho que serei, nem um pouco, boa no tipo de coisa que você faz. Você faz trabalho humanitário profissionalmente há trinta anos! Deve falar cinco idiomas...

— Oito. Nove, se contar meu mboshi coloquial.

— ... e você foi treinada para prestar auxílio em catástrofes e está acostumada a lidar com ONGs e sabe como negociar com governos e tribos... Eu sou designer de joias — continuo, um tanto desesperada. — Não é que eu não queira ajudar pessoas bem menos afortunadas do que eu, só não acho que seja, nem de longe, capacitada para fazer o tipo de coisas que vocês precisam que sejam feitas para ajudar! Bem, uma vez, acidentalmente botei fogo na minha própria cabeça em uma filmagem de uma série de TV. Na estação de King's Cross. Você acha que sou o tipo de pessoa que vai querer ao seu lado em uma região remota do Afeganistão?

Barbara não ri da história do fogo. Nem expressa nenhum interesse particular em ouvir mais sobre o assunto. (Apesar de que também estou começando a achar que ela não tem muito senso de humor. Ou, para ser sincera, muito interesse por qualquer coisa que não envolva seu trabalho.)

— Que tipo de coisa *você* tinha em mente, então? — pergunta ela, de um jeito bastante irritado. Acabamos de fazer a curva para entrar na ruela particular que leva a Aldingbourne, então acho que o lado bom é que essa conversa vai chegar a um fim logo, logo. — Porque Lilian, minha ex-nora, nunca se comprometeu com nenhum dos trabalhos maravilhosos que fazemos e isso fez com que fosse difícil para nós duas nos darmos bem. Isso não é uma ameaça, por sinal. Eu nunca tive nenhum problema com nenhuma das mulheres que meu filho namorou, desde que não sejam interesseiras superficiais. Não tenho a impressão de que você seja. Interesseira, digo. — Percebo que ela não fala nada sobre a parte do *superficial*. — Mas acho que todo mundo, inclusive Joel, vai ficar meio decepcionado se você nem ao menos *tentar* assumir essa responsabilidade. Você está prestes a ostentar uma posição incrivelmente privilegiada, Libby, você sabe. Esposa de um homem muito, muito rico. Não quer devolver algo de bom para o mundo também?

Neste exato momento, tenho vergonha de admitir, a única coisa que me imagino devolvendo é meu anel de noivado.

— Não, eu gostaria de devolver algo de bom ao mundo! E sei o quanto sou privilegiada, Barbara, sinceramente. Mas não seria melhor se eu refletisse bem quanto a que tipo de coisa eu seria boa em fazer? Na Fundação, digo. E deixar as coisas sérias para as pessoas que sabem o que estão fazendo e podem executá-las do jeito certo?

— Hum... — Ela literalmente emite um ruído estou-pensando-no-assunto enquanto entramos na ruela da entrada da casa. — Acho que você é quem mais sabe das suas próprias limitações.

Limpo a garganta.

— Não acho que sejam *limitações*. Só estou tentando ser realista.

— É claro. Bem, como eu disse, você é quem mais sabe. — Ela diz isso em uma voz que sugere o exato oposto e estaciona o Range Rover em uma vaga bem em frente à casa. — E você tem muitas coisas para pensar no momento, com o casamento e... todas essas coisas.

Isso ela diz com uma voz que sugere que sou o pior tipo de cabeça oca que existe por não passar todos os momentos em que estou acordada pensando em maneiras de amenizar a pobreza e o sofrimento no mundo.

— Acho que talvez eu tenha dificuldades em entender como alguém pode ficar apenas como espectador quando tem a possibilidade de ajudar. Pela minha experiência pessoal, digo. Tenho certeza que Joel lhe contou que minha mãe é uma sobrevivente do Holocausto e eu, é claro, cresci atrás da Cortina de Ferro... Isso deu ao meu filho uma motivação real para vencer na vida e ajudar as pessoas ao longo do caminho. Isso é totalmente constituinte do caráter dele. Não sei se ele um dia vai ser feliz com alguém que... Oh! Por falar no diabo... — conclui ela, quando a porta do meu lado se abre e Joel está ali. — *Ahoj, miláčku*!

— *Mamicka*? — diz ele, parecendo surpreso ao vê-la. — Eu não sabia que você estava dirigindo! Na verdade, eu nem sabia que você estava *aqui*...

— Ah, você estava ocupado, *srediecko*, não quis perturbá-lo. E aí Libby ligou e disse que estava na estação... Uma oportunidade perfeita para conhecer um pouquinho mais a minha nova nora! Tivemos uma boa conversa, não tivemos, Libby?

— Sim — respondo. — Uma ótima conversa.

— Então, que tal eu deixar vocês dois conversarem por uns minutos enquanto vou acordar a *babicka*? — sugere Barbara, descendo do carro com um ar deliberadamente indiferente que contradiz a intensidade que ela acaba de exibir para mim durante nosso trajeto da estação. — Vamos tomar um chá juntos na sala de estar, eu espero? Suponho que Julia já esteja aqui?

— Sim, ela está lá em cima com a babá, acomodando-se no quarto. Vá dar uma batida na porta e avise que você trouxe presentes... Acredito que tenha trazido presentes, certo? E ela vai descer mais rápido do que você consegue dizer *Branca de Neve*.

— É claro, mas não comprei aquela boneca da Disney que sugeriu, *miláčku*. Comprei, em vez disso, uma linda boneca artesanal em minha viagem a Burkina Faso...

— Ótimo, *mamicka* — diz Joel, apesar de um tanto distraidamente. — Tenho certeza que ela vai adorar.

Não tenho tanta certeza assim, mas fico bastante aliviada de ver Barbara fechar a porta do carro e se dirigir para a casa.

Bem, eu nunca tinha encontrado uma futura sogra antes, então não faço ideia de quais critérios julgar nesses casos... E, ao menos, acho que ela não foi abertamente hostil quando à ideia de eu me casar com o filhinho dela, ou algo parecido. Na verdade, ela pareceu mais... confusa pela minha existência na vida de Joel do que qualquer outra coisa. E, para ser sincera, se ela esperava que eu fosse alguma espécie de aventureira amazona maravilhosa, com um doutorado em relações internacionais e a habilidade de saltar de um prédio para outro em um único pulo...

— Libby. — Joel parece tenso. — Você gastou setecentas libras no meu cartão de crédito esta tarde?

— Gastei. Ou melhor, *usei* o seu cartão de crédito porque eu tinha certeza de que iria passar. Minha mãe vai pagar você de volta. Foi para o novo corte de cabelo dela, ela passou um pouco dos limites... — Algo me ocorre de repente. — Como é que você sabe que eu usei o seu cartão, aliás?

— A American Express me ligou. Esse cartão quase nunca é usado e aí de repente tem uma conta de setecentas libras de um salão de beleza, do nada. Isso acionou o alerta de segurança. Eu estava com meus advogados quando eles ligaram, aliás... — O rosto dele está marcado por linhas bastante sombrias, combinando com sua voz tensa. — Olha, Libby, talvez a gente precise rever essa questão do contrato pré-nupcial, ok? Aquela ligação assustou os meus advogados e eles não estão nada felizes por não termos preparado nada antes. Então, ouça, eles estão preparando alguns documentos agora e devemos ter alguma coisa para analisar esta noite...

— Joel. — Fico olhando para ele. — Não quero passar a noite anterior ao meu casamento analisando um contrato pré-nupcial.

— Bom, ninguém quer, e me sinto estúpido por não ter insistido nisso antes. Eu só não achei que fosse... Bem, tenho certeza de que sua mãe não *planejava* gastar demais para fazer o cabelo, mas você precisa enxergar as coisas do ponto de vista dos advogados. Um dia antes do casamento e a noiva de repente começa a esbanjar dinheiro...

— Eu não estava esbanjando dinheiro! Estava pagando a conta da minha mãe! Que vai pagar de volta cada centavo a você, posso garantir!

— Ok, acalme-se... Olha, o contrato pré-nupcial é tanto para proteger você quanto para me proteger. Eu disse aos advogados para garantirem que você vai ficar bem abastecida.

Bato a porta do Range Rover.

— Não quero ficar bem abastecida! Não quero um centavo do seu dinheiro, Joel. Você parou de acreditar nisso?

— Ora, por favor, Libby, você não pode me dizer que, a essa altura, não se acostumou com o meu estilo de vida! E não tenho visto você *contestar* nada.

— Isso não é verdade. Contestei quando você gastou 11 mil em um terno.

— Ah. — O olhos dele ficam um tanto frios. — O terno de novo. Se me lembro bem, você não *contestou*, mas tirou sarro de mim...

— Eu não tirei sarro de você! Eu só questionei se era realmente necessário gastar tanto em um terno para uma festa de criança! — Respiro fundo, porque estamos entrando em um território perigoso aqui: não quero reviver a discussão sobre o terno na noite anterior ao casamento. Não quando, na vez passada, Joel ficou amuado por dias. — Olha, por favor, diga aos seus advogados que vou ficar feliz em assinar qualquer papel que renuncie todos os direitos a uma única nota de cinco libras da sua fortuna. Eu acho que é um insulto, mas vou assinar. Desde que eu não tenha que me sentar e ficar analisando documentos intermináveis esta noite, quando minha família e meus amigos estão chegando, tudo bem?

— Bem, eu acho que isso é estúpido. E acho que você deveria ser um pouco mais sensata sobre essas coisas, Libby. Ficarei feliz em bancar um advogado para você, que vai ficar feliz em ler quaisquer documentos em seu nome esta noite, se acha que não consegue entendê-los…

— Ei! Eu não sou idiota!

— Não, Libby, eu sei disso. Mas essas coisas são sérias.

— Eu também posso ser séria, sabia? À minha própria maneira. E ninguém está sequer me dando a chance de encontrar meu próprio caminho para entrar no seu mundo, Joel. Não é só porque não estou sempre me deslocando para zonas de furacões e negociando acordos de comércio justo com líderes militares de Ruanda que…

— Você está tirando sarro da minha mãe? — indaga ele.

— Não, não estou tirando sarro dela! Ela, obviamente, é uma mulher incrível, Joel. Ninguém precisa dizer isso a nenhum de vocês dois. Mas, mesmo assim, vocês dois parecem achar que não tem problema dizer a *mim* o que fazer com o resto da minha vida.

— A Fundação, você diz? Ora, por favor, Libby, ela só é apaixonada pelo que faz! E, para ser sincero, você morreria por demonstrar um pouquinho mais de interesse? Bem, você pareceu bastante motivada a livrar a sua boa e velha mãe de uma crise aparente… Só fico surpreso por você não sentir o mesmo com relação a crianças desabrigadas que precisam de ajuda emergencial!

— Joel, tenho todo interesse do mundo na Fundação. Mas, neste exato momento da minha vida, a caridade começa em casa. A qualquer minuto agora, vou encontrar a minha futura enteada pela primeira vez. Eu gostaria de me concentrar nessa criança em particular por enquanto, se você não se importar.

— Está bem. — Ele me encara. — E se você vai insistir que está ocupada demais para ler um acordo pré-nupcial ou conversar com um advogado esta noite, então vamos ter que fazer isso depois do casamento.

— Um contrato pós-nupcial.

— Sim. Isso pode ser feito.

— Mas eu não quero nenhum tipo de... contrato! O casamento não deve ser baseado em romance? Nem que seja um pouquinho? E amor, e companheirismo e...

— Você andou bebendo? — interrompe ele, bruscamente.

— Porque estou falando em romance?

— Não. Porque você parece um pouco descontrolada!

— Eu tomei uma mimosa no almoço! E uma taça de champanhe na loja do vestido! Horas atrás.

— Ótimo! — Ele joga as mãos para cima. É um gesto tão melodramático para alguém que costuma ser tranquilo que não consigo evitar sentir que é uma maneira um tanto fingida de dar um fim à nossa discussão, me colocando com firmeza no lado errado da equação. — Parabéns, Libby. É a primeira vez que você vai ver minha filha, minha mãe e minha avó e está bêbada.

— Eu não estou bêbada! Tomei dois drinques! Não seja ridículo...

— E você ainda se pergunta — recomeça ele, virando-se bruscamente e começando a voltar na direção da casa — por que as pessoas ocasionalmente pensam que você é qualquer outra coisa que não cem por cento séria!

— Joel...

— Posso sugerir que uma das meninas leve um café forte — diz ele por cima do ombro — antes de você descer para tomar chá com a minha família?

Ele não bate a porta depois que entra, porque tem um empregado (é claro, e testemunha da nossa discussão. Que maravilha) segurando-a aberta. Mas poderia muito bem ter batido.

16

Passei o resto da noite no piloto automático, para ser sincera.

Veja bem, sei o que você *pensa* que faria numa situação dessas — em que você e o seu noivo tiveram uma discussão acalorada na noite anterior ao casamento. Em que a mãe dele sutilmente informa que você não é boa o suficiente para ele e que ela tem certeza de que seu relacionamento está fadado ao fracasso. Em que ele começa a insistir em um contrato pré ou pós-nupcial, ou qualquer outro tipo de acordo financeiro, apesar do fato de que ele deveria saber, a essa altura, que você não está nem aí para a porcaria do dinheiro dele. Você pensa que vai chamar o cara que pode levá-la de volta à estação e zarpar no Land Rover dele para pegar o primeiro trem para Londres e nunca mais voltar.

Mas a realidade é um pouquinho diferente. A realidade é que você não consegue formular nem dois pensamentos coerentes para conseguir pensar em alguma coisa (qualquer coisa) parecida como uma estratégia para lidar com todas essas bolas curvas. A realidade é que você vai ter que entrar na casa mesmo que queira procurar aquele motorista, no mínimo porque todas as suas coisas estão lá. E a realidade é que, depois que entrou na casa, você é repentinamente bombardeada por instruções da avó dele, que acaba de chegar da Flórida só para o casamento. E depois, é claro, a filha dele aparece e ela é — não há, de verdade, outra palavra para descrever — um anjo, com seus grandes e solenes olhos azuis e sua pele macia e seus cachos dourados. E ela senta muito amavelmente do seu lado no sofá, tomando um copo de suco com uma mão e, depois de um tempo, apertando a sua com a outra, para segurá-la.

Depois disso, tome um banho rápido, coloque seu vestido do jantar de ensaio e aí volte lá para baixo para cumprimentar todos os outros convidados, incluindo sua mãe, sua irmã, sua melhor amiga e a família dela…

O que quero dizer é que a realidade é que, mesmo que você talvez queira fazer uma paralização sensata dos procedimentos todos, enquanto tira um tempo para organizar seus pensamentos, não é, na verdade, tão simples fazer isso. Nem um pouco.

O jantar de ensaio também meio que teve vida própria. Todos os doze convidados se deliciaram com salmão marinado, galeto assado, e acabaram de terminar com um sorvete delicioso (provavelmente, nada parece ter gosto algum para mim) de lavanda com mel, feito com a lavanda cultivada no jardim biodinâmico. O vinho correu solto — apesar de eu não ter tomado, já que não me senti confortável para beber, para ser sincera — e houve alguns discursos: nenhum de Joel, que está guardando o dele para amanhã, mas da mãe dele, que me deu as boas-vindas à família (e, para falar a verdade, de um jeito bastante gentil, apesar de ainda com aquele ar de leve surpresa), e do pai de Nora, que se emocionou um pouco demais e derramou uma ou duas lágrimas quando falou sobre como eu e Nora fomos grandes amigas uma para a outra com o passar dos anos.

Preciso admitir que estou meio que evitando Nora agora, quando todo mundo começa a sair da sala de jantar e ir para a biblioteca para tomar café e comer uns *petit fours* (preparados pelo doceiro gato de Bogdan). Ela ficou erguendo as sobrancelhas para mim a noite toda, do outro lado da sala, provavelmente porque reparou que estou um pouco abatida, apesar de eu achar que ela pensa que é porque Olly não vai vir amanhã.

Nunca fui muito boa em mentir para Nora (sou péssima, para falar a verdade) e como a última coisa de que este jantar de ensaio precisa é uma mulher grávida cheia de hormônios batendo na taça, pedindo para anunciar que ela acha que o casamento de amanhã deveria ser suspenso porque a noiva está tendo *sérias* dúvidas, acho que evitá-la é a melhor atitude a tomar.

Além disso, Julia está esmorecendo, dando bocejos enormes que meninas de cinco anos de idade dão nessas ocasiões, então, quando ela diz que quer que eu vá lá em cima com ela para ler uma história, aproveito a oportunidade: de criar um laço com minha futura enteada, sim, mas também, mais egoistamente, de ficar longe disso tudo por meia hora.

— Você vai lá em cima com Libby por um tempinho, é? — Joel pergunta a ela, carinhosamente, quando digo a ele aonde estamos indo. — Isso é ótimo, querida. Comporte-se direitinho!

Não é a hora de perguntar se ele está falando comigo ou com ela, é?

Bem, sei que o casamento não é tudo "felizes para sempre". Mas, mesmo assim, se você está começando a ter sérias dúvidas quanto a não estar nem feliz antes de acontecer...

— Libby? — diz Julia enquanto subimos as escadas. — Posso ver o seu quarto, por favor?

— Ah... Eu achava que você queria que eu lesse uma história...

— Ah, sim, eu quero. Mas quero muito ver o seu quarto primeiro. E o seu vestido — acrescenta ela, após pensar por um instante. — Você me mostra o seu vestido de princesa?

— Hum, o meu vestido de noiva, você quer dizer?

— Isso mesmo. — Ela olha para mim, aqueles olhos azuis, tão parecidos com os de Joel, arregalados e amigáveis. — O que você vai usar amanhã.

— Acho que não tem problema... Mas tem certeza que você não quer esperar para ter a surpresa amanhã?

Julia pensa nisso por um momento, franzindo o nariz.

— Acho — diz ela finalmente — que eu não gosto muito de surpresas.

— Sabe de uma coisa, Julia? — respondo, levando-a pelo corredor na direção do quarto onde estou dormindo. — Nem eu.

Eu trouxe todas as minhas coisas para cá esta manhã (parece uma era atrás, agora), para que eu e Joel não acabássemos dividindo o mesmo quarto na noite anterior ao casamento. É um quarto lindo — todos os quartos em Aldingbourne são lindos, convenhamos — e está, tecnicamente, ainda mais lindo porque meu vestido de noiva deslumbrante está pendurado nas costas do guarda-roupa.

— Uau — solta Julia, parando imediatamente assim que entramos no quarto, olhando fixamente para o vestido. — É esse?

— Sim, é esse!

— Esse é o vestido de princesa que você vai usar amanhã? Para se casar com o meu papai?

— Aham. — Limpo a garganta. — Gostou?

— *Adorei.* — Ela olha para mim, seus pequenos olhos solenes brilhando. — Você pode colocar?

— O quê? Agora?

— Sim!

— Ah, não sei, Julia... Acho que dá azar colocar o vestido na noite anterior ao dia do casamento.

Na verdade, não tenho tanta certeza assim de que esse seja o caso. Dá azar quando o noivo vê você usando o vestido antes do casamento? Sim. Dá azar colocá-lo para ganhar mais uns pontinhos com a sua adorável futura enteada? Não. Acho que não.

— Por favor? — pede ela. — Vou colocar meu vestido de dama e aí a gente pode ensaiar!

— Oh, bem, não vamos arriscar amassar ou manchar o seu lindo vestido — digo, porque não quero levar a culpa se isso acontecer. — Para distraí-la, acrescento: — Tudo bem, vou colocar meu vestido, então, Julia, mas só por uns minutinhos, tá?

— Ok! Podemos brincar de princesas! — fala ela, alegre, sem aceitar muito bem o fato de que vou mesmo colocar o vestido só por uns minutinhos.

Enquanto abro o zíper da capa da Jenny Packham, há uma batida rápida na porta, e — sem esperar por uma resposta — Cass de repente enfia a cabeça dentro do quarto.

— Lib — sibila ela —, eu preciso... Ah. — Ela olha para Julia. — *Ela* está aqui.

— Quem é essa? — pergunta Julia.

— É a minha irmã, Cass... Vai ser meio que sua tia, a partir de amanhã, suponho.

— Ah. — Julia fica olhando para Cass por um longo momento. — Acho que não gosto dessa ideia.

Cass bufa.

— Nenhuma de nós gosta, menina. Agora, ouça, Libby... — continua ela, entrando desequilibradamente no quarto em seus saltos de uns vinte centímetros que me dão tontura só de olhar. (Ela está, preciso dizer, sensacional esta noite, com o vestido colado no corpo e decotado na frente que ela decidiu usar depois de descobrir que iria ficar sentada durante o evento - e, acredite em mim, quando minha irmã coloca algo decotado, é *realmente* decotado.) — Você precisa me contar qual é a desse tal de Nick.

— O padrinho de Joel?

— Sim. Ele é gay ou o quê?

— Cass!

Aponto com a cabeça na direção de Julia.

— Ah, sim, você tem razão... É Julieta, né? — pergunta Cass, abaixando-se de repente para se aproximar de Julia, criando uma situação bastante perigosa para o tecido já esticado de seu vestido decotado.

— Julia.

— Claro. Tanto faz. Então, ouça, Julia, esse tal de Nick que é melhor amigo do seu pai... Ele é gay ou o quê?

— Não foi isso que eu quis dizer! — grito para Cass. — Você não pode perguntar isso a ela!

— Por que não? Ela conhece o cara há mais tempo que você.

— Sim, mas ela tem cinco anos!

— Quase seis — corrige Julia, toda séria. — E eu sei o que "gay" significa. É quando um homem gosta mais de homens do que de mulheres, certo?

— Certo! — Cass parece alegremente surpresa e bate a palma da mão na de Julia, aprovando. — Então, ele *é* gay? O Nick, amigo do seu pai, digo.

— Hum... — Julia franze o nariz, pensando no assunto. — Eu *acho* que não... Bem, a mamãe nunca gostou muito do tio Nick, é tudo que sei sobre ele. Ela disse que ele... ara o vento?

Ficamos as duas olhando para ela por um instante, sem saber ao certo como traduzir isso. Sem saber, para ser sincera, como *reagir* a isso...

— Ah! Ele é avarento? — pergunta Cass, mostrando mais uma vez que, quando realmente importa, ela não é nenhuma loira burra. — Foi isso que a sua mãe disse?

— Isso mesmo! — Julia sorri para mim. — Acho que ele tem bastante dinheiro, mas não gosta muito de gastar. A mamãe ainda é amiga da mulher que era esposa do tio Nick, então, ela sabe desse tipo de coisa. Bom, acho que o tio Nick já foi casado com um monte de mulheres, na verdade...

— Isso é bom, menina, isso é bom... Então, isso nos leva de volta à pergunta quanto a se ele é ou não *secretamente* gay...

— Pelo amor de Deus, Cass! — Preciso dar um basta nisso, como futura madrasta de Julia. Como uma adulta responsável. Como um *ser humano*. — Será que existe a ínfima possibilidade de você pensar em alguma outra coisa que não seja você mesma durante este fim de semana?

— Ei, eu *estou* pensando em outra pessoa! Estou pensando em *você*, Lib. Quer dizer, a sua vida vai ser *muito* melhor se eu conseguir fisgar Nick. Você vai ter alguém legal para conviver! Digo, Joel e a família dele são bastante *sérios*, não são? Sem ofensas, Jules — acrescenta ela, dirigindo-se a Julia. — Enfim, você mesma parece ótima. Quem dera as enteadas que eu tive por um tempo fossem tão legais quanto você! Talvez eu ainda estivesse com Zoltan...

— Em vez de tentar agarrar o padrinho na noite anterior ao meu casamento — digo, irritada. — Aí eu acho que *todos* nós gostaríamos que elas fossem tão legais quanto Julia.

Cass me fita, irritada.

— Bom, você não está ajudando nem um pouco, Libby, preciso dizer. E que diabos você está fazendo, se escondendo aqui em cima desse jeito? Acho que vai rolar um *slideshow* lá embaixo ou algo assim. Fotos da infância de Joel ou alguma outra coisa chata assim.

— Oh, céus... Julia, que tal a gente descer de novo, para o *slideshow*, e mais tarde voltamos aqui para eu experimentar o vestido?

— Mas você disse que ia me mostrar *agora* — protesta Julia, enrugando seu rostinho angelical.

— Está bem, está bem. Vou mostrar agora, mas bem rapidinho — respondo, com o máximo de firmeza que consigo. — Cass, se Joel quiser saber onde estou, você pode dizer a ele que vou descer em um minuto?

— Está bem. — Cass volta cambaleando na direção da porta. — Mas não posso garantir que eu vá conseguir aguentar essa porcaria desse *slideshow*, sabe como é. Se Nick expressar o mínimo interesse, vou tentar tirá-lo da casa para um cigarro e aí vou ver o que acontece quando eu der o bote. — Ela olha para o próprio decote e sacode os seios por um instante, seja para deixá-los o mais à mostra possível, ou para lembrar a si mesma de como eles são fabulosos. — Obrigada de novo, menina — acrescenta ela para Julia, antes de fechar a porta. — Nós duas vamos nos dar superbem, já posso sentir.

Apesar de a Julia ter apenas cinco anos, me sinto bastante desconfortável com a ideia de me trocar na frente dela, então tiro o vestido do cabide e vou até o banheiro.

— Você vai ficar bem aí sozinha, Julia?

— Ah, sim, não tem problema algum, Libby. — Ela se senta na beirada da cama. — Ah, eu tenho uma pergunta para você. Você já saiu com a Graça?

Um choque atravessa meu corpo.

— O que você disse?

— A Graça — repete ela. — Você já saiu com ela?

— Eu... Você quer dizer... Desculpe, Julia, você está falando da... *Grace* Kelly? — Me agacho ao lado dela por um instante. — Você foi brincar no ático hoje? Encontrou... alguém lá em cima? Uma mulher loira? Sentada no sofá?

Agora é ela quem está olhando para mim como se eu fosse maluca.

— Não fui até o ático. Eu só estava querendo saber se você já recebeu a ligação. Porque minha mamãe anda dizendo que é só uma questão de tempo até você receber a ligação da Graça.

Baseada na confusão com o *avarento* de alguns minutos atrás, estou começando a perceber que poderia haver algum equívoco aqui. E, convenhamos, com Bogdan na minha vida, sou bastante adepta dessas "traduções" hoje em dia.

— Julia, a sua mamãe quis dizer… *caiu* em *desgraça*?

— Sim, é isso mesmo. — Ela confirma com a cabeça. — A mamãe saiu com a Graça quando era casada com o papai, ela disse. E ouvi quando ela disse pro vovô que era só uma questão de tempo até você sair também. Devido ao fato — continua ela, de um jeito estranhamento adulto que deixa claro que está só repetindo frases de adultos que ouviu, sem necessariamente entender o que nada daquilo significa — de que o papai tem dificuldades em aceitar imperfeições. Porque, você sabe, ele coloca as pessoas em um peitoral…

— Pedestal?

— …e depois não consegue suportar quando elas começam a parecer mais humanas.

Sinto um frio repentino no quarto, e não é apenas porque só estou usando uma camada fina de renda.

Eu me endireito rapidamente, porque não tenho o menor direito de continuar essa conversa com a filha de Joel. Se eu quiser conversar com isso sobre ele — e eu acho, por mais apavorante que a perspectiva seja, com o casamento se aproximando como uma jamanta desgovernada, que preciso conversar —, tenho que falar com *ele*. Descobrir se ele vai confirmar se há alguma verdade no que a ex-esposa está dizendo.

Quero dizer, sejamos sinceros, isso tudo é bem familiar, dada a maneira como as coisas têm corrido entre a gente nos últimos dias. Dada a maneira como ele idolatrou o chão em que eu piso desde o momento que nos conhecemos. Dado o fato de que a mãe dele parece ter bastante claro que preciso ser uma mistura de Mahatma Gandhi com Madre Teresa (mas ainda ficar linda de vestido e salto alto) para poder atingir os padrões absurdos de Joel.

— Vou colocar o vestido — digo — e aí precisamos descer para ver o *slideshow* do papai.

Ela concorda com a cabeça e eu entro no banheiro.

Não chego a trancar a porta, só encosto e tiro meu vestido de seda. Aí entro no vestido de noiva e — com mãos trêmulas — visto.

Olho para mim mesma no espelho de corpo inteiro do banheiro.

Pareço uma estranha completa.

Não me entenda mal: o vestido é maravilhoso. Ele valoriza o meu corpo, com o corte enviesado e as mangas drapeadas, e é bordado à mão com milhares e milhares de pequenas contas de cristal que capturam a luz e lançam um brilho quase etéreo sobre mim. Se já funciona com a luz artificial do banheiro, só posso imaginar como vai ficar incrível sob as luzes das velas em uma capela vitoriana ao entardecer de uma tarde fresca de inverno.

Isto é, se eu realmente for até lá.

Respiro fundo, tremulamente.

Oh, céus. Oh, céus. Oh, céus.

Digo a Joel que preciso de mais tempo? Cancelo, simplesmente? Vou em frente, só para preservar nós dois desse suplício, e depois vou levando até encontrar uma saída estratégica digna? Vou em frente e me jogo de cabeça e torço para que Joel aprenda a me aceitar como sou...?

Bem, eu o amo. Ao menos, acho que o amo. Amo *aspectos* dele. Amo algumas coisas, apesar de outras...

Ao ouvir um barulho atrás de mim, me viro.

Julia, rápida e quase tão silenciosa quanto um ratinho, acaba de aparecer atrás de mim, pega o vestido que tirei e sai correndo.

Então, ela fecha a porta.

Um instante depois, ouço uma chave girando, do lado de fora, na fechadura.

Fico olhando para ela por um momento.

— Hu... Julia?

— Sim?

A voz dela, do outro lado da porta, não é hostil.

— Eu... Hum... Parece que você me trancou aqui dentro.

— Sim.

— Certo. Olha, você poderia... destrancar, talvez?

— Não — responde ela, decidida. — Não posso. Porque eu não quero que você case com meu papai, sabe? Não quero uma madrasta. Madrastas são *más*. Elas sempre tentam machucar a princesa, e dão maçãs envenenadas e essas coisas.

Ah, puta que *pariu*.

— Julia…

— Se você não descer mais pelo resto da noite, ele vai ficar bem bravo com você. Vai ser a sua saída com a Graça, aquela que a mamãe falou. Aí ele não vai querer casar com você depois. E mesmo que ele venha aqui e encontre você, não tem problema, porque ele vai ver você com o vestido antes do casamento e aí ele não *pode* casar com você. Essa é a lei, certo?

— Não! — Giro a maçaneta. Não estou no clima para ficar encantada pelas perspectivas caprichosas dela. — Julia, abra a porta. Você vai ficar bem encrencada…

— *Se* alguém ouvir você. Vou trancar a porta do seu quarto também — acrescenta ela, quase casualmente — e esconder a chave para ninguém encontrar.

A lógica de cinco anos dela não é impecável, mas ela pensou em cada detalhe mesmo assim. Ninguém vai me ouvir gritando se a porta do quarto estiver fechada e, mesmo que percebam que estou aqui em cima, vão ter que dar um jeito de entrar. E eu vou perder o *slideshow*. E o Joel vai ficar furioso comigo. E vai me ver no meu vestido…

Ah! A única graça que pode me salvar (sem trocadilhos aqui) é Cass. Ela sabe que estou aqui. Vai enviar um grupo de busca quando eu não aparecer…

— Na verdade — continua Julia, quase como se pudesse ler minha mente através da pesada porta do banheiro —, talvez eu só diga que acho que você fugiu, ou algo assim. Desse jeito, ninguém vai vir procurar você. Ah, mas não se preocupe — acrescenta ela. — Eu venho aqui a cada dois dias e passo uns biscoitos por debaixo da porta. Posso não querer uma madrasta, mas não quero que você passe fome, nem nada assim. Você pode tomar água na torneira da banheira.

E é isso. Silêncio. Ela já foi, e é possível que tenha trancado a porta do quarto ao sair.

A maior falha no plano trôpego dela fica aparente para mim um momento depois: o banheiro tem uma janela dupla enorme, quase do chão ao teto, que dá em uma sacada estreita, abalaustrada, que contorna quase todo o segundo andar da casa.

Corro para abrir a janela, me debruço e vejo, imediatamente, que outra janela, um quarto após o meu, também está aberta. Acho que é o quarto onde colocaram Barbara, para falar a verdade, porque tiveram que fazer alguns ajustes de última hora na pintura e a janela foi deixada aberta para eliminar o cheiro até a hora de ela ir para a cama.

Consigo sair com facilidade, caminhar pela sacada e entrar por aquela janela, então descerei e tentarei chamar a atenção de alguém antes que Joel me veja com o vestido.

Não que me ater a essa tradição supersticiosa ainda importe. Porque isso só cabe se o casamento for acontecer. E, convenhamos, isso está parecendo cada vez menos provável a cada minuto que passa.

De qualquer forma, o vestido de noiva é a única coisa que talvez possa causar qualquer problema nessa pequena aventura: mesmo que eu não vá usá-lo na igreja, ainda é uma peça deslumbrante que não posso, de jeito nenhum, estragar. Então, vou ter que tomar m-u-i-t-o cuidado ao sair pela janela e entrar na sacadinha, para não prendê-lo em nada, ou sujar a barra. Acho que não terei problemas, se eu segurar a saia a alguns centímetros do chão e segurar o tecido fluido enviesado relativamente perto das pernas.

Estou quase na outra janela aberta e parabenizando a mim mesma pelo meu bom senso de não ter optado por algo verdadeiramente impraticável, como aquele vestido de baile da Cinderela, quando, de repente, o chão se abre debaixo de mim.

Assim, meu pé literalmente passa direto por onde estou pisando.

De alguma forma, tenha reações rápidas o suficiente para *não* colocar meu outro pé à frente, o que teria sido uma ideia muito, muito ruim, visto que o piso da sacada — provavelmente afetado pelo meu peso depois de ninguém ter pisado nele em… anos? Décadas? *Séculos*? — realmente começou a desabar ao meu redor. É como uma avalanche de xisto e concreto fraco, comigo bem no meio.

Faço a única coisa que posso fazer, que é me jogar para o lado — *não* na direção da balaustrada, mas na direção da parede — e colocar primeiro um pé, depois o outro, na larga soleira da janela mais próxima a mim. Não é o quarto no qual eu pretendia entrar, o que estava com a janela aberta, mas é a única superfície que consigo ver que parece que vai aguentar. Coloco as mãos nas saliências dos tijolos em torno do caixilho da janela e seguro o mais forte que consigo.

Isso não é bom.

OK, tudo bem, a soleira da janela é larga — larga o suficiente para caber meu pé inteiro. Mas estou usando salto alto. Com solas de couro que não grudam tão bem assim nem nos melhores momentos, muito menos em uma soleira fria, levemente molhada pela chuva.

E, mais precisamente, estou a dois andares de altura. Dois andares extremamente altos, graças aos arquitetos georgianos desse lugar e seu gosto por pés direitos altos.

E a sacada que apenas cinco minutos atrás estava debaixo dos meus pés agora é pouco mais que ruínas desmoronando. Tem um buraco de pelo menos dois metros e meio pelo qual consigo ver a ruela de cascalhos da entrada a uns (ah, *merda*) nove metros abaixo.

Este deve ser o pedaço de alvenaria que Joel está planejando reparar na primavera, sob o meu comando. Um pedaço que escolheu uma hora extremamente ruim para jogar a toalha, alguns meses cedo demais.

O que é que vou fazer? Não posso (e isso é um fato) me segurar nos tijolos para sempre. Bom, não há nada em que eu possa realmente me *agarrar*, se é que você me entende, apenas dois ângulos retos que minhas mãos estão segurando como pinças de caranguejo.

— Socorro! — Grito. — Alguém? Socorro!

Mas está ventando bastante aqui em cima e estou bem, bem no alto e, até onde sei, Joel já começou seu *slideshow* no andar de baixo, então as chances de alguém ouvir meus gritos queixosos são… Vamos ser realistas. São zero. Nem mesmo o barulho que a miniavalanche de concreto causou deve ter sido audível. Caiu nos fundos da casa e todo mundo está na biblioteca, no canto da frente.

Estou tentando ao máximo não entrar em pânico, mas está ficando mais difícil a cada segundo que passa. Não há nada mais em que eu possa me segurar. Nadinha. Olho, desesperadamente, para a esquerda e para a direita, para baixo dos meus pés e para cima da minha cabeça… A única coisa saliente em meio à vasta expansão da parede lisa é a soleira da pequena janela bem em cima de mim. Uma janela do ático, provavelmente. Mesmo que eu conseguisse me erguer e agarrá-la, o que exigiria muita elasticidade, eu ficaria sem ter onde pôr os pés. Eu teria que meio que ficar pendurada na lateral da casa, em vez de me agarrar a ela, como estou fazendo agora.

É meio que a escolha de Sofia das catástrofes, sério.

Eu acho que estou um pouquinho ferrada.

Não sei quanto tempo consigo ficar nessa soleira. Meus pés já estão escorregando e acho que acabei de ouvir um estalo levemente sinistro que deve ser a madeira cedendo sob o meu peso. Se a soleira quebrar, é o meu fim. É isso. Vou cair direto pelo buraco na rua lá embaixo.

Acho que tive uma vida boa o suficiente.

Assim, minha infância foi bastante ruim, é verdade, e eu com certeza fui lesada no quesito "pais". Mas, ah, poderia ter sido bem pior. E consegui atingir certo sucesso desde então, certo? Deixo um pequeno legado para trás, com minhas joias, mesmo que eu não tenha conseguido ter um filho, ou plantado uma árvore. E, tudo bem, só fiz besteira na minha vida amorosa, mas ao menos posso me entregar à minha morte certa sabendo que as pessoas que amo estão felizes. Nora, em seu idílio com Mark, Clara e o novo bebê. Cass, que provavelmente vai usar meu falecimento conturbado em benefício próprio e usar o padrinho de Joel (rico, apesar de mão de vaca) como um ombro para chorar. Olly, que…

Olly.

Oh, *Olly*.

Se eu vou morrer desse jeito horrível e humilhante, debulhada em uma poça de sangue em meu vestido de noiva nunca usado, quero que Olly seja meu último pensamento. Não Joel. Joel, cujos padrões de perfeição, tanto de si mesmo quanto dos outros, eu nunca, jamais conseguiria atingir. Mas Olly, que sempre me aceitou do jeito que sou. Defeituosa. Limitada. *Imbecil*, francamente, por ter resolvido andar em um telhado plano de duzentos anos de idade…

— Meu Deus!

Consigo ouvir, bem ao longe, um grito vindo lá debaixo.

É Cass. Mal consigo reconhecê-la, aparecendo no jardim iluminado. Ela deve ter conseguido persuadir Nick a acompanhá-la até lá fora para um cigarro e uns amassos, no fim das contas!

— Cass! — berro, apesar de saber que vai ser difícil ela conseguir me ouvir. — Chame alguém!

— Ela vai pular! — grita Cass, logo acompanhada por um berro alarmado de Nick, que apareceu de repente do outro lado da casa para se juntar a ela. — Pessoal! Venham rápido! Libby vai se suicidar!

O quê? *Não*…

— Não vou me suicidar! — grito de volta, mas, obviamente, não consigo gritar, nem de longe, tão alto quanto Cass, porque isso faria com que eu me desequilibrasse na soleira. (Uma soleira que, ao mesmo tempo em que estou dizendo isso, emite outro estalo alarmante sob meus pés.) — Na verdade, eu não quero morrer!

Agora Nick sumiu, suponho que para contar aos convidados do casamento que a noiva colocou seu vestido branco e está ameaçando pular do segundo andar para pôr um fim a tudo.

— Libby, não faça isso! — esbraveja Cass. — Sei que talvez eu nunca tenha estado ao seu lado, sei que talvez eu tenha focado demais em mim mesma, mas é só porque a minha vida sempre pareceu bem mais interessante que a sua!

Em termos de discursos para evitar que alguém se suicide, preciso ser sincera, esse não é dos melhores.

— Se você quiser desistir — continua ela — e não se casar com Joel, então tudo que você precisa fazer é falar! Ele vai superar! Para ser sincera, ele pareceu bastante distante a noite toda, então não tenho certeza se ele se importaria tanto assim de qualquer forma...

Mas agora há mais gritos e mais pessoas estão aparecendo. Consigo identificar Joel, Barbara, Bogdan e — gritando alto o suficiente para causar outra avalanche — minha mãe.

— Libby? — grita Joel com as mãos em concha em torno da boca. — Fique onde está! Não pule! Não faça isso!

— Não vou pular, caramba! — grito de volta. A soleira estala mais uma vez; consigo sentir, agora que está começando a soltar da parede. — Me ajude!

— Nick vai subir aí e tentar abrir essa janela! — exclama Joel, parecendo tão calmo e tranquilo em meio a essa crise quanto naquele dia de Nora e do helicóptero todos aqueles meses atrás.

— Não, ele não pode... Se ele abrir a janela, não há lugar para onde eu possa ir. — Outro estalo apavorante e a soleira cede sob o meu pé esquerdo. — Uma escada... Rápido... Traga uma escada...

— Libby, estou implorando a você! — Este é Bogdan, sua voz estrondosa em meio à escuridão. — Não esteja fazendo isso! Sim, você não está amando Joel de verdade. Sim, você ainda está sofrendo pelo fato de Olly não estar amando você como você está amando ele. Mas morte não é solução. Certamente não essa morte horrível e emporcalhada. Você poderia pelo menos estar considerando opção que não vai estar deixando você diabólica em funeral?

Ah, pelo amor de Deus.

E estou realmente falando sério, porque, para falar a verdade, assim que Bogdan para de falar, sinto o outro lado da soleira estalar debaixo de mim.

Então, é isso.

Ouço gritos lá de baixo, sinto meus pés ficarem dependurados e sinto a dor ardente nas minhas mãos enquanto tento, inutilmente, me segurar nos tijolos por mais um ou dois instantes, pelo tempo que conseguir aguentar meu próprio peso, nesse ângulo precário, antes de cair.

E então, do nada, sinto uma mão agarrar meu pulso.

Realmente agarrar, como um torno.

E então outra mão segura o outro pulso.

Chocada, relaxo os dedos inutilmente grudados na parece e me permito ser puxada para cima. Consigo ouvir gritos perplexos lá do jardim, quando instintivamente uso meus pés, apenas um deles ainda com o sapato, para empurrar a parede e aliviar o peso das mãos de quem quer que seja que está me puxando.

Quando olho para cima, só por um instante, consigo ver que é Grace Kelly.

E Marilyn Monroe. E Audrey Hepburn.

O choque quase me faz cair de costas, apesar de Grace e Marilyn estarem me segurando com uma firmeza impressionante, então foco por mais alguns segundos e uso meus cotovelos enquanto as três me puxam pela pequena janela do ático, para me debruçar nela com segurança. Os braços magros de Audrey estão envolvendo a cintura de Grace, ancorando-a ao chão enquanto ela arca com metade do meu peso me segurando pelo pulso esquerdo, e Marilyn, uma presença mais robusta, está me puxando pelo direito. Assim que boa parte de mim está debruçada em segurança na soleira da janela, elas se esticam para puxar o restante de mim para dentro também, em um amontoado de seda bordada escorregadia. Meu outro sapato cai enquanto elas fazem isso pelo buraco da sacada, desabando nove metros até o chão lá embaixo.

Fico deitada com a cara no chão do ático por um momento, sem conseguir falar.

— Ora, ora! — Grace Kelly parece bastante sem fôlego. — Eu nunca pensei que fosse ver *você* de novo!

Olho para ela. Para as três.

Grace está bem mais velha do que na última vez em que a vi — cinquenta e poucos, quem sabe? — e não está mais usando seu vestido de casamento. Em vez disso, está com um terninho de tweed claro bastante formal por cima de uma blusa de seda, luvas brancas imaculadas cobrem suas mãos. Ela ainda é deslumbrante e sua pele ainda tem aquele brilho perolado incrível, mas ela está com o rosto mais redondo, com o corpo menos esguio. Rugas fracas marcam o redor de seus olhos e parece que o laquê usado em seus cabelos é mais uma supercola. Marilyn, pelo contrário, tem basicamente a mesma idade da última vez que a vi. Ela está usando o vestido de lantejoulas *nude* de *Quanto mais quente melhor*, cabelos loiríssimos um tanto desgrenhados por causa de seu esforço para me livrar da desgraça certa. Audrey, com seus grandes olhos fixos em mim com uma calma surpreendente, parece, como sempre, não envelhecer nunca, e está usando exatamente a mesma roupa da última vez que a vi: o vestidinho Givenchy preto da abertura de *Bonequinha de luxo*, com os cabelos presos em um coque e as mãos encobertas por luvas longas pretas.

— Nem eu! — Marilyn, parecendo mais que um pouco ofegante, se abaixa para colocar as mãos debaixo das minhas axilas e me arrastar até o sofá. — Aqui, meu bem, você precisa sentar... Esse choque terrível que você acaba de ter é suficiente para deixar qualquer um sem ar!

— Estou... Estou bem — minto, enquanto sinto o Chesterfield assimilar meu peso. — Obrigada... Obrigada a *todas* vocês... Muito obrigada por salvarem minha vida.

— Oh, meu bem, não foi nada! — Marilyn senta o corpo quente e curvilíneo no sofá ao meu lado e pega um copo de martíni que está equilibrado no braço do sofá. — Tome um gole disto, vai ajudar.

— Estou... Estou bem — repito, porque sei que qualquer que seja o coquetel que ela pôs ali, vai ser absolutamente intragável. — Obrigada.

— Ora, vamos lá, meu bem, parece que você está precisando. Só sinto muito por não ter uísque de centeio, ou seja lá o que vocês bebem no Canadá...

Podem ter se passado dezoito meses desde a última vez que a vi, mas percebo que a ilusão dela de que sou canadense ainda permanece forte.

— Oh, Marilyn, querida, ela não é canadense. — O sotaque de Grace Kelly agora soa mais inglês do que americano, ou talvez só seja em contraste com o sibilo totalmente americano da Marilyn. — Ela é britânica. Ou melhor, tão britânica quanto uma pessoa pode ser quando só existe no meu subconsciente… Minha nossa — acrescenta ela, olhando para mim por um instante, antes de também vir se sentar no Chesterfield, apesar de a uma distância mais régia, na outra ponta. — Já faz tanto, *tanto* tempo que sonhei com você… E nunca imaginei que veria você em um sonho com essas duas. — Ela dá uma de suas olhadas penetrantes Marilyn e depois, menos incisivamente, a Audrey também.

— Ei! Espere um minuto — fala Marilyn, ofegante. — O que você está tentando dizer? Que sou uma pessoa no seu sonho?

— Bem, é claro, Marilyn! — Grace parece um tanto chocada com o fato de Marilyn ao menos estar perguntando isso. — Você não poderia estar aqui, você…

De alguma forma, apesar de tudo que aconteceu, tenho a presença de espírito necessária para cutucar a coxa de Grace Kelly com o dedo. E ela, de alguma forma, tem a presença de espírito necessária para perceber que a estou alertando para não dizer as palavras *morreu há vinte anos*. Ela olha para mim com certo grau de compreensão e concorda quase imperceptivelmente com a cabeça. Não acho que ela tenha menos certeza de que estamos todas desempenhando papéis em seu subconsciente, mas ao menos ela é sensível o suficiente para perceber que é melhor não falar nada sobre a morte precoce de Marilyn para a própria.

— Eu o quê, meu bem? — pergunta Marilyn, apesar de, antes que qualquer uma possa responder, ela começar subitamente a tremer. — Senhor, está tremendamente frio aqui em cima, onde quer que a gente esteja. Esse é seu novo apartamento, querida?

— Não, não é o novo apartamento dela — responde Grace. — E sinceramente, Marilyn, minha cara, se você está com frio aqui na minha cabeça, não acha que seria melhor colocar mais umas peças de roupa? Eu não me surpreenderia muito se você pegasse um belo resfriado com esse… Bem, dá para chamar isso de vestido? Parece que você veio de camisola por engano.

— Bem, eu aprecio o conselho, Vossa Alteza Máxima — retruca Marilyn, erguendo a taça levemente trêmula de martíni para Grace antes de pressionar meu braço com o bumbum e sussurrar no meu ouvido: — Oras, se ela fosse qualquer outra pessoa que não a princesa Grace, eu teria uma ou duas coisas a dizer sobre o estilo *dela*. Ela se casou há apenas dois anos e aí está, parecendo uma mulher de cinquenta anos de idade! Faz uma garota ficar meio feliz por nunca ter encontrado um príncipe, certo?

Antes que eu possa responder, Audrey vem se sentar entre Grace e mim e coloca uma mão fria, encoberta pela luva, no meu ombro. (A outra está, naturalmente, segurando um cigarro em uma piteira comprida, no qual ela dá uma tragada elegante antes de falar.)

— Você está se sentindo bem, querida? — pergunta ela, delicadamente. — Deve ter sido um choque e tanto para você, agora há pouco.

— Foi... um choque menor do que este. Bem, não me leve a mal, é... incrível ver você de novo, Audrey...

— É maravilhoso ver você também. — Ela aperta meu ombro e dá outra tragada elegante em seu cigarro. — E parece que precisamos parabenizá-la!

— Ahn?

— O vestido. — A mão dela desliza pelo tecido do meu vestido, que ela examina, por um instante, como uma especialista. — É lindo. É renda bordada à mão? E eu adoro o marfim em você. Cai muito melhor que o branco.

— Ei, Audrey tem razão! Eu nem reparei! — exclama Marilyn, animadamente, respingando um pouco de seu drinque, que cai perigosamente perto da renda na qual Audrey está tão interessada. — Meu bem, que notícia ótima! Você precisa nos contar tudo! Quem é o cara? Aaaah, é aquele por quem você sempre foi apaixonada?

— Olly — intervém Grace, erguendo a sobrancelha na minha direção. — Era esse o nome do rapaz, se me lembro direito? Tudo isso foi tanto tempo atrás...

— Não. Não vou me casar com Olly. — Olho para Grace. — É o outro. Joel. Lembra? O bilionário.

— *Meu bem*! Você fisgou um bilionário? Uau, isso *pede* uma comemoração! Ele é bonito? Inteligente? — Marilyn se larga novamente no Chesterfield, exibindo os melhores atributos de seu corpo suntuoso, coberto de lantejoulas. — Eu sempre soube que você acabaria com um dos bons, meu bem, mesmo que não seja o que você sempre quis...

— Sinceramente, querida, nós adoraríamos ouvir tudo sobre ele — diz Audrey. Ela limpa a garganta. — Apesar de que, preciso admitir, o fato de você ter acabado em um telhado com seu vestido de noiva não é dos *melhores* sinais...

— Não, não, isso foi só porque a filha do Joel tentou me trancar no banheiro... O que, para ser sincera, também não é dos melhores sinais. —

Dou um respiro fundo, levemente trêmulo. — Olha, eu não tenho muito tempo, gente, porque eles todos vão chegar aqui em um minuto, procurando por mim. — (Para falar a verdade, estou bastante surpresa, agora que parei para pensar no assunto, por eles já não estarem aqui.) — Então só preciso perguntar: o que é que vocês acham que eu devo fazer?

— Fazer? — repetem as três em uníssono.

— Sim. Devo me casar amanhã ou não...? Quer dizer, você sabe como é — continuo, me virando para olhar para Grace, do outro lado de Audrey. — Você se lembra da noite anterior ao seu casamento, certo? E de todas aquelas perguntas que estavam passando pela sua cabeça? Quanto a Clark Gable e se você tinha cometido um erro ao permitir que a vida seguisse seu rumo...

— Oh, eu adoro Clark Gable! — exclama Marilyn, sem ajudar muito. — Sabe, quando eu era menina, costumava imaginar que ele era meu pai.

— E sei que você estava tendo algumas dúvidas — continuo — sobre se casar com o príncipe Rainier, se ele a faria realmente feliz...

— Oh, céus, não, eu não chegaria a dizer que eram dúvidas — responde Grace, apesar de haver uma tensão em sua voz que sugere que ela mesma sabe que isso não é bem verdade. — Eu estava aproveitando a oportunidade, já que eu nunca tinha tido um sonho daqueles antes, de fazer algumas perguntas investigativas sobre mim mesma. E, pensando bem, nunca tive outro sonho daqueles *desde* a noite anterior ao meu casamento... E agora aqui está você de novo, usando um vestido de noiva. — Ela coloca uma mão cansada na bochecha. — Será que é porque eu andei preocupada demais com Caroline? Ela tem tido tanto azar no amor, pobrezinha, apesar de também ter participação no problema, tomando umas decisões péssimas.

— Não, olha... Não tem nada a ver com Caroline. Não tem nada a ver com você, princesa Grace, realmente não tem. Não dessa vez — acrescento, porque consigo ver que ela vai iniciar uma briga que vai nos fazer perder tempo se eu insistir que também não se tratava dela nas primeiras vezes. — Eu só preciso saber o que vocês pensam. Caso com um homem que não tenho certeza se amo para me impedir de ficar desejando uma vida com uma alma gêmea para sempre? Ou sigo em frente sozinha e corro o risco de nunca superar a perda do Olly?

Há um momento de silêncio.

Então, Marilyn e Audrey começam a falar exatamente ao mesmo tempo.

— Meu bem, se eu fosse você...

— Bem, querida, se fosse eu…

— Oh, desculpe, Audrey, meu bem! — Marilyn estica o braço por cima de mim, segurando o martíni (gotas de um coquetel que parece bastante real caem, dessa vez, a *milímetros* do meu vestido Jenny Packham por cima das bordas do copo) para passar a mão pelo braço de Audrey. — Vá em frente. O que você tiver a dizer certamente será bem mais inteligente que qualquer coisa que eu tenha a dizer.

— Não seja ridícula, Marilyn — responde Audrey, com sua voz delicada e única. — Seus conselhos são tão válidos quanto os meus. Provavelmente até mais, para alguém que se apaixona com tanta facilidade quanto você.

— *Se apaixona* é certamente *uma* maneira de colocar as coisas — murmura Grace, não baixo o suficiente para que Marilyn não escutasse.

— Ei, espere aí, Vossa Adoração! — Marilyn parece indignada ao se dirigir a Grace. — Nem todas nós temos a sorte de fisgar um príncipe para conseguir uma via de escape de Hollywood, sabia?

— Do que é que você está falando? — pergunta Grace. — Eu não estava procurando por uma via de escape de Hollywood!

— Ah, não? Porque eu com toda certeza gostaria que um príncipe viesse me resgatar agorinha mesmo!

— Marilyn, isso é coisa sua — a voz de Grace é articulada como sempre, mas ela parece mais chateada do que eu jamais vi antes. — Eu não queria que Rainier me resgatasse de nada, muito menos de Hollywood! Francamente, eu ainda… Bem, eu me sinto bastante chateada por nunca ter conseguido voltar!

Consigo ouvir, na região distante do piso térreo, vozes preocupadas.

— Por favor — imploro —, apenas me diga o que você ia dizer, Audrey. Me diga o que eu deveria fazer.

— Oh, querida. Eu nunca vou dizer o que você deveria fazer. — Os olhos enormes e felinos de Audrey estão fixos nos meus. — Tudo que posso dizer é o que eu faria. Eu seguiria meu coração. E nunca olharia para trás.

E, com isso, ela desaparece. Literalmente. Simplesmente evapora no ar, como se nunca tivesse estado ali.

— Ei! — Marilyn parece ainda mais perplexa do que eu. — Mas que… — Aonde é que Audrey foi?

— Ah, pelo amor de Deus, Marilyn, como é que você está achando isso tão difícil de compreender? Vocês estão todas no meu sonho e…

— Marilyn — interrompo, porque as vozes estão ficando mais altas agora, à medida que as pessoas sobem as escadas na nossa direção. — Não há tempo para isso. O que você faria?

— Meu bem, você sabe o que eu faria! Eu casaria com o cara. Eu sempre caso com o cara. É claro que casamentos têm seus altos e baixos, mas, afinal, um marido é uma família. E a família é a coisa que todos nós mais queremos no mundo, certo?

E agora é a vez dela de sumir. Em um minuto, ela está aqui, em toda sua *Marilynidade* cintilante e reluzente... No outro, assim como Audrey, é como se nunca tivesse existido.

— Bem! — diz Grace Kelly, com uma pitada de impaciência em sua voz. — Que bela ajuda essas duas deram, não é? Siga seu coração; tenha uma família... Tenho certeza que ambas estavam tentando ajudar, mas isso não é hora para sentimentalismos. Você precisa de clareza. Uma opinião firme. Correto?

Concordo com a cabeça, sem ter palavras, ouvindo a voz de Joel me chamando do andar logo abaixo do ático.

Grace tira uma de suas luvas imaculadas e coloca a mão fria, coberta por uma camada fina de pó de arroz em cima da minha.

— Casar com um homem que você não ama — diz ela, seus olhos azuis brilhantes fixos em mim — nunca vai amenizar a dor no seu coração por aquele que escapou. Agora, no meu caso, em particular, teve suas compensações. Se eu tivesse que voltar atrás e viver a *minha* vida novamente, eu faria a mesma coisa de novo. Ao menos — seus olhos vacilam, só por um segundo — é assim que me sinto na maioria dos dias. Talvez eu tenha uns momentos ocasionais de hesitação, se você me perguntar bem enquanto eu estiver assistindo a uma outra pessoa dar o máximo de si em um dos filmes do Hitch.

— Libby? — A voz de Joel está na base da escada do ático agora. — Você está aí em cima? Estou chegando...

— Mas para qualquer outra pessoa que um dia perguntar — continua Grace, apressadamente — a você, minha querida Garota dos Sonhos... Bem, só há um caminho que eu posso recomendar. Não case com ele. Encontre outra forma de criar seu próprio felizes para sempre.

Então, ela também some. Desaparece. Num piscar de olhos.

Contudo, sua luva branca imaculada ainda está no meu colo, onde ela a deixou.

E agora a porta está abrindo e Joel está parado na entrada.

— Libby — diz ele. — Meu Deus…

Ele corre por entre as caixas para chegar até mim, no Chesterfield.

— Os escombros bloquearam a entrada principal — explica ele. — E a porta da cozinha estava trancada por dentro. Levou cinco minutos para que um dos chefs nos ouvisse batendo… — Ele desaba no sofá ao meu lado. — Mas o que aconteceu? — continua ele, com olhos arregalados e chocados. — Como foi que você conseguiu se erguer daquele jeito? Pensamos que você… bem, achei ter visto você cair.

— Pois é. Eu… não sei como aquilo aconteceu.

— Não. Quero dizer, nunca acreditei em milagres antes, mas aquilo com certeza pareceu um.

Não respondo. Em vez disso, respiro fundo.

— Joel — digo, porque sei que se eu não disser de uma vez, o momento vai passar. — Não podemos fazer isso.

Ele abre a boca, acho que está prestes a perguntar *o que você quer dizer com isso*. Mas então ele a fecha de novo.

Após um instante, ele pergunta:

— Desculpe, Libby, mas… você andou *fumando* aqui em cima?

— Não — respondo, falando a verdade. Escondo a luva de Grace na minha mão, para que ele não veja, e torço para que ele não repare — como acabo de reparar — no copo de martíni pela metade que ainda está equilibrado no braço do sofá bem ao lado dele. — Eu não andei fumando. Deve ter sido outra pessoa.

— Certo. — Ele fica olhando para as próprias mãos por um instante. — Vai ser bem vergonhoso — continua ele, retomando o assunto — mandar todo mundo para casa sem um casamento.

— Sim. Terrivelmente. Mas essa não é uma boa razão para seguir adiante.

— Não, acho que não. — Ele pensa por um momento. — Bem, poderíamos continuar com os planos para amanhã, dar a todos o que eles vieram fazer e depois anular o casamento o mais rápido possível?

— Você acha que essa é uma boa ideia?

— Não, acho que é uma péssima ideia. — Ele sorri para mim com pesar. — Julia vai ficar arrasada, sabe.

— Ah, eu acho que ela vai ficar bem. — Ficamos sentados em silêncio por um momento. — Eu sinto muito — acrescento baixinho.

— Está tudo bem. Eu também sinto muito. Olhe, se eu fiz você querer se *matar*...

— Céus, não, não foi isso que... Foi só um acidente bobo — digo, porque não vou ganhar nada dedurando Julia. — Você não me levou a fazer nada desse tipo. Eu só não acho que nenhum de nós seja a pessoa certa para o outro, sabe?

— Ah, não sei, não... — Ele não pode continuar com isso. — Bom, tudo bem. Suponho que é possível que eu tenha me deixado levar pelo coração nesse nosso relacionamento, quando eu deveria ter seguido minha cabeça. Quer dizer, eu sempre segui minha cabeça. Minha vida toda. É assim que sou. E tenho certeza que você sempre segue seu coração.

— Eu sigo. Independentemente do que isso me trouxer. Eu sigo.

— E eu preciso perguntar, só por causa do que Bogdan acabou de dizer... Hum, sobre esse tal de Olly...

— Não se preocupe com o que Bogdan disse. Olly está... fora da equação.

— Sendo que a equação é Libby mais Joel igual a zero? — Mas ele sorri de novo. — Vamos explicar, de alguma forma. Vou pedir para assistentes dizerem a eles ou algo assim, está bem? Dessa forma podemos nos esconder sem ter que encarar ninguém.

— Bem, elas são assistentes *muito* boas — digo.

— São mesmo. — Joel se levanta. — O vestido é maravilhoso, por sinal.

— Obrigada.

— Eu teria gostado de me casar com você nele.

— Eu também. Em outra vida, talvez.

— Em outra vida. — Ele se abaixa e me dá um beijo rápido na bochecha. — Você deveria descer e tomar alguma coisa forte. Posso mandar para o seu quarto, se preferir não encarar as críticas da... Bom, da minha mãe? E da sua, aliás.

— Na verdade, pode pedir para alguém trazer aqui, se não tiver problema? Eu só gostaria de... ficar aqui no silêncio por mais um tempo.

— Sim, claro. Eu mesmo posso trazer alguma coisa para você? Cobertores?

— Estou bem, Joel. Obrigada.

Observo-o passar pela porta, deixando-a entreaberta após sair.

Fico sentada bem, bem quietinha por alguns instantes.

Mas não há sinal — não há sinal algum — de Grace Kelly, ou de Marilyn Monroe, ou de Audrey Hepburn se rematerializando no Chesterfield ao meu lado.

Só restam o martíni de Marilyn, o cheiro do cigarro de Audrey e a luva branca de Grace, que estou apertando com a mão direita.

17

Então, agora estou no trem da manhã para Londres. E, quando digo "manhã", é cedo mesmo: são apenas 8h15 e já estamos saindo da estação.

Joel, com suas maneiras impecáveis de sempre, se ofereceu para me levar de carro, mas recusei. As coisas podem estar bem entre nós, mas isso não significa que uma viagem de duas horas de carro seria recomendável. Além disso, ele precisa entreter a mãe, a avó e, é claro, Julia lá em Aldingbourne: todas (exceto, talvez, Julia) ainda esperavam, até umas 11 da noite de ontem, que o casamento fosse acontecer.

E eu saí cedo desse jeito justamente para evitar conversas longas e torturantes que tenho certeza que rolariam com a minha mãe e Cass. Minha mãe, como fez ontem à noite, tentando me convencer de seguir em frente com tudo "mesmo que você *não* o ame, querida!", e Cass fazendo meu ouvido de penico sobre Nick, que (preciso admitir) parece estar fisgado em seu anzol, depois do que quer que seja que ela estava fazendo com ele no jardim antes de me ver no telhado ontem à noite.

No fim das contas, preciso confessar que me refugiei no chalé de Nora e Mark por boa parte da noite, porque eu sabia que, caso contrário, seria importunada por visitas da minha mãe durante a madrugada, acompanhada por choros, lamentações e dentes rangendo, em uma tentativa de me vencer pelo cansaço e me fazer mudar de ideia.

Mesmo assim, não consegui dormir muito — eu e Nora ficamos acordadas metade da noite conversando sobre as coisas —, e o trem saía da estação cedo demais para ter qualquer tipo de lanchonete aberta em uma manhã de sábado, então estou me sentindo totalmente exausta. Mas mesmo que eu gostasse de fechar os olhos e dormir, eu deveria dar uma ligada rápida para Nora, para avisar que consegui pegar o trem.

Faço uma ligação por FaceTime, porque sinto a necessidade de vê-la (mais ou menos) pessoalmente, para impedir que minha determinação vacile. E ela atende, como sempre, após apenas alguns toques.

— Lib. Você está no trem.

— Estou no trem.

É estranho, depois de todo o drama das últimas 24 horas, estar aqui tendo uma dessas conversas mundanas. *Estou no trem.* Mas isso parece ser o máximo de que sou capaz, já que outra onda de cansaço me inunda.

Nora, ainda usando a camiseta do pijama de Mark (e com uma aparência bem melhor do que se acharia possível para uma mãe de uma menina de um ano de idade, grávida e que passou boa parte da noite conversando com a melhor amiga) faz sinal de positivo para mim.

— Ótimo — diz ela. — Então, você ainda está com o mesmo pensamento de ontem à noite. Ainda se sente confortável, acredita estar fazendo a coisa certa?

— Terminando com Joel? Eu não chegaria a dizer *confortável*, Nora. Quer dizer, não consigo parar de pensar nas pessoas que decepcionei e na vergonha do cancelamento de última hora... Mas sim. Sei que estou fazendo a coisa certa.

— Bom, como eu disse ontem à noite, Lib, também sei que você está fazendo a coisa certa. — Nora desvia o olhar por um segundo para dar uma checada em Clara, que está dormindo em algum lugar fora do campo de visão, e diz: — E também tem aquela outra coisa.

— Sim.

— Meu irmão idiota.

— Seu irmão idiota.

— Olha, vou repetir. Você nunca vai conseguir viver em paz consigo mesma se...

Mas não ouço o restante da frase de Nora.

Porque Dillon acaba de se sentar na poltrona à minha frente.

Sim. *Dillon* acaba de se sentar na poltrona à minha frente.

— Oi, gata — diz ele com uma voz suave. — Como você está?

— Quem é esse? — pergunta Nora. — Consigo ouvir alguém falando com você.

— Sim. É Dillon.

— *Dillon*? Libby Lomax, se você acabar...

— Te ligo mais tarde, Nora, ok? — digo. — Eu amo você, mas está tudo bem e você deveria dormir um pouco.

Só tenho tempo para vê-la acenando para mim antes de encerrar a ligação, colocar o celular na mesa e olhar diretamente para Dillon.

— O que é que você está fazendo aqui, meu Deus?

— Voltando para Londres — responde ele —, assim como você.

— Não foi isso que eu quis dizer! Você pegou o trem em Barham?

— Não, não. Embarquei lá em Rye. Passei duas noites deliciosas lá, por sinal. Inspirando o ar marinho. Passeando pelos antiquários. Dando um pulo nas casas de chá para um bolinho e uma boa xícara...

— Estou perdida. Você passou duas noites em Rye... *Por quê*?

— Bom, não sei se você percebeu, minha cara, mas não existem muitos hotéis de luxo nessa parte do mundo. Refúgios adequados a um astro da minha magnitude. Então era ou Rye ou Brighton e, sendo sincero, Brighton tem, digamos, *tentações* demais para um homem como eu. Bares, boates, caras desgrenhados traficando drogas abertamente na orla...

— Dillon. — Me debruço na mesa e o fito com um olhar muito firme. — Não estou interessada em saber por que você escolheu Rye em vez de Brighton. Estou perguntando por que é que você está por aqui.

Ele dá de ombros.

— Para ficar perto do casamento, é claro. Para que, quando tudo fosse por água abaixo no último minuto, eu pudesse estar por perto para te ajudar.

— Como assim, quando tudo fosse por água abaixo?

— Ora, Libby, meu amor. Aquilo era um desastre esperando para acontecer, você e aquele... Desculpe, já esqueci o nome dele.

— Joel.

— Isso. Ele. Era um desastre esperando para acontecer. Qualquer um podia ver que você não estava apaixonada por ele e que ele não estava apaixonado por você. Agora, obviamente, teria sido melhor se você tivesse reconhecido isso antes de tentar pular do telhado ontem à noite...

— Bogdan — digo. — Foi Bogdan quem te contou.

— Foi, sim. Ah, e ele me contou que você estaria nesse trem, por sinal, caso você esteja começando a pensar que sou secretamente maluco, ou algo assim. Bem, sei que você percebe que sou um cara de muitos talentos e está bastante acostumada a ver minha mágica entre quatro paredes, mas...

— Eu não estava — interrompo — tentando pular do telhado. Só para você saber.

— Ah, bom, *disso* eu sei, Libby. — Ele revira os olhos. — Nunca conheci ninguém tão apegado à *vida* quanto você.

— Mesmo? — Engulo em seco, com certa força. — Mesmo que eu viva estragando a minha vida?

— Minha querida, justamente *porque* você vive estragando a sua vida! Ora, olhe só para você. Você tinha a pior carreira do mundo antes de dar uma guinada completa e se tornar uma designer de joias incrível. Você botou fogo na própria cabeça com um cigarro e acabou sendo completamente adorada pelo cara que teve que apagar o incêndio... E eu realmente adoro você, por sinal — acrescenta ele, de um jeito indiferente —, caso você um dia tenha duvidado. Ah, e aí tem a sua vida amorosa. Várias meninas teriam afundado em um poço de desespero quando percebessem que teriam que ver o amor de suas vidas ir embora sob o pôr do sol com outra pessoa... Mas não a minha Menina do Fogo! Você se reergueu, sacodiu a poeira e fisgou um bilionário!

— Não tire sarro de mim — peço, baixinho.

— Não estou fazendo isso. Eu te admiro demais, Libby, por se esforçar tanto para seguir em frente. E daí se tudo deu errado? Você tentou, não tentou? Isso não é sempre o principal?

— Teoricamente, sim, mas, nesse caso em particular, eu ter *me esforçado tanto para seguir em frente* apenas levou à vergonha imensa e todos os custos de um casamento cancelado. E não deu certo mesmo assim. — Consigo sentir um pequeno soluço subindo no fundo da minha garganta, o mesmo soluço que consegui engolir um momento atrás. — Ainda não consigo me livrar dos sentimentos que tenho por Olly. Estou apenas conseguindo controlar os sentimentos de amargura e arrependimento, porque, bem, é aí que a loucura habita. Mas, agora, não sei se vou conseguir superá-lo.

— Mas você precisa?

— Como assim?

Ele não diz nada por um instante. Então, coloca a mão no bolso do casaco, tira um guardanapo embrulhado em alguma coisa, abre e coloca seu conteúdo — um croissant de chocolate e um folhado — na mesa entre nós.

— Café da manhã do hotel — diz ele. — Trouxe um pouco comigo.

Ele parte um pedaço do folhado e me entrega.

— Olha, Libby — continua ele. — Sei que você nunca vai ser o tipo de garota a dar em cima do namorado de outra pessoa…

— Não — digo (ou, mais precisamente, falo com a boca cheia de folhado: percebo que estou — não surpreendentemente, suponho — morrendo de fome). — Falando sério, Dillon, já ouvi isso de Nora ontem à noite. Por favor, nem comece.

— Começar o quê?

— Você sabe o que quero dizer. Não sou esse tipo de pessoa, Dillon. Se as coisas não estavam destinadas a dar certo com Olly, então não vou esquematizar e conspirar para fazer com que elas corram do jeito que eu gostaria.

Dillon emite um ruído, *pfff*, com a boca.

— Não me venha com essa asneira de "estar destinado". Eu estava destinado a estar morto e enterrado agora, você tem noção disso? Com a quantidade de porcarias tóxicas que enfiei no meu corpo nos últimos dez anos, estou enganando o destino só por estar sentado aqui! E qual você diria que é o melhor resultado? Eu em um túmulo, só porque aceitei minha sina, ou eu sentado aqui, encantando você com meu charme e minha beleza, porque ousei dizer *Ainda não terminei*?

Não digo nada, só fico olhando pela janela por um instante, observando os campos congelados de Sussex passarem rapidamente.

— Então — digo, com os lábios cheios de açúcar —, você diria a ele, não diria? Você diria a Olly como se sente em relação a ele?

— Ah, minha querida, eu ficaria *feliz* em dizer a Olly como me sinto em relação a ele. Você nunca precisaria torcer meu braço para me obrigar a fazer isso! Na verdade, eu me deliciaria. *Você é um idiota*, eu diria. *Você é um babaca, você é…*

— Dillon.

— Está bem, está bem, entendi o que você está perguntando. Sim.

— Sim?

— Sim, essa é a resposta para a sua pergunta. Se eu fosse você, eu diria a Olly como me sinto em relação a ele. Sem sombra de dúvidas. Quero dizer, francamente, Libby. Ele amou você todos aqueles anos. Investiu tempo. Fez o que tinha que fazer. Então, agora, você não acha que está na hora de dizer a ele que aquele tempo todo não foi perdido?

— Mas estou deixando que ele siga em frente…

— Sim, e se ele não quiser seguir em frente? E se ele só estiver seguindo em frente como último recurso? Jesus, Libby, *você* não iria querer saber?

Digo, você só está perdidamente apaixonada por ele há um ano, certo? E se o seu casamento tivesse mesmo acontecido esta manhã, mas ele tivesse aparecido no altar, todo dramático, fustigado pelo vento e encharcado pela chuva, e declarasse que ainda a ama, você iria querer saber disso antes de ter tomado a decisão de se casar ou não com Joel. Sei que iria. E se vai me dizer que não poderia fazer isso com a pobre e inocente moça com quem Olly está envolvido... — Ele dá de ombros. — Francamente, Libby, eu preferiria arrancar o Band-Aid de alguém depressa em vez de ficar puxando dolorosamente milímetro por milímetro. Ela não merece ficar com alguém que preferiria estar com outra pessoa.

— Mas, Dillon, tudo isso é supondo que Olly ainda *sente* alguma coisa por mim!

— E daí? Se ele não sentir, ele não sente e pronto. Aí, ele vai casar com essa outra menina com a consciência tranquila. E você vai poder, sei lá, partir para o deserto e se juntar à Legião Estrangeira, ou qualquer maluquice que seja que você queira fazer para conseguir superar o fato de que vai viver o resto da vida sem ele. — Dillon bate a mão na mesa, fazendo os doces pularem. — Desafie o destino no próprio jogo, Libby. Assuma o controle do seu destino. Você realmente não acha que essa é a coisa certa a fazer?

— Sim. Outra pessoa já me disse isso.

— Uma pessoa com um histórico de tomar boas decisões?

— Uma pessoa com um histórico de tomar... as decisões certas para si mesma. E nunca se arrepender. E nem olhar para trás.

— Parece meu tipo de garota.

— Ah, Dillon. Você não faz ideia.

— Então, dê ouvidos a ela, quem quer que seja! Ninguém está sugerindo que você precisa forjar a sua própria felicidade com as cinzas do sofrimento de outra pessoa. Você só precisa dizer a verdade a Olly. Deixar que ele saiba dos seus sentimentos. Aí, se as coisas não correrem do jeito que deveriam... Bem, aí o destino *realmente* venceu. Eu, a propósito, gosto de dizer estas palavras a mim mesmo todas as manhãs, quando abro os olhos sóbrio como uma freira e pronto para começar um novo dia, até lá nada está acabado.

Respiro fundo. Inspirando, ao fazer isso, algumas migalhas de folhado, começando a tossir e engasgar até meus olhos se encherem d'água. Dillon tira uma garrafa de água mineral do outro bolso do casaco e entrega a mim, me observando com carinho enquanto engulo boa parte do conteúdo para limpar as migalhas.

— Melhor?

— Melhor — respondo, largando a garrafa. — E acho que você tem razão. Provavelmente está na hora de vestir a carapuça de menina crescida e pensar em abrir o jogo para Olly.

— Está, sim. Quero dizer, obviamente, acho que seria *bem* melhor se você estivesse pensando em *tirar* a carapuça de menina crescida…

— Péssima escolha de palavras.

— Não, não, foi uma escolha excelente. — Ele se recosta na poltrona e semicerra os olhos. — Me dá muito material para pensar, minha maravilhosa menina, pelo resto dessa porcaria dessa viagem interminável de volta à civilização. Nossa, você não faz ideia de como é entediante em Rye, ou qualquer que seja aquele maldito lugar onde passei os últimos dois dias. Cheguei a gastar três mil em antiguidades que serão entregues no meu apartamento em breve, só para passar o tempo. E se eu tiver que ver outro bolinho na minha frente de novo…

— Ao menos você se manteve sóbrio.

— É. — Ele sorri para mim. — Ao menos, eu me mantive sóbrio. — Ele fecha os olhos de novo, então os abre novamente para acrescentar: — Ah, só para constar, se você está preocupada com o fato de talvez Olly *não* estar mais perdidamente apaixonado por você, eu não me preocuparia. Quando alguém se apaixona por você, Libby, esses sentimentos nunca vão embora. Acredite em mim, querida, eu sei.

Dessa vez, quando fecha os olhos, ele os mantém fechados.

Dou tchau para Dillon em Victoria, alguns minutos depois que nosso trem chega. Ele me dá um abraço longo, estende o convite para passar o Natal na casa dos pais dele na Irlanda na semana que vem ("Convenhamos, Libby, você acaba de dar um pé na bunda de um bilionário. Sua mãe e sua irmã não vão querer sentar à mesa com você, com um peru no meio, sem querer arrancar as coxas do bicho e espancar você até a morte com elas") e me diz para ligar para ele depois que conseguir conversar com Olly.

O que, suponho, sei que é o que tenho que fazer.

Isto é, quando ele voltar de Durham. Já estou enfastiada o suficiente com a perspectiva de jogar uma granada na vida dele com Tash, certamente não vou fazer nada do tipo até a cirurgia de emergência da hérnia do pai dela passar.

Enfim, nesse momento, o que é bem mais importante é pensar nas questões práticas. Preciso tirar minhas coisas da casa de Joel, em Holland Park, e levar para... Onde? Dillon — é claro — me ofereceu a casa dele para ficar pelo tempo que precisar e já recebi algumas mensagens truncadas de Bogdan essa manhã me dizendo que ele vai perguntar para o pai se o apartamento de Colliers Wood está disponível no momento... Não sei dizer, com minha cabeça tão confusa, se voltar para lá seria um passo para trás ou se talvez eu me sentisse em *casa*. E pode ser que nada disso importe e eu só precise de quatro paredes (três, na verdade, se eu voltar para Colliers Wood) e um teto sobre a minha cabeça para poder tomar decisões mais importantes quanto...

Espere aí, meu celular está tocando.

É um número que não reconheço.

É melhor eu atender, caso seja alguém da lista de convidados que eu tenha esquecido de avisar, ligando para pedir mais detalhes sobre o casamento. O trio de assistentes de Joel se pôs imediatamente a fazer as ligações de cancelamento esta manhã para todos os poucos convidados que não estavam em Aldingbourne para testemunhar minha cena no telhado ontem à noite, mas é possível que um ou outro tenha passado batido... Na real, o que é que estou dizendo? Se as assistentes de Joel estavam resolvendo a situação, nenhum convidado passou batido. De qualquer forma, eu devo uma explicação a algumas pessoas e a conversa não vai ser menos constrangedora se eu demorar para atender.

— Alô? Aqui é Libby.

— Libby. É Tash. Estou te vendo.

Quase largo o celular, apavorada. Ela já *sabe* do meu plano maligno de falar com Olly? Será que mandou alguém me seguir?

— Relaxe! — diz ela, em um tom levemente irritado. — Não estou seguindo você. Nora me disse que você estaria chegando em Victoria agora. Estou no Starbucks. Vire-se, vou acenar para você.

Me viro, com as pernas trêmulas, e consigo, de fato, ver Tash sentada dentro de uma filial do café na estação, a uns cem metros de mim. Ela acena.

— Venha cá — fala ela. — Já comprei um café para você. Cappuccino, certo?

— Hum… Sim… Cappuccino… Mas, Tash…

— Só venha aqui — diz ela, abruptamente, desligando.

Bem, suponho que este seja outro momento para a carapuça da menina crescida.

Quando chego até ela, meio minuto depois, ela não está exatamente sorrindo, mas também não está parecendo hostil.

— Oi — cumprimenta ela.

— Oi — respondo.

Eu me pergunto se eu deveria dar um abraço rápido nela, ou um beijo em cada bochecha, mas, dado o tom do nosso último encontro, todos aqueles meses atrás no apartamento de Elvira, não sei se seria uma boa ideia.

— Isto é… Hum… Obrigada pelo cappuccino.

— Não tem de quê. Sente-se e beba. — Ela pega um saco de papel. — Comprei uns muffins também…

— Ah, não precisava. Digo, comi no trem. Mas obrigada, de qualquer forma, por… Tash, desculpe, mas… Você não deveria estar em Durham agora? Quero dizer, o seu pai vai ser operado hoje, certo?

— Ele não vai. Ser operado. — Ela me fita. Parece cansada, com olheiras leves debaixo dos olhos, mas, fora isso, está tão fabulosa e saudável como sempre, é claro. — Não vai ter cirurgia.

— Então… Ele *não* tem uma hérnia?

— Não. Bem, sim, tem, por acaso, mas nada que precise de uma cirurgia de emergência. Ele tem uma cirurgia de rotina marcada para pouco antes da Páscoa.

— Certo… Hum… Então por que você disse a Olly…?

— Bem, ele sabe, agora, que não era verdade. Era uma espécie de teste, eu acho.

— Desculpe, mas você disse a Olly que seu pai ia fazer uma cirurgia de emergência para ver como ele reagiria?

— Não. Eu disse a ele que meu pai ia fazer uma cirurgia de emergência para ele ter um motivo para não ir ao seu casamento. Eu queria ver quão rápido ele ia cair. E tive minha resposta.

— Como assim?

— Libby, olha. — Ela passa a mão distraidamente pelos cabelos loiros. — Eu mal tive que ao menos terminar minha frase e ele já estava dizendo que não devíamos ir ao seu casamento. Ele estava aproveitando qualquer desculpa para não ir. Qualquer coisa para que ele não precisasse ver você se casar. Você sabe, por causa do fato de que ele ainda é apaixonado por você.

Minha mão congela no papelão do meu copo de cappuccino.

— É sério, Libby — continua ela, dando uma risada curta —, eu podia ter dito que meu pai estava com a unha encravada ou com a cutícula levemente dolorida e ele teria dito que não deveríamos ir mesmo assim. Mas, de qualquer forma, eu tive a prova que queria. E é por isso, a propósito, que acabei de terminar com ele.

— Você... *O quê*?

— Terminei com ele. Ontem à noite. Francamente, Libby! — Ela ri de novo, de um jeito não desagradável. — O que esperava que eu fizesse? Não vou ficar com alguém que, no fundo, quer estar com outra pessoa. Não vou ser a segunda opção de ninguém! Sou boa demais para isso — acrescenta, indiferente.

— Sim — sussurro. — É mesmo.

— Obrigada. Enfim, liguei para Nora cedinho essa manhã, só para avisar que talvez Olly precisasse do apoio dela e ela me contou sobre você. Sobre o casamento ter sido cancelado. Eu sinto muito, por sinal.

— Não, tudo bem. Era... a coisa certa a se fazer.

— Bom, é óbvio que era a coisa certa a se fazer — replica ela rispidamente. — Você não deveria estar com Joel Pereira tanto quanto eu não deveria estar com Olly Walker. Está tudo errado. Não é?

— Sim, está tudo errado... Mas, Tash, eu só... Tem certeza? De que Olly ainda se sente dessa forma em relação a mim?

— Meu Deus, Libby! — Tash toma um gole impaciente de seu café. — Você não ouviu o que eu acabei de dizer? Ele não conseguiria suportar vê-la se casar com outro! Isso não basta? Veja, não fiquei sentada com ele até tarde da noite segurando na mão dele e arrancando cada pedacinho da maldita verdade sobre os sentimentos dele, não, mas eu não acho que isso seja trabalho meu, não acha?

— Não. Não é mesmo.

— E também tem aquela porcaria da questão do queijo.

— Como é?

— Bom, foi assim que tudo começou. Quando ele veio me buscar no aeroporto aquela noite. Ele estava com os olhinhos brilhando e cantarolando "Love's Young Dream" e tagarelando sobre ter encontrado o queijo que você e ele vivem procurando por aí... Ou *talvez* ter encontrado... Eu não prestei muita atenção nos detalhes. É uma coisa de vocês. Sua e dele. Quero dizer — acrescenta ela, ironicamente —, se uma menina não consegue sequer competir com um queijo de cabra coberto de cinzas, ela sabe que está fadada ao fracasso. Você e Olly obviamente são destinados um ao outro. E não sou idiota a ponto de ficar no caminho do destino.

Certo, eu sempre achei que Tash era tão calorosa e fofa quanto uma pedra de granito, mas agora quero jogar os braços em torno dela e apertá-la com força.

— Ai, deus — fala ela, já empurrando a cadeira para trás quando me levanto e começo a me mover na direção dela. — Não, não. Não há necessidade disso tudo. Só tem uma coisa que eu realmente gostaria que você fizesse, Libby, e certamente não é me sufocar com a sua gratidão. Não foi por isso que tomei essa atitude. Tudo que quero é que você faça esse negócio com Olly acontecer. Faça dar certo. Porque, acredite em mim, eu não abri mão de todos os meus planos para que vocês dois fiquem de lenga-lenga e nunca façam acontecer. Está bem?

— Sim — concordo. — Claro.

— Ah — acrescenta ela, com um sorriso mais genuíno do que jamais vi no rosto dela em todo esse tempo que nos conhecemos —, e se você quiser demonstrar alguma gratidão a mim, pode me apresentar àquele bilionário solteiro maravilhoso que acabou de dispensar sem cerimônia alguma no altar. Bem, depois do intervalo apropriado, é claro.

— Céus, Tash, é claro, eu vou...

— Estou brincando — interrompe ela, apesar de seu tom de voz sugerir que ela, na verdade, não estava e que já tem as sementinhas de outro plano brotando em sua cabeça.

O que, para ser sincera, é bom para ela. E, pensando bem, ela e Joel formariam um casal perfeito. A mãe dele certamente aprovaria uma neonatologista alta e loira espalhando sua generosidade pela Fundação, e Joel não precisaria ter nenhuma de suas preocupações relativas às mulheres — quanto a Tash estar atrás do dinheiro dele (talvez do status e, com toda certeza, de seu esperma irrepreensível, mas certamente não do dinheiro dele)...

— Apenas dê um jeito na sua vida primeiro, Libby, está bem? Você pode dar uma de cupido depois que conseguir fazer o que deveria ter feito quase vinte anos atrás. — Tash se levanta. — Muito bem — diz ela, abaixando-se para pegar uma mala da Longchamp ao lado da mesa. — Bom, preciso ir até Gatwick para pegar o voo de volta para a Escócia. Eu lhe desejaria sorte, mas não acho que você precise. Então… Sei lá. Feliz Natal, eu acho. E, por favor, faça Olly feliz.

Então, com um aceno brusco e desprovido de sentimentos, ela sai andando pela estação, com as pequenas multidões de viajantes pré-Natal partindo à frente dela enquanto ela caminha, imponente, adiante.

18

Sim, eu deveria estar em Holland Park agora, encaixotando as minhas coisas. Deveria estar ligando para Bogdan e checando se conseguimos entrar em um acordo com o pai dele quanto ao apartamento.

Mas, em vez disso, estou no congelante Bermondsey Market, procurando pelo queijeiro de quem Olly me falou.

Só que parecem existir pelo menos quatro bancas de queijos aqui e o mercado é amplo e tem pelo menos duas partes e, no último sábado antes do Natal, está lotado. Então, encontrar o queijeiro certo está sendo mais difícil do que eu pensava. Fiquei na fila por quase vinte minutos no primeiro antes de conseguir conversar com alguém atrás do balcão para perguntar se o dono era amigo de Olly Walker (a resposta foi "não" e não fiz muitos amigos com aquela pergunta) e parece que vai acontecer o mesmo na segunda banca, onde já estou na fila há cinco minutos, observando uma mulher muito séria provar vários tipos sutilmente diferentes de brie que uma mulher ainda mais séria está entregando a ela, e me perguntando se esse foi mesmo um bom plano.

Eu só meio que queria aparecer na casa de Olly já com o Queijo Misterioso, só isso. Quando eu for lá esta noite. Não pensei em muita coisa além disso (Tash *não* ficaria impressionada com minhas habilidades estratégicas; nem Grace Kelly, por sinal), mas parte de mim sente que se tivermos o queijo lá conosco, o resto daquela conversa, depois de tantas oportunidades perdidas e momentos não aproveitados, vai simplesmente… fluir?

Sei lá.

Não sei de mais nada, para ser sincera, além do fato de que as horas vão passar bem lentamente até Olly sair do trabalho esta noite. Estou apenas tentando segmentar o dia em porções administráveis, para não perder a cabeça: primeiro, localizar o queijeiro correto. Segundo (espero), comprar o Queijo Misterioso. Terceiro, ir para Holland Park, encaixotar o máximo possível. Quarto, tomar banho. Quinto...

Ouço meu celular apitar com uma mensagem. Tiro-o da bolsa, meio que esperando ver uma mensagem de Tash, em letras maiúsculas, dizendo: *O QUE É QUE VOCÊ ESTÁ FAZENDO PERDENDO TEMPO NUM MERCADO PÚBLICO QUANDO JÁ DEVERIA ESTAR CONVERSANDO COM OLLY????? EU CONSIGO TE VER, SABIA???*

Mas não é de Tash (apesar de, sendo sincera, eu não duvidar que ela esteja me espionando aqui em Bermondsey, acompanhando meu progresso), é uma mensagem de WhatsApp da minha mãe.

Suponho, diz a mensagem um pouquinho (bem pouquinho) irritada, *que você vai querer passar o Natal comigo e Cass, então?*

Não tenho certeza do que responder a isso — ou, melhor dizendo, se ao menos devo responder — quando uma segunda mensagem chega.

Você provavelmente fez a coisa certa, diz o texto. *Mesmo que ele fosse um bilionário. Por favor, nunca mais sinta que você precisa se jogar do telhado de novo. Eu não sei o que faria sem você. Bjo*

De repente, meus olhos ficam tão cheios de lágrimas que acho que é melhor sair da fila do queijo. Não que as mulheres que estão discutindo intensamente sobre bries fossem notar, mas já tem algumas pessoas atrás de mim agora, e prefiro sair daqui, me recompor e depois voltar para a fila sem ninguém olhando.

— Oh, céus, desculpe! — digo à pessoa em quem acabo de trombar, que está indo para a banca da qual estou saindo. — Eu não vi você...

— *Libby*?

Em meio ao borrão de lágrimas, consigo ver que é Olly.

Certo, posso não ter traçado um plano perfeitamente bem-elaborado, mas isso, definitivamente, não estava na jogada. Eu não dormi, não tirei a maquiagem de ontem à noite, ainda estou usando a calça legging que peguei emprestado de Nora e o moletom enorme que peguei de Mark e meus olhos estão vermelhos do choro.

— Olly — digo, em uma voz que não se parece nada com a minha. — Eu só estava... Eu vim procurar o Queijo Misterioso.

— Eu também. — Ele olha para mim, também parece não ter dormido muito. — Mas espere aí... Você não deveria se casar daqui a umas duas horas?

— Sim. Ou melhor, não. Nora não te ligou ainda? Nem os seus pais?

— Não... Apesar de Nora tentar falar comigo algumas vezes, mas ainda não consegui falar com ela. Não entendo. — Ele coloca a mão no meu ombro. — O casamento foi *cancelado*?

— Sim, foi. É constrangedor. Mas foi cancelado. Está tudo cancelado.

— E é por isso que você está chorando?

— Não, estou chorando porque acabei de receber... Bem, uma mensagem bizarramente amável da minha mãe. Quer dizer, supus que ela fosse estar furiosa por causa do casamento, mas parece que ela entende. Ou, ao menos, mesmo que não entenda, ela está preparada para aceitar que fiz a coisa certa. — Pisco para conter mais algumas lágrimas errantes. — Desculpe, Ol, mas você sabe como é a minha mãe. Essa é praticamente a primeira vez.

— Eu sei. — Ele aperta meu ombro com um pouquinho mais de força. — Você está congelando.

— Sim. Você também.

— Sim. Está bem frio. Vamos andar?

— Mas eu estava na fila da banca, para perguntar sobre...

— O Queijo Misterioso? Não, esta não é a banca do meu amigo. Eu só dei um pulo aqui porque eles fazem um pão de massa lêveda maravilhoso e depois ia até a banca do meu amigo. Fica do outro lado do mercado, atravessando a rua Old Jamaica... Que tal irmos para lá agora?

— Sim. — Seco o que restou das lágrimas na manga do casaco. — Vamos fazer isso.

— Ótimo. — Olly tira a mão do meu ombro e começamos a caminhar na direção oposta à que ele veio. — Eu também tenho, hum, uma novidade para contar, para falar a verdade, Libby. Eu e Tash... Nós terminamos.

— Eu sei.

— Sabe?

— Sim. Nós nos encontramos na estação de Victoria agora há pouco.

Não tenho certeza, no momento em que digo isso, se essa foi a coisa certa a dizer ou não. Porque agora Olly vai perguntar por que Tash foi se encontrar comigo, não vai? E não estou nem perto de formular o que eu quero dizer, tanto quanto estava horas atrás.

Mas nunca vai haver algo certo a se dizer e nunca vai haver um momento certo para dizer. Depois de quase vinte anos de nunca conseguirmos dizer *coisa alguma* um para o outro, convenhamos, não importa o que, onde ou como vai ser dito. Só precisa ser dito.

Enfio as mãos nos bolsos do moletom para ter alguma coisa para fazer com elas enquanto começo a dizer o que quer que seja que vou dizer, em vez de ficar gesticulando como uma espécie de lunática... e sinto algo macio, amarrotado em uma bola, dentro de um deles.

É a luva de Grace.

Envolvo-a com firmeza com a mão, buscando um pouco da força dela, enquanto começo a falar.

— Tash me contou — digo — por que vocês terminaram.

Olly só pisca, sem dizer nada.

— É por isso que estou aqui — continuo, as palavras começando a se atropelar agora. — Tentando encontrar o Queijo Misterioso. Eu tinha um plano de ir até a sua casa hoje à noite, depois que você saísse do trabalho, e... Sei lá... Presentear você com o queijo sem dizer nada. E aí você olharia para o queijo, voltaria a olhar para mim, e uma expressão de deslumbramento começaria a se espalhar pelo seu rosto, e aí você me puxaria pela porta e... O queijo teria meio que derretido e ficado em segundo plano a essa altura, eu acho. Digo, não *literalmente* derretido, como um camembert passado, nem nada assim, mas desapareceria silenciosamente em algum lugar, você sabe, do jeito que essas coisas acontecem nos...

E eu paro. Porque isso está soando ridículo agora. Bem, sei que apenas um momento atrás eu estava pensando que não importava o que eu dissesse, que tão importante quanto isso era pôr as cartas na mesa. Mas isso foi antes de eu usar a expressão *um camembert passado*. Posso não ser Shakespeare, ou Billy Wilder, mas até mesmo eu sei que nenhuma grande declaração de amor nunca, *jamais* conteve alguma referência a um queijo fedido antes de agora.

— Nos filmes?

Fico olhando para Olly, que acaba de falar.

— Como?

— Você ia dizer "nos filmes", certo?

— Ah. Sim. Sim, ia.

Há um momento de silêncio enquanto continuamos caminhando.

Então, bastante repentinamente, Olly para.

— Espere um segundo — diz ele.

E ele entra pela porta da banca na qual acabamos de chegar.

Me deixando do lado de fora, boquiaberta com todas as coisas idiotas que acabei de vomitar sem pensar e todo meu corpo consumido por essa sensação agitada, desconfortável e pinicante, que é como eu imagino que a gente deve se sentir quando não vai nem para o céu e nem para o inferno e fica preso naquele limbo celestial, qualquer que seja o nome dele, pelo resto da vida.

Purgatório.

Três meses depois

19

— Maravilhoso.

Olho para Bogdan, ou melhor, para o reflexo dele no espelho.

— Mesmo? — pergunto.

— Mesmo, mesmo. Maravilhoso — repete ele. — Não estaria dizendo isso se não fosse verdade, Libby, estou garantindo a você.

— Ótimo! — Meu rosto se abre em um sorriso. Um sorriso enorme. — Bem, então se estamos felizes com o meu cabelo, eu posso…

— Só não estou conseguindo entender — continua Bogdan, com o ar de um homem que está considerado as coisas realmente importantes da vida — por que você não está concordando que eu corte franja adequada para você meses atrás. Está tirando anos das suas costas, Libby. Está fazendo você parecer menos abatida. Está finalmente dando a você as maçãs do rosto. Está deixando você… — Emocionantemente, há um tremor na voz dele e ele coloca as duas mãos enormes, de forma delicada, nos meus ombro encobertos pelo vestido. — Está deixando você linda, Libby — conclui ele. — Está deixando você noiva mais bonita de todo mundo.

Ah, preciso contar: é isso que sou hoje. Uma noiva.

Uma noiva de verdade dessa vez. Não a que cancela o casamento aos quarenta e cinco do segundo tempo. Não a que está prestes a se casar com o homem errado. Uma noiva que, em vez disso — e finalmente —, vai se casar com o cara certo. O único.

Olly.

Ele acaba de mandar uma mensagem, aliás. Posso ver que acaba de aparecer na tela do celular em cima da mesa à minha frente.

Mal posso esperar para ver você. Vamos fazer isso. Bjos

Há, também, uma mensagem bastante recente de Dillon, que acabo de ver: *Aposto que você está uma noiva gostosa pra caramba, Menina do Fogo. Tenha um dia maravilhoso, querida. Bjo*

Estou prestes a responder (a Olly; mando mensagem para Dillon em um dia mais apropriado), só para avisar que não vou me atrasar, nem nada assim, quando ouço um uivo onipotente vindo da sala dos fundos.

Estamos no EstrelaZ NoZ SeuZ OlhoZ (sim, é assim que é escrito), o novo salão de Bogdan, uma pequena joia de uma breguice fenomenal na ponta de Clapham da avenida Balham. Ele abriu há apenas duas semanas, mas deixou a manhã de sábado totalmente livre para que eu, Cass, Nora e minha mãe pudéssemos fazer cabelo e maquiagem aqui e também nos arrumar antes de pegar um dos táxis brancos londrinos, especiais para casamentos, até o local do evento, um jardim secreto perto do restaurante de Olly em Clapham. O cheiro de tinta (rosa-shocking) ainda está fresco aqui no EstrelaZ e plumas (rosa-shocking) ainda estão escapando dos novíssimos boás que Bogdan pendurou em torno dos espelhos estilo camarim, mas o lugar é maravilhoso. Sem contar um testemunho da ética profissional moldava: Bogdan só "assumiu" para os pais a carreira secreta como cabeleireiro seis semanas atrás (ele ainda não se assumiu no outro sentido, mas acho que todos estão supondo que o rosa-shocking e os boás de plumas vão dar conta do recado) e depois que toda a gritaria e as ameaças de um retorno ignominioso a Chişinău morreram, Bogdan Sênior despachou o dono da banquinha de jornal que estava ocupando a sala e a converteu em um salão para seu amado filho. Meia dúzia de moldavos martelaram e esculpiram por três semanas frenéticas e, agora, você jamais saberia que este lugar já foi qualquer *outra* coisa que não um salão de beleza chiquérrimo, com um *nail bar* nos fundos para as meninas se mimarem.

O *nail bar*, que está atualmente sendo usado como trocador de roupa, foi de onde o grito veio, aliás, e um instante depois, a porta é escancarada e Cass aparece.

— Olhe só para mim! — grita ela. — É um completo *desastre*!

Olhamos para ela. Ela está transbordando em um bustiê exuberante rosa-claro e satisfatoriamente preenchendo a minissaia de babados de mesma cor que está usando. Seu cabelo, preso em um penteado que desafia a gravidade e levou duas horas para um Bogdan exausto terminar, está exuberante e verdejante e a menos que eu conte o fato de que eu, pessoalmente, teria abortado as seis camadas de rímel e boa parte daquele oceano de gloss labial, não estou vendo nenhum desastre.

— Cass — digo —, você está maravilhosa. Quer dizer, tudo bem, não é o look mais tradicional de madrinha, mas eu não achava que você pretendesse compor um look tradicional mesmo.

— Você só pode estar brincando! É claro que é um desastre! Fiquei passando fome por quase três meses inteiros, Libby, desde que você falou desse casamento, e eu *ainda* não tenho o espaço adequado entre as coxas! — Ela ergue a minissaia o suficiente para vermos a parte debaixo de seu fio-dental cor-de-pele e sacode a barra freneticamente. — O que devo fazer? Temos meia hora até a cerimônia, certo? Será que eu deveria ver se consigo fazer uns duzentos agachamentos antes? Provavelmente vão ser mais eficiente se eu fizer com salto alto também, então as probabilidades são boas...

— Cass, pelo amor de Deus. Você não precisa fazer duzentos agachamentos.

— Avanços — sugere Bogdan prestativamente — são mais eficientes para músculo interno de coxa que estou suspeitando que você está querendo trabalhar.

— Sabe, Bogdan, acho que talvez você tenha razão quanto a isso.

— Estou certo. Se você está querendo aparência esguia de Sarah Jessica Parker, em vez de volume corpulento de Tudor Casapu.

— Quem é Tudor Casapu?

— É famoso halterofilista moldavo. Está ganhando medalha de ouro em Jogos Olímpicos de Barcelona. É meu herói de infância. Está provando para mim, em meus dias de menino, que não tem problema ter ossos grandes e que não tem problema ter grandes quantidades de pelos em corpo...

— Eca! — grita Cass. — Não, não quero ficar que nem um halterofilista enorme e peludo! Avanços! Preciso fazer avanços!

— Ouça — digo —, ninguém sequer vai *ver* o seu espaço entre as coxas...

— Ora, é claro que não, porque eu *não tenho*!

— ... a não ser que você esteja planejando apresentar alguma dança exótica no final da cerimônia ou algo assim — termino, um pouco nervosa, porque sempre há a possibilidade de Cass estar *realmente* planejando uma dança exótica para o final da cerimônia. Depois de ter recentemente dado um pé na bunda do melhor amigo de Joel, Nick (que *não era*, nem de longe, gay, mas que *era*, infelizmente, avarento), ela está à caça de outro homem. Os amigos de Olly (almas inocentes que são) não vão fazer a menor ideia do que os atingiu. — Por favor, mãe — acrescento, quando minha mãe sai do trocador, radiante no vestido Oscar de la Renta púrpura que estourou o limite de seu cartão de crédito e que ela ia usar no meu casamento *anterior*. — Diga a Cass que ela está maravilhosa e precisa parar de se preocupar com essa bobagem de espaço entre as coxas.

— Querida, Libby tem razão. Você está estonteante. Todos os olhos estarão voltados para você, Cass, eu garanto.

— Que bom saber — digo, secamente. — Exatamente o que uma noiva quer ouvir no dia do seu casamento.

— Ora, por favor, Libby, você entendeu o que eu quis dizer! — Minha mãe olha para Cass (que começou uma série de avanços profundos, usando o braço de tronco do Bogdan para ajudá-la a manter o equilíbrio nos saltos altíssimos), para ter o apoio dela. — Francamente, Libby, não há necessidade em ficar neurótica. O dia de hoje não se resume *só* a você, sabia? E está tudo correndo muito bem para você, finalmente se casando com o homem dos seus sonhos, mas a sua pobre irmã está ficando desesperada para encontrar um homem com quem valha a pena sossegar...

— Não estou *desesperada*, mãe! — sibila Cass. — E se você disser qualquer coisa assim para qualquer um dos homens que estiverem no casamento, eu juro por Deus que mato você.

— Francamente, vocês duas! — Minha mãe joga as mãos para o alto, exasperada com as filhas. — De onde está vindo todo esse estresse e toda essa agressividade em um dia que deveria ser repleto de alegria, amor e animação?

— Não estou estressada, mãe, garanto a você. — Porque nada vai me aborrecer nesse dia tão esperado, absolutamente nada. — E acredite em mim, estou esbanjando alegria e amor mais que suficientes por todos nós.

— Sim, sim — diz minha mãe, já distraída. — Mas ouça, podemos apenas reservar um momento rapidinho para conversar sobre como o seu pai vai ficar enjoado e aflito quando vir como estou incrível hoje em dia? — Ela dá um pequeno giro colorido. — Quero dizer, este vestido fica *tão* bem em mim, não fica? Não faço ideia do que a nova esposa dele vai usar, mas não consigo imaginar que ela vá chegar aos meus pés.

O que não é *exatamente* o tipo de alegria e amor de que eu achava que estávamos falando agora há pouco.

Mas, graças a Deus, está mesmo na hora de eu ir para o trocador e pedir para Nora me ajudar a colocar o vestido, então posso deixar minha mãe rodopiando alegremente e Cass fazendo seus avanços frenéticos e ir ter um momento de noiva de verdade.

Nora, na sala dos fundos, acaba de colocar seu vestido de madrinha — bem mais apropriado, um vestido de festa cinza-claro que cobre sua protuberância abdominal cada vez maior —, e já está indo pegar meu vestido, que está estendido no encosto do Chesterfield.

Sim, Bogdan assumiu o controle do Chesterfield. Só por enquanto, só até eu e Olly encontrarmos um novo apartamento para morarmos, com uma sala de estar grande o suficiente para acomodá-lo, juntamente com nossos outros móveis. Ou talvez — *talvez* — eu decida deixar que Bogdan fique com ele aqui, mesmo que a gente encontre mesmo um novo apartamento. Afinal de contas, por mais entusiasmada que eu ficaria em ver qualquer uma das minhas deusas de Hollywood emergindo do interior reformado do sofá de novo, não é como se eu precisasse de qualquer uma delas agora. Casar com o homem da sua vida praticamente encerra essa conta.

— Vamos logo, Lib! — fala Nora. — Já é uma e meia e não queremos, de jeito nenhum, passar das 15 para as duas! Agora, vamos colocar o vestido em você. Oooooh — diz ela, incapaz de conter um breve suspiro que escapa quando ela o pega do sofá. — Ainda não consigo acreditar em como é maravilhoso, Libby. Você vai ficar parecida com uma estrela de cinema!

— Bem, não tenho tanta certeza assim — respondo. — Mas você tem razão quanto ao vestido.

É de parar o trânsito, realmente. Eu fiquei tranquila sobre esse casamento desde o momento em que decidimos casar (na manhã em que acordamos juntos na cama de Olly depois do dia em que encontramos o Queijo Misterioso, só para esclarecer), mas a única coisa sobre a qual eu fui bastante categórica foi o estilo do vestido. E, depois de uma boa garimpada em lojas *vintage* e várias visitas a uma boa costureira, foi com isso que acabei: um vestido dos anos 1950, com saia cheia, até o chão, de pura renda branca, tudo para combinar com o par de luvas brancas de Grace Kelly que também estou usando.

Ah, e passei um pouquinho do Chanel N.º 5 de Marilyn e coloquei os óculos de armação de tartaruga de Audrey na minha bolsinha de renda branca, só para eu sentir que elas estão comigo hoje em espírito (sem trocadilhos).

O véu longo de renda *vintage* da minha avó, aquele que me fez sofrer aquele acidente horrível quase dois anos atrás, foi habilmente reformado, pela mesma boa costureira, e virou um véu curto que já estou usando, magistralmente preso com grampos no meu cabelo por Bogdan antes de ele fazer os retoques finais na sua franja dos sonhos.

— Ora, por favor, Nora — digo, com um sorriso, quando a ouço começar a soluçar no momento em que entro no vestido e ela começa a abotoar as minhas costas. — Temos que sobreviver a uma cerimônia inteira e à festa!

— Então, você deveria ter pensado nisso antes de decidir fazer de mim a mulher mais feliz do mundo ao se casar com meu irmão!

— Segunda mais feliz — pondero.

— Oh, Deus, o que é que você está fazendo comigo? — reclama ela. — Além disso, estou *grávida*, Lib! Não vou me responsabilizar pelos meus hormônios.

— Bom, fico contente por estar fazendo você feliz. — Aperto a mão dela ao me virar, o que só a faz cair em uma nova rodada de soluços enormes e sufocantes que, dessa vez, me fazem voltar correndo ao salão principal para pegar um copo d'água para ela.

Ao ver meu vestido, ouço alguns suspiros gratificantes da minha mãe e de Bogdan e um gritinho enraivecido de inveja de Cass (que é basicamente a mesma coisa que um suspiro de admiração, mas não há mesmo muito tempo para mais do que isso). Depois que Nora tomou a água e assou o nariz uma meia dúzia de vezes, nós cinco saímos para pegar o táxi, com Cass ainda fazendo seus avanços a cada passo do caminho, para o máximo de efeito tonificante.

Generosamente, pelos padrões da minha mãe e de Cass, elas até me cedem o lugar mais confortável no carro, com Cass e Nora ao meu lado e minha mãe e Bogdan de frente para mim. E é só agora, que estamos realmente a caminho, que começo a sentir um frio na barriga. Porque esses últimos três meses foram uma bênção tão grande que não tive nem a menor fração de um pedacinho de uma pitada de nervosismo com relação ao Grande Dia. Mas agora, sabendo que as pessoas estão me esperando chegar no Metro Gardens... Que meu pai vai estar lá, que todos os olhos estarão voltados para mim, que Olly vai me ver pela primeira vez vestida de noiva... É mais excitante do que eu tinha pensado. Só estou contente, agora, pelo trânsito estar bastante calmo, então, não há estresse algum quanto a qualquer obstrução de um sábado à tarde poder nos atrasar e podemos seguir com facilidade pela Clapham Common Southside na direção do nosso destino. Estamos quase lá quando minha mãe também começa a ficar com lágrimas nos olhos (apesar de eu suspeitar de que seja apenas uma parte *pequenininha* dela que está competindo com os rios de lágrimas emotivas de Nora e as fungadas mal disfarçadas de Bogdan — coitadinho) e estou apenas me perguntando se há alguma chance de Cass assumir a dianteira e se atirar no chão do táxi, lamentando-se histericamente, quando algo lá fora chama a minha atenção.

Estamos passando pelo *Nibbles*, o restaurante de Olly, e o próprio Olly está empoleirado em uma escada aparentemente precária, com um pincel na mão, do lado de fora.

Tão precária, por sinal, que quando o táxi para no sinal vermelho próximo, consigo ver que ela está cedendo sob o peso dele e parece perigosamente perto de…

— Ele vai cair! — grito, e antes que qualquer pessoa do meu comitê matrimonial pudesse me impedir, abro a porta do táxi e saio correndo, bastante desequilibrada, por uma faixa da pista, na direção dele.

Contudo, chego tarde demais, porque a escada caiu e ele despencou de dois metros e meio de altura na calçada, caindo com tudo de costas no chão, antes que eu chegasse até ele.

— Ai! — grita ele, antes de dizer, perplexo: — Libby?

— Céus, Olly! Você está bem?

— Sim… Acho que sim… Minha bunda dói — diz ele, antes de olhar para sua linda camisa branca. — Ah, puta merda — xinga, porque tem uma mancha de tinta preta enorme no meio da camisa, do pincel que ele estava segurando e que agora está ao lado dele na calçada. — Isso é tudo culpa de Bogdan.

— Libby! — grita o próprio Bogdan do carro. — O que você está fazendo? É azar tremendo quando homem noivo vê mulher noiva antes de casamento!

— Quer saber, Bogdan? — fala Olly, irritado, levantando-se. — O que é um azar tremendo para o homem noivo é contratar você na noite anterior ao casamento dele para trocar a placa do seu restaurante! *Isso* é azar!

Ele aponta para onde a palavra *Nibbles* costumava ficar pintada acima das janelas de vidro laminado.

Só que agora está escrito *Libby's* no lugar.

Ou, para ser mais precisa, *Libby'z*.

— Problema é com placa? — pergunta Bogdan, indignado.

— Sim! Eu vi o "z" quando estava saindo do restaurante, cinco minutos atrás, depois de checar se estava tudo pronto aqui quando voltarmos para a festa — explica Olly, dando uma olhada exasperada na direção de Bogdan. — Caramba, Bogdan! Era para ser tudo perfeito para… Para *você*! — acrescenta ele, virando-se repentinamente para mim.

Toda a exasperação some do rosto dele, sendo substituída por uma expressão de deslumbramento boquiaberto.

— Meu Deus, Libby — diz ele, após um instante. — Você está... Uau.

— Você também não está tão desgrenhado assim — digo.

Isso é um eufemismo do que eu quero dizer (mas acho que não seria muito adequado para uma noiva), que é que ele está, como Dillon talvez colocasse — se não estivéssemos falando de seu arqui-inimigo Olly — gostoso para caramba. A camisa manchada de tinta se ajusta ao corpo musculoso dele perfeitamente e posso dizer que só vai ficar ainda melhor quando ele voltar a colocar o paletó preto elegante por cima. Seu cabelo geralmente bagunçado está... Bem, ainda está lutando com sua rebeldia natural, para ser sincera, mas parece eminentemente controlável, e seu rosto lindo e sincero está um pouco bronzeado por causa do tempo inesperadamente quente nesse mês de março que estamos tendo.

Olly. Meu Olly. Que vai, logo, *muito logo*, ser meu marido.

— Você não precisava repintar a placa só por minha causa — digo, me sentindo repentinamente um pouco tímida.

— Oh, Libby, minha querida. Eu só queria que você tivesse a surpresa quando chegasse aqui mais tarde. — Ele pega minhas mãos e entrelaça os dedos nos meus. — Esse lugar sempre foi destinado a ter o seu nome, então, qual o melhor momento para corrigir as coisas do que quando voltarmos aqui como marido e mulher? Céus — acrescenta ele, rindo de repente —, isso soa meio adulto, né?

Antes que eu possa responder, ouço um novo grito do táxi, que ainda está esperando.

— Querida, é sério, o fato de Olly estar vendo você antes da cerimônia é mesmo um azar tremendo — grita minha mãe. — Eu vi tanto o seu pai quanto o pai de Cass antes dos casamentos e os dois foram desastres completos! É claro que você precisa levar em consideração o fato de que seu pai era um bosta completo, e o pai de Cass...

— Oi, Marilyn — grita Olly para ela, masculinamente assumindo o controle da situação do jeito que ele sempre consegue fazer com a minha família complicada. Ele até me puxa um pouquinho mais perto, talvez sinalizando instintivamente que ele não vai permitir que ela atrapalhe o meu dia hoje. — Você está linda, aliás! Mas quer saber? Se Libby não se importar, quem sabe eu e ela possamos ir caminhando esse pedacinho até a cerimônia sozinhos? Aí, vemos vocês lá. — Ele olha para mim. — Bem, não sei o que você acha, Lib, mas, na minha opinião, já sobrevivemos a casos de azar suficientes para superar esse tipo de superstição. — As mãos dele apertam as minhas delicadamente. — Tenho certeza que nós dois vamos conseguir vencer tudo, certo?

Sorrio para ele.

— Certo.

— Ah! — Ele parece subitamente preocupado. — A não ser que haja algum problema com sapatos inadequados...?

É por *isso* que você se casa com um homem como Olly. Ele pensa nesse tipo de detalhe. Ele pensa, no fim das contas, em *mim*, antes de pensar em qualquer outra coisa.

Fico na ponta dos pés (o que não é muito, para falar a verdade, porque já estou usando saltos bastante desaconselháveis; saltos que Audrey e Grace desaprovariam, assim como sei que Marilyn amaria) e dou um beijo suave nos lábios macios dele.

— Eu adoraria ir caminhando até lá com você — falo para ele. — Vamos fazer isso.

Os resmungos da maioria dos ocupantes do carro (menos Nora, que começou a soluçar de novo) chegam a um fim, felizmente, quando o motorista do táxi decide resolver as coisas por conta própria e arranca com o carro para dirigir as últimas quadras até o local.

Mas, por enquanto, estamos sozinhos.

Olly olha para a camisa manchada.

— Oh, céus... Será que devo entrar e pedir para um dos garçons trocar de camisa comigo?

— Não. Você está perfeito, Olly, bem do jeito que está.

— Idem. — Ele olha para mim de novo, estupefato. — Jesus, Libby, sou o homem mais sortudo do mundo nesse momento ou o quê?

— Ah, não sei quanto a isso. Talvez você seja o homem mais sortudo em *Clapham*...

— Mais que *isso*, Libby! Vamos concordar que sou o homem mais sortudo de Londres, está bem?

— Oito milhões de pessoas em Londres... Metade homens... Está bem — digo a ele. — Vou concordar com você. Você é o homem mais sortudo de Londres.

— Sou mesmo.

— E eu sou a mulher mais sortuda.

Ele sorri, seu lindo rosto bem mais alegre do que jamais vi em todos esses anos.

— Vamos combinar — diz ele — que, apesar de tudo, de alguma forma, eu e você acabamos sendo o *casal* mais sortudo? Porque, Lib, eu estava pensando esta manhã mesmo, em todas as maneiras com que isso quase deu muito errado... — Ele treme de leve. — Você sabe que não sou uma pessoa religiosa, mas, às vezes, acho que deve haver *alguém* por aí torcendo por nós, em algum lugar. Você não acha?

Penso no Chesterfield, escondido no novo *nail bar* de Bogdan, e concordo empaticamente com a cabeça.

— Com certeza, Ol. Existe alguém torcendo por nós. Quem sabe até mesmo mais de uma pessoa.

— Mas chegamos lá, no fim das contas. — Ele me puxa um pouco mais perto e envolve minha cintura com as mãos. — Antes tarde do que nunca.

Faço o mesmo, encaixando as mãos na lombar dele e sentindo meu corpo todo simultaneamente explodir de desejo e relaxar de contentamento ao fazer isso. Estou vagamente ciente da mulher de meia idade que passa por nós e solta um "oooooh" audível ao ver a noiva pronta e o noivo elegante e coberto de tinta se aconchegando um no outro no meio da avenida Clapham.

— É *bem* melhor que seja tarde do que nunca — concordo. — E quer saber? Quanto mais pensei no assunto, mais acho que sempre foi para ser desse jeito. Quer dizer, é claro que podíamos ter passado todos esses anos juntos...

— ... se eu não tivesse me reprimido toda vez em que pensei em falar alguma coisa...

— ... se eu não tivesse sido incapaz de enxergar o que estava bem debaixo do meu nariz...

— ... se eu não tivesse me convencido a não fazer nada todas as vezes em que pensei em agarrar e beijar você...

— ... se eu tivesse parado de correr em círculos, tentando encontrar um grandioso e romântico final feliz hollywoodiano com as pessoas erradas — concluo. — Bem, aí as coisas não teriam terminado desse jeito tão perfeito. Porque a gente nunca sabe o que tem até quase perder.

Olly concorda com a cabeça.

— Apesar de eu sempre saber o que tinha em você, Libby, acredite em mim — diz ele suavemente, aproximando-se para encostar a testa na minha. — Minha melhor amiga. Meu amor verdadeiro. Minha alma gêmea.

O momento só fica melhor quando os lábios dele encontram os meus e ele começa a me beijar.

E melhora ainda mais, alguns instantes depois, quando nos afastamos e, de mãos dadas, começamos a caminhar pela rua ensolarada na direção do local do casamento, onde, depois de todos esses anos, vamos finalmente nos tornar marido e mulher.

Em se tratando de finais felizes hollywoodianos grandiosos e românticos, acho que não tem como ficar melhor do que isso.

Onde quer que estejam, de onde quer que tenham vindo, espero que minhas três heroínas hollywoodianas grandiosas e românticas estejam muito orgulhosas de mim.

Fim

Publisher
Omar de Sousa

Editora
Giuliana Alonso

Copidesque
Bia Seilhe

Revisão
Der Texter

Diagramação
Abreu's System

Capa
Julio Moreira

Este livro foi impresso no Rio de Janeiro,
pela UmLivro, para a HarperCollins Brasil.
A fonte usada no miolo é Minion Pro, corpo 11,5/15.
O papel do miolo é Pólen Nsatural 80g/m², e o da capa é cartão 250g/m².